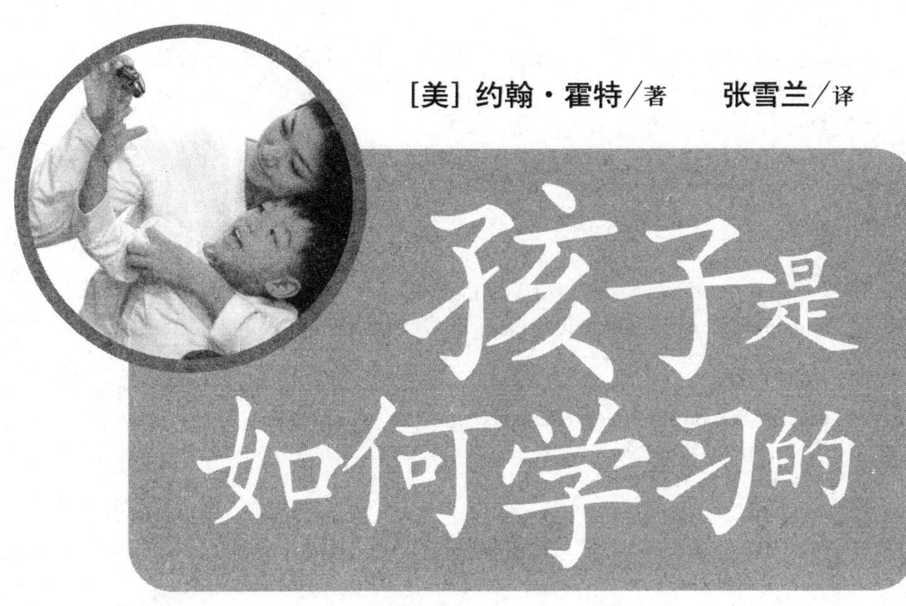

[美] 约翰·霍特／著　　张雪兰／译

孩子是如何学习的

How Children learn

北京联合出版公司
Beijing United Publishing Co.,Ltd.

图书在版编目（CIP）数据

孩子是如何学习的 /（美）霍特著；张雪兰译. --北京：北京联合出版公司，2016.1（2017.3 重印）
ISBN 978-7-5502-6821-0

Ⅰ.①孩… Ⅱ.①霍… ②张… Ⅲ.①婴幼儿-家庭教育 Ⅳ.①G78

中国版本图书馆 CIP 数据核字（2015）第 313026 号

HOW CHILDREN LEARN
by John Holt

孩子是如何学习的
著　　者：［美］约翰·霍特
译　　者：张雪兰
选题策划：北京天略图书有限公司
责任编辑：王　巍
特约编辑：高雪鹏
责任校对：杨　娟

北京联合出版公司出版
（北京市西城区德外大街 83 号楼 9 层　100088）
北京彩虹伟业印刷有限公司印刷　　新华书店经销
字数 198 千字　787 毫米×1092 毫米　1/16　15.75 印张
2016 年 4 月第 1 版　2017 年 3 月第 2 次印刷
ISBN 978-7-5502-6821-0
定价：30.00 元

引　言

《孩子是如何失败的》一书描述的是孩子如何糟糕地运用他们的大脑。而这本书则要描述孩子们（在一些情况下会涉及成年人）是如何成功地运用他们的大脑大胆而有效地学习的。书中描述的孩子有些已经上学，但大多数还不到学龄。正是在学龄前，孩子们才能以自己的方式进行最好的学习。许多专家都同意这个看法，尽管他们的理由各不相同。我相信，并且想在这里表明，在大多数情况下，当我们以某种方式运用大脑时，它才能最好地工作，而且，由于年幼的孩子们以一种特殊的方式运用自己的大脑，他们比成年人学得更好，也比他们自己长大之后学得更好。简而言之，孩子们有一种符合他们自己状况的学习方式，而且，在我们把孩子训练到放弃这种方式之前，他们对这种方式运用得很自然、很好。我们喜欢说，我们把孩子送到学校是为了教会他们思考。但是，绝大多数时候，我们所做的是教孩子糟糕地思考，是教他们放弃自然而有效的思考方式，是教给了他们一种对他们不太适合，甚至我们成年人自己都很少使用的思考方式。

更糟糕的是，我们使大多数孩子相信，至少在学校环境下或者任何涉及语言、符号或者抽象思维的情况下，他们根本无法思考。使他们认为自己很“愚蠢”，没有能力学习或者理解任何复杂的、困难的，或者仅仅是新的东西。

结果会怎样呢？只有极少数孩子在学校中以我们努力强加给他们的方式学得不错。而大多数孩子则觉得丢脸、害怕、泄气。他们运用自己的大脑不是为了学习，而是为了逃避我们让他们做的事情——强迫他们学习。从短期看，这些策略似乎能起作用，使很多孩子通过学校教育成为可能，尽管孩子们学到的东西非常有限。但是，从长期来看，这些策略是自我限制、自取其败的，不但摧残孩子的性格，而且摧残孩子的才智。在这种教育方式下接受教育的孩子的潜能受到了很大的阻碍。这是发生在学校中的真正的失败，几乎任何孩子都不能幸免。

如果我们能更好地了解孩子们进行最有效的学习的方式、条件和情绪，并且使学校成为一个孩子们能够运用并改善他们自然的学习和思考方式的场所，我们就可以阻止上述大部分失败的发生。学校就可能成为一个使所有孩子成长的地方，不仅是身体的成长，甚至不仅仅是学识的增长，还包括求知欲、勇气、自信、独立、机智、适应力、忍耐力、竞争力以及理解力等各方面的提高。要想知道如何最好地做到这一点，这需要我们努力很长时间。在五十年或者一百年之后，我们可能会发现，所有那些我们自认为是最新的关于学校、教学、学习的观念实际上都是完全不适当的，甚至是彻底错误的。但是，通过更好地了解孩子，如果我们能够消除一些我们现在正在对孩子造成的伤害，那么我们将会前进一大步。

我在这本书中所说的全部内容可以概括为四个字——信任孩子。没什么比这更简单的了，也没有比这更困难的了。说它困难是因为，要信任孩子，我们必须信任我们自己，而我们大多数人在孩童时代就被教育说我们是不可信任的。因此，我们继续那样对待孩子，就像我们曾经受到的对待一样，还把这称之为“现实”，或者说得更残酷点：“如果我能忍受这种对待，那么他们也能。”

我们所要做的就是打破这个恐惧、不信任的长期传承的循环，并且信任孩子，尽管我们自己不被信任。要想做到这一点，需要在信念上跨越一大步，但是，任何跨越了这一大步的人，前面都有巨大的奖赏在等着他呢。

从这本书的第一版出版以来，我们的学校几乎毫无例外地在向错误的方向持续地并且通常是快速地发展。学校的规模总的来说比以前更大，更使人失去个性，更令人害怕，更危险。他们教的东西比以前更加支离破碎，也就是西摩尔·佩珀特教授在《心灵风暴》中所说的“隔绝”，即跟任何其他东西都没有关联，因此也就毫无意义。教师们比以前更少地谈论他们教的是什么、如何教以及如何检验。学校更加顽固地坚持错误的观念，他们认为教育和教学是产业化的程序，最微小的细节都是由上级设计和计划好的，然后灌输给被动的教师，以及比他们更加被动的学生。

我想起了一件在当时看来远没有现在重要的事。在 20 世纪 60 年代后期，也就是所谓的教育改革的最盛期（实际上教育改革从来就没有发生过），一个著名的教育家在参加了一个若干天的关于教育的未来的大型高峰会之后，对我说：“这些人对非传统学校，或者开放式教学，或者任何诸如此类的东西一点也不感兴趣。你知道他们对什么真正感兴趣吗？他们感兴趣的是‘行为矫正’和‘行为目标’。”事实证明的确如此。支离破碎的学习变得更甚，一周一次的测验变成了一天一次，或者一小时一次，甚至十五分钟一次。

无论如何，我都不再相信我们能够使学校变成一个让所有孩子都能够按照上面所说的方式成长的地方。例外可能存在于一些特殊类型的学校，例如舞蹈学校，或者电脑编程学校，或者飞行学校。不过，总的来说，我不认为对于拥有无限选择的孩子们来说，他们会愿意在除了学习之外没有任何事情可做的地方花费时间，而且，他们在这种地方遇到的唯一一种成年人是儿童专家，这些专家的工作就是看着他们并迫使他们做事情。

这本书注重的是描述有效的学习方式，而不是注重于解释或者给出一个学习的理论。在许多地方，人们正忙于想找出在我们思考和学习的时候，大脑里在发生哪些电子的、化学的以及其他的过程。这样的研究很有趣，而且可能是有用的，但与本书的主旨无关。我们不需要了解更多的有关大脑作为一个器官的知识，才能让学校变得更好。即使我们对大脑的了解不比现在大多数人了解得更多，也可以使学校比现在要好得多。教师和学生需要知道的是我们很久以前就已经知道了的事情：首先，生动的、充满活力的、令人愉快的体验是最容易让人记住的；第二，记忆力在没有强制外力作用时效果最好，记忆力不是驴子，可以通过鞭打来强迫它往前走。阅读沃尔夫刚·科勒尔的理论很有趣，他的理论可能现在有很多追随者，他认为当我们察觉、思考、感觉的时候，大脑中就会出现电场。这正好解释了当我们焦虑、恐惧的时候为什么不能好好地思考、好好地感知，甚至根本就无法思考、无法感知的事实。但是，我们不需要这个解释也知道这个事实是事实，也不是有了这个解释我们才知道当我们让孩子害怕的时候，就使孩子的学习进入了死胡同。

这本书更多的是讲孩子，而不是讲儿童心理学。我希望阅读这本书的人能够感觉到，或者比他在打开这本书之前更深刻地感觉到：孩子是有趣的，是值得关注的。我希望当他们关注孩子的时候，会注意到很多他们以前从来没有注意到的东西，并且从中得到很多思考的启发。我希望能激起他们的好奇心，使他们的洞察力更加敏锐，而不仅仅是增加他们对孩子的理解；希望使他们对老的教条产生怀疑，而不是给他们新的教条。

一个朋友在读完这本书后对我说：“我一直很喜欢小孩子，特别是我自己的孩子。但是，在此之前，我绝对想不到孩子可以如此有趣。”

现在我对孩子的兴趣比我刚写这本书的时候要浓厚得多。对我来说，观察婴儿和儿童如何探索、理解他们周围的世界，是世界上最令人激动的事情之一。很多时候，在很多地方，我观察孩子、和他们在一起，发现他们的语言和行为比起许多年纪大一点的人来说，不仅仅是让人更加开心，而且更能够启发我进行认真的思考。不喜欢小孩子或者没发现他们多有趣、不觉得和他们在一起是一种享受，这也不是什么可耻的事情。不过这肯定是很不幸的，是一个巨大的损失，就像失去了双腿或者耳聋、失明一样。

人类的大脑毕竟是神秘的，而且在很大程度上可能会永远如此。即使那些最富思想性的、最诚实的、最内省的人，也花了很多年的时间才弄清楚自己脑袋里的一小部分东西。那么，我们如何能确定另一个人脑袋里是什么样呢？然而，有很多人的说法使人觉得好像我们可以像列举手提箱中的物品一样，很容易、很精确、很彻底地测量并列举出其他人脑袋里的东西。我们不是说不应该去尝试更多地了解他人的大脑和想法，而是说，对于我们以为我们已经发现的事实，必须非常谦虚，必须要有怀疑精神。

有一个古老的故事，讲的是火车上的两个男人。其中一个人看到田野上有一些看上去光秃秃的绵羊，他说：“那些绵羊刚刚被剪过毛。”另一个人注视了更长时间，然后说道：“看起来是——从这个方向看。”对于大脑如何工作，我们所要说的一切都必须抱有这样谨慎的态度，我写这本书时，也是努力以这种态度来写的，我希望其他人也以这种态度来读这本书。

目　录

“我永远无法做到，这对我来说太难了，我从来也不擅长这一类事情，为什么我必须要做呢。”等等。教学的艺术之一就是要能够感觉到学习者是处于哪一种情绪中。

我们和婴儿玩游戏，唯一的好理由就是因为我们爱他们，很高兴和他们玩这些游戏，在玩的过程中分享他们的欢乐，而不是因为我们希望他们以后可以去上大学。

对幼儿园孩子的观察手记/29

幼儿园的孩子如何学习使用打字机。

对斯科特和汤米的观察手记/32

孩子拒绝——几乎总是生气地拒绝——所有未经要求的教导，是因为他们从中听到（可能是无意识地）这样的信息：“你还不够聪明，看不到学习这个很重要；即使你知道这个很重要，你也不够聪明去学会它。”很自然，这会让孩子觉得受到了伤害，感到生气。“让我自己做！”孩子们喊道。我们也正应该那么做。

对学校孩子的观察手记/43

孩子们必须先积聚一大堆第一手感觉资料，之后才能给这些资料分类，弄清它们的意义。

第 2 章　孩子如何学说话

咿呀学语/47

非常小的婴儿对他们发出的声音没多少控制能力，大多数声音的发出都是偶然的，他们很喜欢那种感觉和听到的声音，然后开始尝试再次发出同样的声音。后来，他们可能会更有意识地努力模仿从周围听到的声音。

子，他们知道的和理解的东西远比他们能说出来的要多。

“你能指给我看吗?” /64

当孩子通过表情、通过持续不断的语音、通过一遍又一遍地重复他的话向我们表示他们在努力地想要告诉我们什么事时，我们必须同样努力地去理解他在说什么。这经常很不容易。

给孩子以回应/65

智商的高低与家人相关，但更可能的原因，是因为善于运用语言的人大多数时候都能鼓励他们的孩子发展这种技能。这些孩子还是婴儿的时候就受到鼓励，通过听身边人说话而试着说话。当他们真正开始说话时，他们受到进一步的鼓励，因为他们的父母（还有其他年长的人）在坚持不懈地从各个方面试着理解他们。

不要纠正孩子的错误/69

如果我们不是给孩子时间让他自己纠正错误，而是由我们指出并纠正孩子的错误，孩子就会越来越感到受挫，越来越害怕。用不了多久，他就可能决定再也不说话了，因为说话总是给他带来那么多麻烦。或者他可能会变成口吃或者结巴。

所谓的“坏习惯” /73

“坏习惯理论”告诉我们，每次孩子犯错误的时候，不管是说话时，阅读时，还是其他任何时候，我们都必须马上纠正他的错误，否则这个错误会变成“坏习惯”，不可能再纠正。这个理论是完全错误的。

学说话的孩子需要好听众/78

开始说话的孩子正向这个世界迈出勇敢的一步，他们需要好奇、

点，那么其他的字她是从哪儿学来的呢？很显然，是她自己学会的。

理解孩子遇到的困难/97

对那些不认得字、不熟悉印刷字的人来说，所有的字看上去一定是滑稽的、弯弯曲曲的模样，它们看上去也都差不多。我们以为记住一个单词在这一页、下一页是什么样子，应该是件很容易的事情，那是因为我们认得这个单词。对一个孩子来说，他刚刚才第一次看到这个单词，这是不容易的，很难。

测验的害处/102

在我们无休止的检验和测试中，大多数时候，我们所能得到的结果就是孩子不会说出他们知道的答案，哪怕那个是正确的答案，因为他们对自己的答案没有把握；或者尽管对自己的答案有把握，却保持沉默或者给出错误的答案，因为他们对问题感到很生气，或者因为他们担心老师给他们设了一个陷阱。愚蠢的测试会毁掉孩子大部分的信心和智力。

孩子能自己纠正错误/106

在不受打扰、没有催促、没有压力、没有忧虑的情况下，孩子能够自己发现并纠正大多数的错误。

孩子是怎样开始阅读的/110

许多孩子像哈勃·李写的《杀死一只知更鸟》中的女主人公斯考特·芬奇一样学习阅读。她的父亲给她朗读时，她就坐在父亲的腿上，父亲读的时候，她就用眼睛看着那些单词。过一会儿，她会发现她认识了很多单词，从中她懂得了语音方面足够的知识或者说直觉，因此她开始能自己判断出单词的意思了。

要利用孩子自然的愿望，让他们探索新奇的、未知的事物，以对这个事物取得某种程度的控制，除非他感觉准备好了，否则不要试图强迫他更快一点，更远一点，只有这样做，学生和老师才都能够获得最大的乐趣，取得最大的进步。

詹米（3岁）和查德（6岁）学游泳/136

孩子学习中一个很常见的模式是：开始时，有一个勇敢的飞跃，进入到令人激动的新境界中。然后，会有那么一段很短的时间，他会退回到原先舒适、熟悉、安全的地方。我们不能预测，更不能控制这些前进和撤退、探索和整合的节奏，这就是为什么对孩子的学习不能或者说至少不应该确定时间表的主要原因之一。

无需教，孩子也能学会很多/138

在运动这个领域，我们可以清晰地看到，无需我们教他们任何东西，孩子们也可以学会很多东西。

第5章　孩子如何学绘画、数学及其他知识

她们在画树还是树的符号？/141

这两个小女孩并不是在画一棵树，而是在画她们已经知道的树的符号，几乎就像一个巨大的象形文字。她们画在纸上的线条在她们看来并不像树，而是它们意味着树。而且一直到她们能够画出一棵真正的树或者其他任何东西之前，这都是一个麻烦。

为什么画不好？/143

我们这么多人画不好的原因是，我们的头脑里充满了各种东西的视觉符号，以至于我们看不到这些东西的真正形状。

孩子学习的途径/171

孩子们把世界看成一个整体，可能很神秘、难以理解，但依然是一个整体。他们不会像我们成年人那样把世界分割成密不透风的小类别。他们会找到属于自己的通向未知世界的路，我们永远也想不到为他们铺设这样的路。如果让孩子遵循自己的直觉，学习让他们好奇的事情，而不是我们给他们指路或者让他们学更多的东西，那么孩子会进步得更快，会涉及更多领域。

第6章　孩子的幻想

孩子并不幻想自己是全能的/181

孩子们没有想过要变得全能。他们只是不想无能而已。他们希望能够做身边大一点的人做的事情。最重要的是，他们希望像大人那样，能够控制自己目前的身体活动，能够在他们希望的地方、希望的时间站、坐、走、吃、睡等。

孩子幻想的内容和目的/183

在孩子们把这些东西看成它们在成年人眼里那样的数学抽象概念之前，他们必须让它们变成真实的东西，成为他们自己的现实世界的一部分。这就是他们的幻想的内容和幻想的目的。

孩子们用幻想来检验和理解现实/186

在孩子组织和理解周围世界的努力中，他们至少从两个方面利用幻想并在幻想中游戏。首先，他们利用幻想检验现实，去做大人用数学方式和电脑做的事情，也就是问“如果……将会怎样?”的问题。孩子还试图利用幻想来理解现实世界，建立一个现实世界的思维模式，一个有效的思维模式。因为他们经历太少，这做起来是很难的。

第 1 章

孩子的游戏和试验

对莉萨（16 个月～28 个月）的观察手记

1960 年 8 月 9 日

我坐在一个朋友家的阳台上。莉萨在我旁边，她才 16 个月大，是个聪明、勇敢的孩子。她发明了很多假语音，并且整天都在用。有些声音她反反复复地说，就好像她在以此来表达什么东西。她喜欢触摸东西、拿东西，并且非常灵巧。她能够把螺丝钉以及类似的小东西放到应该放入的孔中。这是不是表明小孩子并不像我们通常认为的那样笨拙呢？

莉萨最喜欢的游戏之一是把我的圆珠笔从我的口袋里拿出来，拔掉笔帽，然后再把笔帽套上去。这需要一些技巧。她对这个游戏乐此不疲。如果她看到我的口袋里有笔，她会马上让我知道她想要它，没有什么能让她等一等。她很固执，如果我假装不知道她想要什么，她就会大吵大闹。如果我知道我需要用笔，窍门就是在口袋里另外再藏一支笔。

前几天，她在钢琴上玩，用两只手随意敲打琴键，她很高兴这个机器动了起来并发出如此有趣的声音。我很好奇，想知道她会不会模仿我，于是我就用食指在琴键上弹了几下，她仔细地看我弹，然后做起了同样的事情。

1960 年 8 月 11 日

昨天，我把一个便携式的电动打字机带到了阳台上。大一点的孩子们边看边摆弄打字机。当时，莉萨正忙着吃蛋卷冰激凌，至少有那么一会儿对此不感兴趣。但是，当冰激凌吃完后，她过去看其他人都在干什么，很快她就连嚷嚷带比划地让我给她一个机会。于是，我把她放在我的腿上，坐到了打印机前面。看到我每次用一根手指戳一个键，她也依样画葫芦，并且好像对发生的事情感到很开心——有东西从空中飞过并发出咔哒声，她的行为能让打字机运转；机器里面正在发生神秘的事情，而且那是她使之发生的。

有时，她会同时敲击不止一个键，键就会被卡住。我会关掉机器，把卡住的键弄好。在看我旋转了开关几次之后，她自己也试着转开关，但她的手指还不够有力。这时，她就拿起我的右手，放到开关上，让我去做。很快，我们就有了一个很好玩的游戏。我关掉打字机，她会试着重新打开，试一会儿后，她会拿起我的手，让我去开。

她还喜欢键盘回车杆。每次我回车另起一行时，她会抓住回车杆再推一次。只有极少数情况下，她会变得激动起来，在键盘上猛敲猛打。有一次，她向我表示，她希望我把打字机放到地上。我照做了，但很快就发现这是个错误，她想爬上去甚至爬进去，看看里面到底有什么。在经过一番争论和“扭打”之后，我把打字机重新放回到了桌子上。我们为这个忙了大概40分钟。可能婴儿的注意力的持续时间并不像我们想得那么短。

今天，在她哥哥的照看下，莉萨发脾气的时候更多了，经常用双手拍打键盘。每次她这么做的时候，我们就关掉机器，小心地把被卡住的键弄好。因为这会耽误时间，我觉得可能是时候告诉她不应该拍打键盘了。但对她来说，看我们摆弄卡住的键也很有趣。这样的情况发生了很多次之后，我对她的哥哥提议说，下次她再把键卡住，我们就关掉机器，看她会怎么做。我们这么做了。键被卡住后，她戳了一两个键，但是没什么事发生。然后，她好像注意到了机器不像通常那样发出繁忙的嗡嗡声了，于是她自己伸手把卡住的键拉了回来。

这里还有些事情，我忘了在第一版中记下来。我提到，当莉萨使键卡住后，我就关掉机器。为了这么做，我必须站得离打字机很近，以便能伸手够到开关。但是，莉萨不喜欢在她工作的时候我高高地俯视她，我也不喜欢这样——我希望她能自由地把全部注意力放在打字机上。我通过把打字机连在一个带开关的接线板上解决了这个特殊问题。这样，我就能够站在莉萨背后，完全脱离她的视线，而且依然能够在键被卡住的时候立刻关掉打字机。然后我走上前，弄好被卡住的键，再重新打开机器。

但是，莉萨并没有被这个安排愚弄很长时间。有那么一会儿，她可能将“键一卡住、机器就关掉”看成了是一个神秘的巧合。但是，没用多长时间，她就想到了，我一定做了什么事情——在键卡住时使机器停止，在键弄好后使机器重新运行。没过多久，每当我关掉机器时——我必须补充一下，我的开关的声音很小——她就会转过身，一脸疑惑地看着我。我一直假装我与机器关掉没有关系，也就是说，我没有给她看我的开关。如果有机会重来一次的话，我想我可能会给她看开关，尽管这样做也有风险——她是一个非常暴躁的、顽固的小孩子，可能会因为我开关机器而生我的气。因为我已经很清楚地知道，小孩子非常不喜欢你提供的帮助超出他要求你给予的帮助。

小孩子竟然如此聪明，如此有耐心，如此灵巧，如此机智。当意识到专家让我们确信的小孩子做不到的很多事情，孩子们竟然完全有能力做到时，我是多么震惊啊！婴儿很聪明，现在已经不再是什么新闻了。有时候，好像是全国有一半的心理学家俯身在婴儿的摇篮前，在那儿“发现”了一些关爱孩子、注意孩子的母亲们早已知道的一些事实。

1961 年 7 月 24 日

今天早晨，莉萨弯腰去捡一个气球，就在这时，一阵风穿过门吹过来，把气球吹到了地板的另一边。她看着气球飘了过去。当气球停下来后，她走到气球旁边，向它吹了口气，好像想让气球跑得更远一点。这让我大为惊奇。这么小的孩子能把风吹动物体的能力和他们自己吹动物体的能力联系起来吗？很显然，他们能。

在我看来，这好像是孩子的抽象思维的一个很好的例子，但是，很多人告诉我们，孩子至少要到九岁或十岁时才能进行抽象思维。

几乎所有婴儿好像都喜欢的一个游戏是，你朝他们的手或者手指吹气，同时把你的头从一边摆到另一边，这样，你吹的气在他们的手上就来回移动。他们会笑起来，过一会儿后，他们会开始研究这个神秘的东西是从哪儿来的，并试着把一根手指伸到你的嘴里。当他们发现你用扇子或者纸板向他们扇风可以达到类似效果时，他们觉得很有趣。

后来，莉萨绕着气球转圈子，边转边唱歌，唱得多少有点像《绕着玫瑰转圈圈》，不过是她自己的版本。在她唱的时候，就开始把歌改了，没用多久就变成了一首完全不同的歌。她说的、唱的、做的大多数事情都与此相像：开始时是一件事，渐渐地变成另外一件事。音乐家可能会称之为主旋律的变奏曲。

我认识的其他许多小孩子都喜欢讲永无尽头的故事，喜欢唱永无尽头的歌。有时候，唱的是他们做过的事情，或者他们想要做的事情。一位母亲告诉我，有一天，她四岁大的儿子（他七岁的姐姐上学去了）一个人在他的房间里，开始唱："我希望我有个姐姐，她不用去上学，会做我说的任何事……"孩子们的歌经常是没有意义的单词和音节，有时候是有意义和无意义的词混杂在一起。很多孩子喜欢和成人玩轮流接唱一首歌的游戏。这个游戏不像听起来那么简单。同时编歌词和曲调需要高度的想象力，结果通常是我们做得并不比孩子做得好，一般情况是差不多。

这些都是很好的游戏，我们可以尽力鼓励他们、关注他们并参与到他们的游戏中，不管是在家里，还是在学校。

确实，学校会教给刚上学的孩子很多歌，但是，他们唱的都是同样的歌，是老师教的，是老师让他们唱的，目的是让他们"唱对"，不要编唱新的东西。有些孩子喜欢这样，并且擅长于此；对于其他孩子来说，这只不过是又多了一件在学校必须做的事情——强制娱乐，就像早期的学校做的那样。这些孩子中的很多人变得不愿意唱歌，学校的举措成了一种不必要的浪费。卡尔·奥尔夫的研究成果以及运用他的教育方法的其他人都建议，如果孩子有很多即兴创作的机会，可以自己编旋律、节奏和曲调，那么他们在音乐和言辞方面的成长会非常迅速。

基于我在音乐方面的体验和练习大提琴的经历，以及我对音乐历史的一点了解，我强烈地感受到，即兴创作是所有音乐创作中最核心的部分，也应该成为任何类型的音乐教育的核心部分。

我自己花在大提琴上的时间，大多数都是用不同的方式进行即兴创作，而且如果我给孩子或者成人教大提琴或者其他任何乐器，我会强烈要求他们也花一点时间做同样的事情：既要努力演奏他们已经知道的曲子，又要在大脑中自己编曲子并试着演奏出来，或者只是用手在指板或者键盘上随意移动，只是听听任何流淌出来的音符。

换句话说，在即兴演奏中，不必进行有意识的控制。在一个极端，我们可以试着让肌肉自己演奏我们在大脑中听到的曲子，可能是别人的，也可能是自己的。另外一个极端是，我们就让手自己移动，并聆听和思考它们带给我们的旋律。只有我们的肌肉、手、手指能够在最低限度的有意识控制下即兴创作时，我们才能进行真正的即兴创作，那时，我们对乐器的控制是最自然、最不费力气的。

当小孩子唱他们可爱的、永无尽头的自编歌曲时，他们正是这样做的。他们不是先在大脑里听到一个曲子，然后才试着唱出来。他们只是在唱，不管是什么都把它唱出来。我们应该鼓励他们这么做，我们自己也应该更多地这么做。

1961 年 7 月 25 日

起居室里传来的哭声，说明莉萨和私有财产制度之间又爆发了冲突。她对她看到的任何东西都感兴趣，想要研究它、拿住它、检查它，如果她能的话，还要把它拆开。自然，她一点儿都不知道哪些东西是珍贵的、易碎的、危险的。看到我给打字机插上电源，她自己也急切地想去插，而且极其反感你告诉她应该避开电源插孔。前几天，她设法把炉子上的所有灶眼都打着了，幸运的是，点火器离灶眼足够远。她不喜欢别人告诉她不要碰炉子。不可能让她明白为什么其他人能碰的东西她却不能碰。当她拿起东西的时候，她从来没有想过把东西再放回原处——即使她记得她是从哪里拿的。

对这个问题，没有很好或者很容易的解决方法。我们发现每天我们都在说："不，不，不要碰那个，太烫了，太尖了，会伤到你的，会碎的，那是我的，我需要它。"每一次，她都会自然地感觉到我们在攻击她研究周围世界的权利和需要，她需要研究身边世界的每一个部分，这样她才能搞清楚它。其他所有人都能碰这个东西，为什么我不能？很容易看到，这样的处理方式对孩子的求知欲会有多大的损害，会使他或者她感到这个世界不是充满了各种需要探究和思考的有趣的事情，而是到处充满了潜在的危险和招致不幸的麻烦。

我们尝试着通过把莉萨自己的玩具给她并告诉她不要碰其他东西来解决这个问题。这个方法不是很有效。首先，玩具不够有吸引力；其次，她记不住（尽管她想记住）哪些东西能碰，哪些东西不能碰。最重要的是，年长的、大一点的人可以用屋子里的各种各样的东西这个事实，使她感到这些东西非常有趣。像所有的小孩子一样，莉萨希望能像大人一样，可以做自己想做的事。当有人洗盘子的时候，她要求允许她帮忙。当有人做饭的时候，她也希望做饭。当有人制作柠檬汽水时，她也希望能够帮忙做。明显虚假的替代品无法使她分心。

这使我们不难感觉到学校教育中一定存在很多做得不对的地方，因为很多人都在说学生学习的"动力"是个问题。一个孩子最强烈的愿望就是理解这个世界、可以在里面自由行动、可以做他看到的比他大的人做的事情。为什么我们就不能好好利用这种对于理解事物和增长能力来说很伟大的驱动力呢？我们当然可以找到更多的途径，让孩子明白人们使用的、我们希望他们掌握的技能——尽管这很困难，特别是当那些技能（像数学中的很多"基本技能"）并不真正用来做什么事的时候。在现实生活中，谁会用一个分数去除另外一个分数呢？

同样，在家里的时候，我们应该尽量把那些我们不想让孩子碰到的值钱的或者危险的东西，放到孩子够不着的地方，或者干脆放到他们看不到的地方。同时，我们应该把很多便宜、耐用的东西放在手边，以便孩子可以碰它们、使用它们；这样，我们就不必担心它们被损坏。或许，某些日常家庭用品就是送给小孩子的很好的礼物——打蛋器、炖锅、手电筒等。毕竟，对于一个将来要在孩子的教育上花费几万美元的家庭来说，不会为他或者她弄坏了一个价值二十五美分的东西而感到难过，并让孩子为损坏了东西感到难过。我经常在杂货店和超级市场看到人们因为孩子在触摸、感觉、挑选他们看到的各种东西而感到心烦，其实，在那些地方，很少有什么东西能让孩子弄坏或者打碎的，即使打碎了，孩子们感兴趣的任何东西也很少有超过一美元的。为什么不让他们碰呢？这是他们了解那些东西的方式。即使他们把东西从原来的位置拿开了，放回去也是很容易的。

总之，认为小孩子把他们碰到的任何东西都会弄坏，因此我们必须阻止他们触碰任何不属于他们的东西的想法是错误的。这会使他们的好奇心和自信心受挫。不仅如此，还可能让他们对自己的东西抱有过于强烈的占有欲。我觉得我们应该试着告诉他们，尊重财产并不是说永远不要碰不属于你的东西，而是指要小心地对待东西，用正确的方法使用它们，并把它们放回到原来的地方。孩子们完全有能力学会这些事情，他们没有我们想象的那么笨拙、那么具有破坏性。而且，只有通过接触和使用东西，孩子们才能学会正确的使用方法。玛丽亚·蒙台梭利对教育作出的许多珍贵的贡献中，有一条就是她向我们揭示了很小的孩子可以很容易被教会做很多事情，而且可以做得很灵巧、很精确、很认真。

1961年7月30日

小孩子喜欢游戏，而且能够利用任何东西做游戏。今天早晨，莉萨和她的姐姐内尔躺在床上。开始时，内尔关掉床头的灯，莉萨会重新打开灯，说："不要关。"姐姐把手慢慢地、慢慢地移向灯，她的手每移动一次，莉萨都会说："不要关。"这一幕可能会持续很久。最后，灯还是被关掉。莉萨会再把灯打开，然后游戏重新开始。

小孩子玩的很多游戏的起始好像都是偶然的。有一天，我拿着一本杂志穿过房间，把它放在桌上，然后去做其他事情了。莉萨走到桌子前，拿起杂志，放到地板上，然后饶有意味地看着我。我走回去把杂志重新放到桌上。她又把它拿掉。很快，我们就玩起了这个有趣的游戏，这个游戏持续了好长一会儿。

像这样的游戏，其背后的精神应该是快乐、可爱、充满活力的，就像所有优秀的游戏背后的精神一样，也包括我们试图发现世界是如何运转的游戏，这个游戏我们称之为"教育"。

我想，大多数人对"教育"这个词不是这样理解的。他们的理解是，被迫到一个叫做学校的地方，被逼着学他们不大想学的东西，被威胁说，如果他们不这样做，很糟糕的事情就会发生在他们身上。不用说，大多数人都不喜欢这个游戏，都尽可能早早地退出了这个游戏。

但是，即使是那些含义很有限的游戏，就像我跟莉萨玩的那些游戏，也都是富于教育意义的。它们让孩子更强烈地感受到原因和结果的关系，感觉到一件事会导致另一件事的发生。同样，这些游戏能够帮助孩子感觉到他能起作用，他能对周围的世界产生影响。对一个孩子来说，这是多么令人激动的事情啊——与大人一起玩游戏，感觉到他做了某件事后能让那个全能的巨人去做什么事，而且只要他喜欢，他能够一直这么做下去。

有一次，我去拜访芝加哥的朋友们，一天上午，我被留在家里照看两个孩子：艾丽丝，三岁半；帕特里克，刚过两岁。他们居住的那条街道很安静，他们经常在那里的人行道上玩耍，因此我告诉他们可以去玩，只要不离开我的视线。但是，他们很快就跑没影儿了，我不得不把他们找回来，向他们抗议、诉苦。他们非常生气，说我很坏，说要向他们的妈妈告发我。我说随你们的便。帕特里克然后说他的妈妈会打我，“就像这样。”我假装哭了起来。这是一个和小孩子玩的绝对完美的游戏，所有的孩子都喜欢。很快我们就玩起了游戏，孩子会“打”我——用手拍我的背——我会假装哭。如果我停下来，帕特里克会说：“我还在打你呢。”我必须重新开始哭。我还要不时地说：“我是个好孩子。”他会很严厉地说：“你是个坏孩子。”我们这样玩了一段时间，直到找到其他事情做。后来，我们把这个游戏表演给这两个孩子的父母看。

1961 年 8 月 1 日

最近，莉萨开始玩起了凶猛的游戏。她龇牙咧嘴、咆哮着、吼叫着冲向我。我假装被吓坏了，胆怯地躲到椅子后面。这个游戏能够持续一段时间。从这个游戏以及她做的其他事情来看，她好像觉得她身体里有一个“我”正变得越来越强大，这个“我”在做事、在提出要求。任何使“我”变得更强大的游戏就一定是好游戏。大多数时候她都非常清楚，那个“我”是多么的无能为力。

有时候，她会拿一根棍子击打椅子的座位，嘴里还发出爆炸的声音。她打椅子时还眨眼睛，好像她想象的爆炸发出的强大力量使她自己也感到有点害怕了。这让我想起了我认识的一个九岁的小男孩，当他第一次开始玩足球的时候，每次踢球时，他嘴里也会发出同样的类似爆炸的声音，我想他没有意识到他在这么做。值得注意的是，他还不够大，也不是运动员，不能以很大的力量踢足球；如果他能够的话，他就不需要爆炸声了。

莉萨尽管有时暴躁、骄傲、顽固自立，但是她内心是很友善、很乐于助人的。她喜欢的游戏中有一个叫做“你不能”的游戏。有时候，这个游戏就开始于我站在纱门外面，她站在里面，她说：“不能进来。”我开始轻轻地拉门，她就从另一边尽力把门往里拉。过一会儿，我假装筋疲力尽地放开手，门会关上，发出轻轻的“砰”的一声。她带着胜利的表情看着我，然后又说：“你不能进来。”我再次试着打开门，她再次抵抗，直到我放手，门再次关上。这可能会发生五六次。但是到最后，她总是会让我进来，并且很甜美地说：“进来吧，约翰。”

前几天的一个上午，听到她在跟她的姐姐说话，我就走进了她们的房间。她迅速地看了我一眼并说：“走开。”“为什么？”我问。她说：“因为。”“因为什么？”她说：“你必须走开。”“但是我不想走开。”她说：“你需要走开。”这甚至比“必须走开”更强调了。我再次说我不想走开。这时，奇怪的事情发生了。她说：“你不能。”她转入了一个通常情况下她在各种环境中使用的回答模式。差不多就在这时，我离开了房间。过了一会儿，我又回到了房间，游戏重新开始。这一次，当我们玩了几分钟后，她说：“不要走开。”孩子们并不介意让我们大人赢得游戏，只要我们让他们在游戏中得几分就行了。但是，我们大多数人就像某些足球教练似的，好像永远不满足于仅仅是获得胜利，而是必须要获得最高分。

1961年8月2日

前些天，我们去了卡尔斯巴德山洞，一个奇异、美丽的地方。我们开车开了好几个小时才到那儿。在途中，我们一直玩游戏。收音机开着，莉萨看着我们，我开始随着音乐的节拍拍手。她也这么做了。然后，我开始用一只手轻拍另一只手捏成的拳头。她看了一会儿，然后两只手都握成拳头，拍了一会儿，再看我，发现她自己做得不对，很快就依照我做的那样去做了。从这个游戏开始，发展出了一系列的游戏。我用手轻拍头部，她也这样做。我用手轻拍肚子，她也这样做。我让游戏变得越来越复杂——我用一只手轻拍头部，用另一只手轻拍肚子；或者一只手轻拍头部，同时，另一只手握住轻拍头部的那只胳膊的肘部等等。看着她怎样模仿我是最有趣的。每次她都能很快地做出动作。做的时候，她把她做的和我做的进行核对，然后改变一下她的做法，再核对，就这样一直下去，直到她发现我们两个人做得一模一样才满意。看到她这样做，有两件事让我震惊。第一，她并没有觉得一定要在一开始就必须把每件事情都做对。她愿意——不，不只是愿意，而是渴望——从做事情开始，然后再想到改善。第二，她对不正确的模仿感到不满意，继续看，继续比较，直到做对了才满意——而她几乎总是能够做对。

如果让稍大一点的孩子来玩这个游戏，他的方法可能会有点不一样，他玩的时候，第一次模仿就要求做正确。他可能先在头脑中模仿，在真正做之前，他会先在头脑里看自己是否做得正确。也许，他会把我的动作用语言表达出来，然后使自己的动作和语言相符合。但是，年纪很小的孩子，至少是这个孩子，好像不这样做，莉萨不能在想象中做动作并再在想象中去纠正。他们必须在具体的或者物质的层面上去模仿、比较和纠正，直到把动作做对。

从一个方面来说——事实上，是很多方面中的一个方面——莉萨与我认识的在学校中不成功的10岁的孩子相比，有惊人的不同。她希望把事情做对，并会坚持做，直到自己做对；而那些不成功的10岁的小学生只希望事情快点结束，要摆脱它。许多很小的孩子好像都有一种我们可以称之为“手艺的本能”的东西。我们倾向于不去看这种本能，因为他们不熟练，他们的原料很粗糙。但是，看看小孩子喜爱地、小心翼翼地把沙子做的蛋糕弄平，或者轻拍、制作泥馅饼时的样子吧！他们希望尽可能地把东西做好，不是为了讨别人的欢心，而是为了让自己满意。

1961年8月3日

看着莉萨，经常让我想到比尔·赫尔讲的一个故事：一个一年级的小学生，当他听到单词“一次”的拼写是“O-N-C-E”时，他突然大哭起来。让我感到不解的是，当遇到这种混淆和难题时，为什么一个6岁大的孩子会比莉萨这样的幼儿更容易烦恼。莉萨整天听到没有意义的东西，但是看来她并不介意。她的生活和行为很不确定，变化起来很自然，也很容易，就像鱼儿在水中游一样。孩子从什么时候开始渴望确定性的呢？为什么会有这种渴望呢？

孩子刚出生时好像不会感到害怕。噢，对了，有几件事他们好像本能地感到害怕：很响的声音和失去支撑，不过也有很多孩子喜欢被抛到空中，然后再被接住，或者喜欢被翻滚、旋转。看起来，孩子的大多数恐惧是从比他们大的人身上获得的。

例如，莉萨以前从来不害怕虫子。当她看到任何爬行或者飞着的东西时，她都想抓住看个究竟。有一天，她姐姐的一个12岁的朋友来玩。莉萨和这两个比她大的女孩子一起待在房间里的时候，来玩儿的女孩看到角落里有只蜘蛛。这个 12 岁的女孩开始歇斯底里地叫起来，一直叫到他们把她弄出那个房间并打死蜘蛛。从此以后，莉萨开始害怕所有的虫子——苍蝇、蛾子、蠕虫等任何虫子。她已经得到了教训。她不会尖叫或者举止失常，只是远远地躲开虫子，不想和它们有任何关系。她对这个世界的一部分好奇心和信任已经被关闭了。谁能说清楚它什么时候会重新开启呢？

孩子们意识到的大多数恐惧经常是不明显的那种。他们一点一点地感觉到那种恐惧，每一次的程度都很轻微。前几天，莉萨在玩便携式电动打字机。她能开关打字机了，还会回车。她打着打着，突然冒出个想法，把两只手都放在了键盘上。几个键突然卡住了。她弯下腰，俯在键盘上，要把卡住的几个键重新弄好。我担心她在把键弄出来时，可能会碰到键盘上的某个键，这会让另一个键弹出来并很重地打在她的手指上。而且，我也担心她用力太大，会把卡住的键弄弯。于是，我再次向她演示如何关掉机器，然后再小心地把卡住的键弄出来。

莉萨做了一个小小的很有趣的探险。键盘的每一边都有一个转换键，左边有一个锁定键。她看到当按下转换键时，它还会再弹上来；但是如果按下锁定键，它就不会弹上来，而转换键也会跟着一起下去。接下来的问题就是如何把它们弄上来。拉没有任何作用。过了一会儿，她发现如果按转换键，锁定键就解锁了，两个键都会弹上来。然后，她在键盘右边找到一个键，也有同样的作用。边上的释放键没有产生任何她看得到的效果，跳格键使打字机的整个架子向一边滑去，这个成就完全出乎意料。在做了更多试验后，她很快就弄清楚了转换键和锁定键的整个系统。

整个过程中，我都站在一边，大约离她有十英尺远。我希望能看到她在做什么，同时，如果她再次敲打所有键，或者做其他任何可能会伤害到她或者机器的事情，我希望我能关掉机器。我觉得我是留心，而不是担心，但是，在我的注视下，她肯定感觉到了一点担心，因为她在摆弄机器时，不停地做一些小时候从来没有做过的事情：抬头看着我，脸上带着清晰的表情，似乎在问："这样做对吗?"

孩子，特别是年幼的孩子，对情绪非常敏感。他们不仅能感觉到我们感觉到的，而且还会把这种感觉放大。当莉萨看到哥哥或者姐姐好像发生了严重的争吵或者打架时，她就会开始哭。即使他们打打闹闹只是为了好玩，她也会努力地把他们分开，恳求道："不要打了！不要打了！"在其他家庭，我经常看到孩子会长时间闷闷不乐，因为他们的父母发生了争吵，尽管父母已经在尽力掩饰。有一次，我去几个朋友那里做客，我很熟悉他们的孩子，也非常喜欢这些孩子。孩子的母亲和我就政治问题发生了争论。那是一种温和的争论，也没有显出不友好；我们基本上是同一阵线的。但是，不管争论有多温和，对孩子来说都是不能承受的。他们开始围着我们打转，不时以一副调解的姿态插进来，好像要把我们的注意力从争论的事情上转移开，去考虑一些其他事情，让一切又恢复到欢快、开心的样子。

说小孩子不会共情，无法感知他人的感觉，这种说法完全不对，或者至少不总是对的。毫无疑问，孩子们相互之间经常会很无情，但是，如果他们身边的一个孩子受到了严重的伤害或者很不高兴，他们很快就会变得非常忧虑。能像成年人那样持续、故意地做出无情的事情的孩子是极其少见的。

他们的无情经常可能是试验性质的。有一次，我看到两个两岁的男孩在地板上一起玩，他们把玩具小汽车和小卡车推来推去，玩得很开心。过了一会儿，其中的一个男孩拿起一个相当重的金属卡车，看着另外一个男孩，脸上露出思索的表情。我有一个预感，可能会有不好的事情发生。但是，我觉得不应该说什么，因为孩子的父亲（也就是招待我的主人，我跟他不是很熟悉，他也和我一起看着孩子）什么也没说。但是事情果真发生了，过了一会儿，那个看上去很平静的拿着卡车的小男孩，用卡车打了另外一个男孩的头。另外那个男孩惊诧地抬起头来，然后因为疼痛和惊慌突然哭叫起来。第一个小男孩不解地看着他，越来越难过（尽管他的父亲出于某种原因并没有采取行动惩罚他或者责备他）。这些大叫和眼泪看起来超过了他预期的结果。他自己没有哭，但很显然被吓着了，而且很不开心。

我最早的记忆之一——事实上，现在我记得这件事的含义，而不是事件本身——是在公园和一个大概三岁或者四岁的与我同龄的孩子玩耍。他突然出乎意料地用他的玩具铲子打了我的头。我们之前一直玩得很平静，我一直不明白他为什么打我，当时不明白，以后也不明白。也许也是一种想看看会发生什么事的无法抑制的冲动。

1961 年 8 月 4 日

莉萨记住了并且喜欢运用一些带有某种情感分量的短语。在过去的几个星期里，我第一次听到她说："不公平！""我弄得一团糟！""不要惹我生气！"还有"别做了！"所有这些话都是在紧张、激动的时刻说的。当她发现自己处于这样的境地时，这些短语自然而然地就说了出来。

她的谈话和游戏是联系在一起的。前几天，我们开车去城里，她坐在后面，我坐在前面。我转过身去看她。她淘气地看着我，然后严厉地说："转过去。"我以前从来没有听她这样说过。我转回身去，过了一会儿，我又掉过头去看她，她说："转过去。"于是，游戏开始了。我们玩了一会儿。

有时游戏是倒过来的。前些天的一个上午，她让我看她，然后她开始绕着起居室里面的一把椅子转圈，眼睛一直看着我。我猜她是希望我对她做的事情说些什么，于是我就说了。或者是我猜对了，或者她只是喜欢我那么做。她继续转着圈子，并始终看着我，听着我说话。实际上，大多数时候，就像她想看看人们对她说的话会做什么一样，她做一些事情是为了看看人们怎么说。

1961 年 8 月 6 日

刚才莉萨轻拍我的脸颊，我忘了为什么。我含了一口气，使脸颊涨得鼓鼓的，然后等着。我的脸颊就像一个诱人的靶子。她轻轻地拍一下，然后我就让空气从双唇间突然吐出来，并且发出满意的声音。她很高兴，让我再做一次。很快，家里所有的人都跟她玩起了这个游戏。过了一会儿，她邀请我们玩一个相反的游戏。她鼓起她那圆嘟嘟的小脸，但我们拍得不够重，因此空气出来时没有任何声音。不过这好像并没有使她烦恼，总之她还是非常喜欢这个游戏。

有一段时间，她喜欢玩模仿比她大的人的游戏。现在，她已经开始发明新的游戏了，在这些游戏中，我们要模仿她。就像其他许许多多的好游戏一样，这个游戏开始时也是出于偶然。她在做鬼脸，她很喜欢做鬼脸，被我看到了。我想都没想，就模仿她的鬼脸。她重新换了副鬼脸，我又模仿。很快，她就发现我是在试着做她在做的事情，于是我们就玩了起来。

还有一次，她的哥哥们在起居室的地板上玩一个叫做“腿摔跤”的游戏。莉萨在旁边看了一会儿，坚持要加入。我们跟她假装玩了会儿腿摔跤，有时候把她拉过来，有时候假装她把我们拉了过去，我们被拉过去的时候还要不停地发出咕哝声和呻吟声。很快，她就开始使出不同的花招了，还要求我们跟着她做——猛然跪下，手脚着地，不停转圈，从两腿之间朝后看（很多小孩子都喜欢这么做）等等。一天早晨，她带着我到屋子周围的松树林里散步，她时而跑，时而走，时而会伸出一只脚踢向空中。她一直看着我，看我是不是模仿，是不是模仿得对。

从20世纪60年代开始，对患有自闭症的孩子，对那些想要退缩到自己的世界中、与外面的世界没有联系或者根本不想有联系的孩子已经有了很多说法，也写了很多文章。争论最激烈的是如何对待他们才最好。传统的看法好像依然还是说，对自闭症严重的孩子没什么办法，也许只能训练他们照顾好自己，以达到最小程度的社会要求，但是除此之外，就没什么可以做的了。不过确有一些令人震惊的“疗法”。巴里·考夫曼在他的《儿子的新生》一书中，就讲了一个疗法，那是他和他的妻子用在他们显然已经无望的、患有自闭症的小男孩身上的。我在这里想要说的是，他们开始了他们的疗法，开始和他们十分内向的孩子有了微弱的交流，为了和他沟通，他们会模仿他做的任何事情，如果需要，每次持续几个小时。这就是他们带领孩子或者劝服他回到日常生活中来的大门或者说途径。

没有人会确切知道这个疗法为什么会起作用。但是，我感觉它是对的。如果我感到这个世界如此难以预料，让人害怕，而我自己又如此无能为力，那么我是不会让自己到那个世界中去冒险的，而是不得不为自己创造一个小小的、安全的私人世界。在外面的世界里，如果我能够做什么事的话，那么它可能看起来就不那么难以预测，不那么吓人了，我自己也就更有力量了。

所有的孩子都希望自己对周围世界的控制和掌握能力能不断增强，当他们发现（他们时时刻刻都在发现）自己对世界并没有控制能力时，他们都会感觉到某种程度的丢脸、危险和害怕。可能患有自闭症的孩子更需要这种控制，当他们发现没有的时候，受到的惊吓更加厉害，因此不像其他大多数孩子那样，不能耐心地努力奋斗，直到能够获得这种控制能力为止，他们选择的做法同样跟大多数孩子不同，他们必须从外面那个巨大的世界中退出，缩进自己个人的内心世界。

1961 年 8 月 9 日

前几天，我们去了一个小型的露天游乐园。里面有一个小观览车，一列沿着椭圆形轨道转圈的火车，一辆沿着轨道绕着一根柱子转圈的锁定了轮子的吉普车，一排沿着圆形的木质轨道摇摇晃晃地颠簸前进并发出很响声音的金属小汽车。

第一天，莉萨就被小汽车吸引住了。我们把她放进一辆小汽车中，然后汽车开走了。我们以为汽车的噪音和颠簸可能会吓着她，而且很显然，她确实处于被吓坏的边缘。在她随着小汽车转圈的时候，她的脸上只是有一个固定的表情，经过我们身边的时候，也极少抬头看我们。车子一直逆时针方向转，她也一直转着她车上的小方向盘，好像她一直在往左拐似的。这只是一个巧合吗？还是她在坐真正的汽车时，已经掌握了转动方向盘和汽车运动之间的关系？

乘坐很快就结束了，我们寻找其他玩的东西。有些大一点的孩子坐在小火车里，鸣着汽笛，摇着铃。对莉萨来说，这看上去很有趣，只是有一点点吓人。可能是因为火车发出的噪音太大了，或者可能是因为火车太大了，太黑了，她不停地说：“我不能坐火车，我不能坐火车。”我们说没关系，她没有必要非得去坐。小汽车仍然是她的最爱。

过了一会儿，我们离开游乐园去吃冰激凌，在我们吃冰激凌的时候，火车在她头脑中的形象开始变得不那么让人害怕了。她想得越多，火车看起来就越小、越安全。她开始很勇敢地说：“我要马上坐火车！”我们觉得应该利用这次机会克服她的恐惧，于是我们回到了游乐园。但是，唉，当我们到了那儿的时候，火车看起来又像以前一样大，一样黑了，她说：“我不能坐火车，我不能坐火车。”

大多数时候，我们很容易知道为什么我们那么害怕，但要知道克服这些恐惧的动力从何而来，就不那么容易了，尤其对于小孩子来说。有些勇气是学习得来的，但肯定还有一种勇气是一种本能的、一种想要克服恐惧的、勇敢的愿望。如果我们施加的压力不超过这个本能的承受能力，那么勇气就会显现出来。我们应该充分鼓励这种本能的勇气。

当莉萨特别想做某件事时，她会说："我必须。"当她不想做某件事时，她会说："我不能。"很容易明白她的这些表达从何而来。当我们希望她做某件事时，会说："你必须。"当我们不希望她做某件事时，会说："你不能。"她只是把这些词又用回到了我们身上。她刚刚开始意识到她与控制一切的大人之间的意志冲突。她的哥哥对她来说已经是个大人了，经常跟她玩一个游戏，他说："你必须。"她则很严肃地说："我不能。"他转换一下角色，说："你不能。"她迅速接道："我必须。"他们会一直玩下去，只要她愿意玩。

对几乎每一个问题，她的回答都是"不"，或者否定的"嗯-嗯"。这并不是说她认为"不"总是正确的答案，她经常在知道正确答案是"是"时却回答"不"，就像当她喜欢的姐姐说："你是我的妹妹吗？"对一个两岁的小孩子来说，"不"这个字就是她的"独立宣言"和"大宪章"。

现在很多人已经指出了这一点。一个饥饿的两岁大的孩子会经常说"不"，即使你问她想不想吃她最喜欢的食物。她当然想吃，但她也喜欢说"不"。让她说吧，然后给她食物。如果她真的不想要，她很快就会让你明白的。

很奇怪，大多数人看到小孩子第一次表现出独立迹象时会感到惊慌。现在的父母经常说："这只是暂时的，他们长大后会改掉。"就好像那是一种疾病，随着仔细照料和运气，孩子会康复。更老套的人会开始向孩子表示"谁说了算"，尽管孩子感觉到需要完全依靠大人，尽管他对更多独立的愿望需要尽可能多的维护。

就像所有的小孩子一样，莉萨希望能做大人做的事情。这可能会造成麻烦。吃晚饭的时候，她坚持她的晚饭要像其他人的一样，从分菜的盘子再装到常用的盘子中，而不是特别地提前盛到盘子中。几天前的一个晚上，我们在吃猪排。我知道她不可能切开猪排，只会从上面咬一点点，于是我试着从一块猪排上切下几片给她。她抗议道："我要肉！我要肉！我要肉！"我说："我正给你肉呢。"没用。我明白她想要什么，她也知道我明白。必须把整块猪排放到她盘子里。只有当她用刀叉徒劳无功地锯了一会儿之后，她才允许我为她切一些下来。

她用很多方式表现她的这种独立。小房子后面的院子里有几个秋千，用链条吊在架子上，高度可以调整。一个年龄大一点的孩子把一个秋千拿了下来，扔在了地上。莉萨想荡秋千，她在地上玩着秋千。我说："你想荡秋千吗？"她说不，不过她总是这么说，因为她看起来好像很想荡秋千，于是我就开始把一跟链条挂到钩子上，她严厉地说："不要装秋千。"然后，她拿起另外一根链条，抓住链条的一端，开始往架子最上面那个横条上够，同时认真地往上跳，她大概能跳离地面一英寸半左右。过了一会儿，她放弃了，转向其他东西。我要是慢慢地接近链条，她就会说："不要装秋千。"我就会走开。后来，我们又经历了一次。她的表情很有趣，但她是严肃的。直到后来，当她离开去做她自己的事情时，我才把秋千装好。

一年以前，她就非常想加入人们玩的任何游戏中了。那个时候想要骗她很容易。如果大一点的孩子在玩跳棋或者国际象棋，他们通常会给莉萨几个多余的棋子，让她在地板上玩，这样就可以安抚她、摆脱她了。但是，这并没有持续太久。她很快就发现牌或者棋子是用特定的方式使用的，她也想那样用——在棋盘上玩。这对下棋的人来说就困难了。当她看到有人下棋或者听到有人提起下棋时，她马上就想玩。她并不特别关心游戏，即使她懂或者不懂，她只是不想被排除在别人玩的东西之外。有时候，她的哥哥会在他们房间的上铺上躲着她玩。但是，她很快就能找到他们，然后说“必须下棋！必须！必须！”给她几个多余的棋子根本没用，她就想在棋盘上玩。只有向她保证以后会给她机会玩，我们才能说服她让男孩子们完成他们的游戏。之后，不管谁愿意跟她“玩”，她都会玩得非常高兴，会玩很长时间。

她的耐心和专心让人惊讶。前些天，她发现一支绿色的圆珠笔，就把它拆开了。拆出了四个部分：笔芯；两个必须被拧在一起的组成笔的主干的零件；一个金属箍，在两个塑料零件拧在一起前，必须把金属箍放在其中一个零件上；还应该有一根弹簧，但当我看到笔的时候，弹簧已经不见了。我开始为她把笔组装起来，但她不要我那么做。她笨拙而耐心地摆弄着那些零件，试了各种各样可能的办法，想把它们装在一起。她不太清楚装好后这些零件应该是什么样子，也没有组装它们的技术，但是，她很接近了。她经常把零件按照正确的顺序装在一起，但无法啮合螺纹以使笔的两半连接在一起。她一次又一次都好像已经把所有东西都正确地装在了一起，但是，最终又都散开了。她没有生气，也没有气馁，一直努力了二十多分钟，直到我们叫她吃午饭才停下来。

当我看着她摆弄的时候，我想到了在幼儿园看到的许多四岁的孩子，他们想要把拼图拼在一起，当他们没法完成时，他们经常会哭或者生气。为什么大一点的孩子如此不能忍受——我们不要说“失败”，而是说——成功迟来的挫折呢？我猜，大概是因为他们已经处于一个充满竞争的、意识到地位的环境中，即使是在幼儿园里，所有的人都在努力获得老师或者同伴相互之间的赞许。不能完成拼图的孩子知道大一点的孩子已经能够完成了，老师和其他孩子都希望他能完成，如果他不能，那么他们会很失望或者会嘲笑他。但是，莉萨感兴趣的只是笔以及她能不能把它装好；她不关心其他人是不是能够做到，也不关心其他人对她的努力会怎么看。对很多四岁的孩子来说，拼图通常只是一种用来达到一种结果的方式——获得其他人的赞许。对莉萨来说，把笔装好本身就是一个结果。

对丹尼（29个月大）的观察手记

1963年3月7日

前几天，丹尼做了一件事，他做得是如此准确，让人都不敢相信是真的。他有三幅图画拼图，就像智力拼图一样，只是更简单些。其中两幅是“孩之宝”类的，在很多幼儿园都能看到。还有一幅很漂亮，也更复杂、更有趣，是一幅荷兰拼图。尽管丹尼只有29个月大，但他已经能够在没有别人帮助的情况下完成这些拼图。让人惊奇的是，他竟然有如此灵巧的手指，竟然能记住三幅如此复杂的图案。他确实不是依靠试错法完成的。他知道每幅拼图里的每一片该放在哪里。他有一个大致的顺序，他喜欢按照这个顺序来拼，不过他并不拘泥于这个顺序。在拼的时候，可能某一片是他更愿意立即就拼上去的，但是如果那一片不在他的视线之内，他也会用另一片，并能正确地拼上。看着他做拼图，真的很令人惊奇。

前几天，他在拼一幅“孩之宝”拼图，是关于船的。有一片应该放在边上，是一片云。他拿起这一片，找到了正确的位置，想把它放进去。但是，他放的角度有点斜，因此不能使那一片合适地沿着边缘放好。而且，周围也没有其他拼片可以指引他放好，他用力压，翻过来转过去，但就是不合适。他越来越不安。他知道那一片应该放在那儿，但是却摆不对。他的动作越来越快，越来越焦虑。突然，他转过身离开拼图，爬向他后面几英尺远的毯子，他抓住毯子，把大拇指放入口中，坐在地板上看着我们，好像在说：“我知道在这种时候该做什么。”我们所有的人都开心地笑了起来。过了一会儿，他恢复了精力，重新回到拼图那儿，拼其他的拼片，很快他就拼完了，包括先前给他带来麻烦的那一片。

人们在某些时候能学会多少东西，取决于那个时候他们对任务以及他们执行这项任务的能力的感觉。当我们感到自己强大、有能力胜任时，在困难的任务中我们也能跳跃前进。困难并不会使我们气馁，我们会这样想：“迟早我会完成。”还有些时候，我们只是想：“我永远无法做到，这对我来说太难了，我从来也不擅长这一类事情，为什么我必须要做呢。”等等。教学的艺术之一就是要能够感觉到学习者是处于哪一种情绪中。人的情绪可以很快地从一种转变为另一种。在《永远不太晚》一书中，我描写过一个八岁的孩子，他在 30 分钟的大提琴课上，情绪可以从高昂到低落，然后又变回到高昂。当人们情绪低落时，强迫或者催促他们是没有用的，只会让他们感到更害怕、更泄气。我们所要做的就是后退，卸下压力，让他们放心，安慰他们，给他们时间——随便他们需要多长时间——等他们重新获得了足够的精力和勇气后，再回到任务上去。

1963 年 3 月 22 日

我又去看望了丹尼。当我们正在哈佛视觉艺术中心周围闲逛时，他抬头看到了月亮。他把月亮指给我们看。过了一会儿，当我们在街上走了一小段路之后，他抬起头来，又一次看到了月亮。他看上去对在另一个地方又看到了月亮感到很吃惊。

他说了很多话。我注意到，当我们对他说什么时，他经常会重复我们话中的最后一两个词，就好像他是在练习似的。

到家之后，我们发明了两个很好的游戏。我不知道这两个游戏是如何开始的。沙发上有一个柔软的小垫子。在某个时刻，出于某种原因，我把垫子朝他扔了过去。他抓住垫子，又扔了回来。这让他非常兴奋。我想，他的视线随着垫子在空中移动并要计算它到来的时间以便抓住它，这对他的协调性是个很好的锻炼。而且，这也是个很容易的游戏。垫子很软，不会从他手中弹出去，很容易抓住。他还有一个喜欢去抓的大气球，尽管玩法不同，但他也很喜欢。

另外一个游戏是“打躺椅”。当我们在玩抛接游戏时，我坐在一个躺椅上。我觉得这个小男孩的手上比较有劲，能够握住东西，也能够扔东西，我想起了莉萨以前如何喜欢用棍子打椅子的坐垫并发出一种让她自己眨眼睛的声音，于是，我把手举过头顶，然后手掌朝下，用力地打在躺椅上，发出很响、很重的声音。丹尼很高兴，我对他说：“你来打躺椅。”他走上前来，尝试性地拍打了一下躺椅。我说：“噢，你可以比刚才那样更用力地打。”他又重重地拍打了一下躺椅。不过，没经过几次尝试，他就完全放开了，用尽全力拍打躺椅。

从这儿开始，游戏继续发展。在我们玩抛接垫子的游戏中，他经常会停下来说：“打躺椅。”每次我都用尽全身力气去打，每次他都哈哈大笑。然后有一次，没有什么原因，也不是头脑中计划好的，我没有重重地打，而是轻轻地拍了一下。然后我说：“我该更用力地打吗？”他说：“是的。”我打得稍微重了点儿，然后重复我刚才的问题，他还是说“是的。”我又重重地打了一下，问了同样的问题，他仍说“是的。”这样重复了四五次，直到我用尽力气去打。我们重复了两次，第三次时，我轻轻地拍了一下躺椅后，就停下来等着。他看了我几秒钟，然后说：“用力点儿!”我更用力地打，但不是特别用力，他又说：“用力点儿!”我又增加了一点力气，他又说：“用力点儿!”声音比以前更大。我们就这样一直继续，直到我用尽全力去打。这个游戏让他很高兴，很兴奋。后来，我们表演给他的父母看。

这个故事真正的意义是，和小孩子玩的最好游戏都是从当时的情境中很轻易、很自然地涌现出来的。我们不太可能提前设计、创造出好的游戏，但是，如果我们和孩子玩要，只是为了好玩，倒是有可能获得好的游戏内容。不管游戏是什么，我们都必须准备好即刻放弃，不要后悔，只要孩子不再喜欢它了，那就放弃。下面这种想法很诱人：“如果我让他玩一会儿，他会喜欢这个的。”但是，他不会喜欢，我们也不会。

丹尼已经很擅长拼“孩之宝”拼图了，于是他的父母给他买了一些“孩之宝”拼图回来。现在，他有两三幅已经拼得很好了。昨天晚上，他在拼墨西哥男孩和两只山羊的一幅图。看着他拼图真的很令人惊奇。他的脑海中已经有了拼图完成后的画面，画面告诉他这一片该放这儿，那一片该放那儿。他盯着拼片看了几秒钟，然后突然伸出手拿起一片，放到他认为应该放的地方。五次当中有四次他是对的。当他错了的时候，他通常很快就能意识到他错了，然后冷静地放弃把拼片放到不应该放的地方的努力。

昨天晚上，有一个例外。他试着把一片放到一个地方，形状几乎是正确的，颜色也相配，不过不完全相配。很显然，他好像对精确的颜色相配没有感觉，他不是用这个办法来拼图的。拼片只是位置非常接近正确，因此他觉得应该把它放在那儿。不久，他就过了可以放弃拼对的努力的阶段。骄傲、面子都牵扯了进来。你会看到他生气，还有点害怕，那正是当孩子理解的一部分世界突然让他们弄不懂时他们的反应。他的父亲开始试着说服他考虑一下这可能是错的拼片的想法。他父亲这么做时很小心，很有策略。但是，孩子还没有准备好承认这一点。他知道这是正确的拼片，但就是放不进去！过了一会儿，我有了个想法。我说：“为什么不把它放在这儿，放到外面，先拼其他的，然后再试试这片。这会儿先不要管它。”他准备采取这个做法。他摆放了其他一些拼片，然后拿起那块难拼的，毫不犹豫地摆到了一个地方，这次对了。结果证明，这个地方就在他原先尝试摆的那个地方的旁边，毕竟他也不是错得太远。

在我看来，从这件事中，学生和老师都可以学到相似的经验。有时候，即使最灵巧的学习者也必须承认他当时的行为无疑是在用头撞石墙，这样做没什么意义。在这些时候，老师倾向于把学生当成攻城木来用，我自己就这样做过多次，没用的。

丹尼、他的父母还有我，一起到隔壁邻居家去看一个小女孩，小女孩跟丹尼差不多大，她也有那些“孩之宝”拼图，但是很显然，她还不能把它们拼在一起。她玩拼图的方法是拿起一块拼片（任何一片）把它放到一个明显不可能的地方，然后抬头四顾，发出一种“不是很可笑吗？”的格格的傻笑声。她的做法很像大孩子和成年人，那是一种故意失败的策略。如果你玩游戏时，不能按照它应该的玩法玩，那么就用一种你能够做到的玩法玩。如果你不能做对，那么就做错，不过要错得十分明显，这样每个人都会明白你不想做对，你觉得它不值得去做对。

后来，我们回到丹尼的家。他拿出一些拼图放在地板上。他已经拼完了一幅，精力充沛，信心十足。突然，他开始做刚才那个小女孩做的事情，把拼片放到显然是错误的地方，然后看着我大笑。这是个大玩笑，但跟先前那个小女孩自我保护、掩饰性质的玩笑不同。他知道他可以把拼图拼对，他只是假装拼错而已，只为了好玩。起初，我没有意识到这件事的重要性，可能是因为我们很快就有其他事情做了。但是后来，他拿出一本他最喜欢的书给我们看。那是一本有关建筑机器和掘土机等机器的书，那些机器的名称他一直牢记于心，也很喜欢说。然后，他翻到书封皮的里页，那里有很多迪士尼人物，有一些他认识，有一些他不认识，于是他就问我们。然后，他又翻回到书里面的内容，不过现在他玩起了不同的游戏。每翻一页，他会给我们看一个机器，告诉我们这个机器是什么，而事实上却不是，例如，他看着混凝土搅拌车却说："拖拉机。"看着蒸汽挖土机的图，却说："联合收割机。"他非常喜欢这样的玩法，玩得十分高兴。看着某件东西，故意说它是另外的东西，这是一个很好玩的玩笑。

这看起来是对符号世界的一种健康的、自信的、有效的态度，我们可以随心所欲地运用。如果我们想正确运用，就可以正确运用；如果我们想开玩笑，想不正确地运用，那也行。是我们而不是符号说了算。

你知道如何把一件事做对，如果做错了经常会很好玩，这种感觉在孩子身上非常强烈。成年人遇到这种情况通常都会去阻止，我觉得这是错误的，可能是非常错误的。那天晚上，我看到我的小朋友做的事情应该欣赏，应该鼓励。没有必要总是正确。

你知道某件事如何做正确，却故意做错，只是因为那样看起来很好玩，孩子的这个恶作剧或者说游戏，在我看来是对支持皮亚杰理论的人说的"运思"的极好例证，他们倾向于认为这么小的孩子无法做到这一点。很明显，孩子的头脑中同时有两个念头：一个是正确的方式，他们应该采用的方式，也知道如何去做；还有一个是不正确的方式。我以前总是认为并且也一直这么说，孩子在十岁之前，尽管充满了活泼、欢乐的精神和闹剧似的幽默感，但是，他们好像没有多少讽刺、风趣的能力，不能从另外一个角度看问题。但是，这个"故意做错"的恶作剧好像正是那种幽默的极好例子。同样，那些胡说八道的话会让小孩子发笑，也正说明了他们知道那些话是错误的。

孩子还很小的时候，会玩一些"因果"的游戏。我最近一次在法国时，去拜访一位年轻的学校教师以及他的家人。他们的儿子还不到一岁半，我经常看着他躺在摇篮里，跟他说话，和他玩耍。他有一个玩具，是个橡皮圈，大小跟甲板网球环差不多，比面包圈稍微大一点点。有一天，我把橡皮圈放到我头上，他看着我。过了一两秒钟，我一低头，橡皮圈就从我头上滑落，掉到地上。然后，我把橡皮圈放到他头上，他做了同样的动作。这变成了一个很好玩的游戏。在我们两个轮流玩了几次之后，我把橡皮圈放在头上，然后不动，等着。他看了我几秒钟，然后不停地重复做点头的动作。我点了一下自己的头，然后橡皮圈掉下去了。他很高兴，我们就这样玩了一遍又一遍。

几年前，有一次我和一个不超过七八个月大的小孩子玩“撞头”游戏。我抱着她走来走去，我忘了是什么缘故，我们的头轻轻地撞到了一起。我说：“撞头。”她看上去很喜欢这样，于是我又说：“撞头。”然后用我的额头又轻轻地撞了一下她的额头。玩了几次后，她明白了这个游戏，如果我说“撞头”，她就会用她的额头来撞我的额头，然后给我一个灿烂的笑容。

这些游戏的精神是最重要的事情。我们和婴儿玩游戏，唯一的好理由就是因为我们爱他们，很高兴和他们玩这些游戏，在玩的过程中分享他们的欢乐，而不是因为我们希望他们以后可以去上大学。是孩子和游戏带给我们的快乐使游戏变得有趣、值得、对孩子有益。如果没有了快乐，取而代之的是一些关于未来智商和 SAT 分数的无情计算，那么我们就剥夺了游戏的精神，游戏就死了。对我们自己以及对孩子来说，都是一样的。

对幼儿园孩子的观察手记

1960 年 5 月 1 日

几天前，大约正式上课前四十分钟，我把我的电动打字机拿进了三岁儿童的教室。当我进去的时候，我没有说任何话，只是走到教室的一个角落，把机器放在一张矮桌子上，然后开始打字，动作很慢，每次只用一根手指。有那么一会儿，孩子们小心地围在远处，在他们玩耍的过程中，时不时地用眼角的余光迅速地看我一眼。渐渐地，胆子稍微大一点的孩子越来越靠近我。最后，正如我希望的那样，其中一个孩子走到我面前问能不能让他打字。我说："当然能，如果你想的话。"不一会儿，所有的孩子都希望让自己轮一次。当一个孩子打字的时候，其他孩子则挤在机器周围，静静地、不停地推来推去，就像等火车的人们一样。打字机太受欢迎了，我简直无法让任何一个孩子打字超过五分钟，这点时间不够他们对打字机做太多调查和研究，更不要说有什么发现了。而且，其他孩子的兴奋让打字机上的孩子大大分神了。

1960 年 5 月 9 日

三岁班的孩子对打字机依然着迷。约翰经常是每天早上最早来到班里的学生之一。他只要一看到我，就要求玩一下打字机。他还喜欢给机器插上电源。大概是玩打字机的第四天，当我离开去我自己的班级时，他对我说："霍特先生，你必须把打字机拿到我家里。"另外两个孩子也说了同样的话。

在第五天，约翰发现了把色带从红色变成黑色的小部件，注意到它能使纸上的颜色发生变化。现在，所有的老手都知道了这个小配件，都喜欢摆弄它。孩子们对纸上打出来的符号开始多了一点点兴趣，而不仅仅是让机器动起来。如果打出来的字母大一点，他们甚至可能会更感兴趣。

埃尔希（五岁半）是查理（四岁）的姐姐，也玩过一次。她能读，能拼写。在没有任何帮助之下，她打出了"亲爱的爸爸，我爱你，和你的房间。”这让马特（四岁）很激动、很兴奋，他也希望能对自己的父亲写点什么。我把打“亲爱的父亲（DEAR DADDY）”的键一一指给他看，他打出了“DDEAR DDADDY”。但是，这就是他所有想要说的话了。可能寻找字母的缓慢过程使得他的思维凝滞了。一方面他想让机器快速地运转，一方面又想说点什么，这两种愿望让他不知如何是好。

查理（只有四岁）不像大多数的这些孩子，他想知道他打出来的都是些什么字母。他故意一次只敲一个键，然后看着他打出来的符号。很可能最后他会带领大家有新的发现。有一天，他穿过键盘向下看，注意到机器里面有一个旋转的东西——就是控制键的长棍，他很想知道那是什么。

大概是第六天，马特看着纸上的字母和数字，突然说道：“这是数字5!”看到他认识的东西，让他非常激动。

当孩子们刚开始使用打字机的时候，他们打满一行之后还在继续打字，没有注意到什么事也没发生。过了一会儿，当他们打到一行的末尾时，我开始在回车前说：“一行结束了!”现在他们都知道了如何使用回车以及什么时候用，我几乎不再需要说“一行结束了”。查理每次回车的时候喜欢自己这样说。

一些孩子已经能够解开卡住的键，非常灵巧，他们的小心程度也让人惊讶。

几天后，马特想要写“父亲（FATHER）”这个词。我给他在纸上写了出来，他自己在键盘上找到了F和A，其他的我指给他看。然后，他发现了一个天才的办法，既可以满足他想要机器快速运转的想法，又可以满足他想要用机器做点事情的愿望，他打了：FFFFFFFAAAAAAATTTTTTTHHHHHHHEEEEEEERRRRRRR。

查理可以找到他名字开头的字母C，也喜欢去找。当我问他能不能找到其他字母时，他忧虑地看了我一眼，于是我马上就不再提这件事了。当置身于这样的困境中时，孩子的反应是多么强烈和迅速啊！他喜欢我说出他敲打的键的名称，他知道最上面一排数字键后面是破折号，然后是等号，如果我不说的话，他自己经常记得说“破折号”和“等号”。

这大半年来，当我进入教室的时候，约翰告诉我他是治安官，我必须进监狱。我想到了希尔维亚·阿什顿-沃纳所取得的成功，教她的孩子真正感兴趣的词。于是有一天，我在一张纸上用大写字母写道：“进监狱（GO TO JAIL）。”我把它拿给约翰看，并告诉他这是什么意思。我想他可能会有兴趣把它用打字机打出来。聪明的念头就是这样产生的，他非常感兴趣。后来，他又让我用铅笔写下“回家（GO HOME）”，不过让我感到奇怪的是，他对于把这些个字用打字机打出来并不感兴趣。但是，当其他孩子打“J”的时候，他会很生气，他宣称“J”是属于他的字母。

对斯科特和汤米的观察手记

1961 年 4 月 2 日

斯科特还有几个月就 6 岁了，前几天下午，他在摆弄电动打字机。就像今年在班上使用打字机的大多数 5 岁孩子一样，他先是把它当成可以动的机器；然后把它当成会在一张纸上弄出很多符号的装置。他还没有把它当成写字的一种简单方法，也就是说，他还不知道它可以用来表达什么东西。从另一个角度说，他没有把任何形式的书写当成表达东西的方式。对他和他的同班同学来说，书写只是制造某种符号的方式，成年人好像喜欢用铅笔或者粉笔来书写，这跟把话弄到纸上毫无关系。

不管怎么说，他把锁定键按了下去，然后很高兴地用美元符号来组成图案。后来，他不小心把锁定键释放了，这样他就得到了一排4，而不是美元符号。他不喜欢这个，并且说了出来。然后他开始试图把美元符号找回来，一边试，一边喃喃咕咕地说着“让我们试试这个。”他按了第一个无标记键，然后又按另一个，获得了很多意想不到的、不想要的结果，直到最后他终于敲到了锁定键，不见的美元符号又恢复了，他才满意。

他的老师后来说，班上“聪明的”孩子和不太“聪明的”孩子之间的差别很明显，因为聪明的孩子能够非常有意识地运用科学方法，对试错法进行选择性运用。他们运用这个方法不仅仅是想找出他们想知道的事情，而且他们是有意识地在运用。但问题是，他们运用这个方法是因为他们聪明呢，还是这个方法的运用让他们变得聪明了呢？

在过去的一两年里，我观察了汤米（莉萨的弟弟）的大量行为。他是个不知疲倦的、富有创造力的试验者。当他两岁半的时候，他喜欢把吸尘器插到电源插座里，这样他就可以听到电动机开始运转。既然任何威胁和惩罚好像都不能使他远离插头，既然房子里面到处都是插头，我们决定最好的办法就是集中注意力，确保他插插头时插得正确，他确实插得正确。就像大多数孩子一样，他渴望立刻就学会做事情。

有一天，当我看着他把吸尘器的插头插入插座时，我把吸管口拿了起来，上面没有装其他东西，我让他过来感觉吸管口，当他发现他的手被紧紧地吸住时，他觉得很奇怪。他很喜欢这样，做了一遍又一遍。这又增加了他试验的范围。现在，每当他插好插头之后，都会去感觉吸管口。

看着他这样做，我感觉到他不确定他的手是不是每次都会被吸住，只是因为发生过一次并不一定意味着会再次发生。孩子要花一段时间才能明白，很多时候，特别的事件A后面总是发生另外一件事件B，如果B跟在A后面发生一次，可以根据这个知道它会再发生一次。

有一天，他正开心地把吸尘器的插头拔下来插上去，用手检测吸管的吸力。突然，他若有所思地看着吸管和插头，有了一个主意。他把吸管口放到插座上，然后用另外一只手去感觉插头！当他没有感到吸力时好像有点惊讶。这个试验他重复了一两次，依然没有任何结果。然后，他又回到原来的游戏。这很容易让你觉得，他刚才做的试验显示了一种心智技能，我们一般不认为一个两岁半的小孩子能有这样的技能。

对小孩子能做的事情依然有很多奇怪的限制。第二年夏天，汤米 3 岁了，他拖着一个他最喜欢的玩具——花园浇水管——在院子里走来走去。水管绕在了我们刚栽下不久的一棵棉白杨小树苗上。突然，水管紧绷起来，他无法拉得更远。他应该很容易看到发生了什么事，因为小树苗离他并不远。但他只是更加用力地拉，变得越来越生气。最后他请我帮忙，我带他拿着水管绕着树转了一圈，这样使他摆脱了困境。我觉得如果有很重的东西压在水管上，使水管不能动，他会明白的。但是，他想不到像树那样静止不动的东西也能造成这样的麻烦。

汤米也玩了打字机。有一天，我在起居室打字，这时他走进来，看到了我。他希望玩一下，于是我把他放到我前面的椅子上，他开始打起字来。很快他就使我惊奇了。他是一个非常勇敢、积极、活跃的小家伙。我以为他开始时会用力地击打键，就像其他我认识的 3 岁孩子那样。但是他没有。他敲键的时候很小心，很谨慎，一次敲一下。不知道是不是这样——生活在一个许多人都了解机器、懂得修理机器的家庭里，使得他对机器也有了一种尊重？

就像所有的小孩子一样，他对打字机很着迷，首先，他把它当成一个机器，可以让它动起来，他动一下，它就动一下。像其他孩子一样，每敲一个键，他都专心地看着那个键。偶尔，他会看着纸，看他打出的符号，不过并没有很仔细地看那个符号是什么，更不要说把符号和他敲打的字母去比较了。最终他也许会这么做，但我们从来都没看到过那个时刻的到来。

另一方面，就像大多数孩子一样，他对他所敲打的字母的名称感兴趣，至少对其中的一部分感兴趣。很快，他就问我 O 在哪儿，我指给他看。我还告诉了他敲打的其他字母的名称，不过不是所有的，也不总是这么做。过了一会儿，他问我 E 在哪儿，A 在哪儿。在听我提起前，他认识这些字母吗？我不知道。我把它们指给他看，只过了一小会儿，他就知道了所有三个字母在键盘上的位置。他会说："O 在哪儿？"我会说："你觉得它在哪儿呢？"他会指出来。

这个游戏很有趣，但并不像我们成年人想得那样有趣，他很快发明了该游戏的一个变体。他会问我 O（或者 A 或者 E）在哪儿，我会指给他看，他会说："那不是 O（或者 A 或者 E）。"他的语调里有一丝恼怒。然后，他会指着另外一个字母——记住他刚才已经能够指出 O 在哪儿了——说那个才是 O。我会说："不，那是 U（或者其他任何他指的字母）。"他不会坚持，不过他这样做了很多次。我很奇怪是什么让他这样做的。我想起了莉萨这么大时的行为，于是我猜想，可能这是他对我控制一切、知道所有知识、知道所有正确答案的处境的一种反抗方式，一种反应方式。他在维护自己，维护他制定规则的权力。我觉得他不喜欢这样的想法：O 必须在我说的地方。尽管我很怀疑他的头脑中是否有这么自觉、清晰的想法，但是我想，他觉得如果我能给字母命名，为什么他不能呢？为什么他没有我这么大的权力，可以说 O 在哪儿呢？

他坚持让我允许他把纸放进打字机里，在这件事上，他与我接触过的其他小孩子很不一样。这是一个比较棘手的任务。除非你把纸张全部放入滚筒夹住的地方，否则，当你试图转动滚筒

（你打字时的压纸卷轴）时，没有任何效果。他发现自己经常陷入这样的困境中。当他转一会儿，没任何事发生时，他会让我把纸往里推，好让卷轴压住它，不过他要先试一下。接下来的问题是，纸会不平整，我通常会说："来，我来把它弄平一点。"然后就把纸弄平。之后纸会从打字机前面出来，打字棒就会压住纸，使得它紧紧地靠在滚筒上。头几次发生这样的情况时，我会抬起打字棒，推一推下面的纸张，之后，他就可以自己动手了。

有一次，他要求看看"声音"，他说的"声音"是指电动机，可以听到它在里面嗡嗡地响。我说："我真的要把它从里面拿出来吗？"他坚持要，于是我把电动机拿了出来。他看着电动机，触摸它，他看上去好像很喜欢把它全部拿出来。我不记得以前有任何孩子要求看电动机，不过他来自一个非常喜欢机械的家庭。

我们开始用打字机时，我的拜访已经快要结束了。在这段很短的时间里，他对学习 O、A、E 之外的字母表现了很少的兴趣，或者说没有兴趣。有时他会问我其他字母的名称，不过不经常问，而且他好像也记不住。我感觉他对这台机器想要知道的是如何用它，一旦他觉得他会用了，那就没什么更重要的东西去学了。再给他点儿时间，他可能会对机器的用途感兴趣。

汤米真正喜欢的事情是弹钢琴。刚开始的时候，他看着他的姐姐莉萨弹，莉萨弹琴通常是为了欣赏音乐。汤米想弹是因为莉萨在弹，而他希望做她能做的任何事情。他勉强够得着踏板，而且必须非常用力才能让它们动起来。为了在琴凳上坐稳，他必须用两只手抓着钢琴的边。但是，琴凳放在硬木地板上，会滑。渐渐地，他就够不着钢琴了。他不得不离开凳子，把凳子搬回去，再坐上去接着弹琴。有一次，我看到之后对他说："来，我会撑住凳子。"我这么做了之后，情况好多了，但现在我有了一个永久的工作。从那个时候起，每次他想弹琴时，我都会听到他尖利的声音："约翰！约翰！"如果我在做其他事情，不想停下来，我就会躲起来，但是没多大用处。最终，他还是会找到我，说："帮帮我。"拒绝是不可能的。尽管知道他想要什么，我还是会问："你想让我做什么？"他会说："撑住凳子。"然后我们就会开始。

他对钢琴的兴趣主要是把它当成机器，可以让它动起来。当他开始玩钢琴的时候，我们想，如果他想把钢琴纸卷放进去，他可能会把它弄破，于是我们告诉他，让大一点的人放。开始的时候他不介意，钢琴上以及钢琴里还有很多其他事情要考虑。但是过了一会儿之后，他发现这就意味着他无法弹琴，除非他先找到什么人把纸卷放进去，这很讨厌。而且，他看到其他人能放纸卷，为什么他不能呢？

看到孩子（即使是很小的孩子）也能表现出他们的自我，是一件很有趣的事情。汤米对机器一直很感兴趣，喜欢组装机器，使用机器，用机器做东西。他从来也不关心书写或者阅读。当他必须这么做的时候，他可以做到，但是，语言不是他当时选择的探究世界的道路。莉萨正好相反，对语言一直很感兴趣，不管是读还是写。在她 10 岁左右的时候，她开始写自己的传记，写了十多页之后，她才写到四岁生日。几年之后，她开始写诗，而且据我所知，从那时候起，她就一直在写。

在汤米家，当某个机器坏了的时候，家里就会有人马上把机器拆开，修理好。他的父亲就一直是一个专业机械工，家里大一点的男孩子已经接受了这个想法：任何人都可以修理机器。他们把自行车、摩托车或者其他任何东西拆开，再重新组装，这已经成为他们的惯例。所以，当有任何东西坏了的时候，小男孩希望有人来"修理它"。当他面对一台机器时，例如自动钢琴时，他的第一本能就是钻到它内部去看看所有东西都是如何工作的。

不久，汤米学会了如何放置钢琴纸卷，以及如何使用其他所有的调节装置。有一个调节纸卷左右位置的控制杆，还有另外一个控制杆，用来调节速度。这两个他都会用，不过我不知道他是不是能判断出他这样做的结果。还有一个使纸卷倒回去重新绕的控制杆，在琴键下还有一个控制装置，可以改变钢琴的音质，使它发出像弦声一样的声音来。他发现了所有这些控制杆，并且把所有的都用了个遍。事实上，对他来说，弹钢琴就意味着操作每一个看得见的调节装置。

过了一会儿，他问我那个把纸卷从左移到右的控制杆是干什么用的。我让他看纸上的孔，让他看这些孔如何穿过一个打孔的黄铜棒，这样钢琴就可以发出声音。他明白我说的每一件事吗？我不知道，也不在乎。从那时起，他玩钢琴的常规内容之一就是爬到凳子上，检查纸卷上的孔，说："孔正常。"然后下来继续玩。好像我说过一次"孔很正常"，想要阻止他对它们的检查。如果我必须为他撑住凳子，好让他弹琴，那么我希望他弹琴，而不是检查。但这样做没有用，他记住了我的话，然后让检查孔这件事成为了他弹钢琴中的常规项目。

这让我想到，在孩子们能够看到大人做真实的工作的日子里，他们通过观察大人的行为究竟学到了多少东西呢？现在想回答这个问题不是那么容易的。我们这个社会中，很多所谓的工作根本就不是工作，肯定不像孩子理解的那样；大部分事情都是由机器完成的。但是，还是有很多各种类别的手艺人。如果能找到一个办法，让很多孩子看他们工作，可以问他们问题，那该多好啊！

回到自动钢琴。我上面提过的调节装置，有些位于琴键边上一个装了合叶的木头小支板下面。有一次，当他开始弹琴的时候，我又想到阻止他不要老摆弄那些调节装置，于是关上了合叶盖子，说："让我们把这个弄走。"这也成为了他的常规内容之一。他弹琴的时候，会时不时地关上盖子，说："让我们把这个弄走。”

这样，孩子通过某种行为学会了适用于某些情景的某些短语。这就是语言模仿的运用吗？从某种程度来说是这样的。不过这不是盲目的、无目的的模仿。孩子发现了这中间真实的联系，并且运用这种联系。而且，孩子很快就会把短语“把这个弄走”和把某样东西弄走的行为联系在一起，知道这个短语就是指这个意思。问题是，他需要多长时间才能把同样的短语用于不同的语境？他可能需要听到这个短语在另外一个语境中的使用之后，才会意识到它不仅适用于一种情景，而是适用于多种情景。

他还学会了一件事，就是把踏板折进去，关上盖子，这样自动钢琴就变成了一架普通的钢琴。他还喜欢玩卷轴装置的滑动盖。有一次，他一边蹬踏板，一边观察琴键的上下移动，这时，他想到了一个主意，他想抓住一个键，看看会发生什么事，可能他会发现移动琴键的力量是多么大。因为担心他可能会弄坏什么东西，我阻止了这次力气的较量。

他还喜欢转动室外木炭烤架上的手柄，那个手柄是用来控制烤架升降的。有时他会一直把它往下压，因为他一直转，使得手柄一直往后退，螺丝松了，最后手柄掉了下来。当这种情况发生时，他会试着把手柄拧回去。有些类型的螺丝钉他会安装，但这对他来说太难了。通常，在试了一会儿之后，他会把手柄放在地上，或者把它带在身上，一会儿再扔掉。我们已经学会辨别它了，即使是在奇怪的地方发现它，我们也会把它拿回去，重新装到烤架上。我们让这个游戏继续下去，因为这是个很好、很有价值的游戏。朝一个方向转动手柄，会看到有东西上升，然后朝另一个方向转动手柄，会看到有东西降下去，这对一个小孩子来说，是一个很有趣、很重要的实验。他不仅知道了这个特别的手柄是如何工作的，还知道了许多动作有着规则的、可预期的效果，这个世界从许多方面来看，都是一个通情达理的、值得信任的地方。

在所有这些实验发生大约一年后，他的妈妈给我写了封信，部分内容如下：

他是最喜欢观察，最喜欢思考，反应最迅速的小家伙，他讨厌别人教他。他喜欢记东西，把各种各样的事实储存起来，以备将来使用。他使用他的工具（螺丝起子、锤子、铲子、耙子、锯子等等）时，非常灵巧，也非常小心。他喜欢和我们一起做事：他会为我植树、浇水，修剪草坪，为拌水泥筛沙子等等。他很忙，好奇心很重。但是，当我们试图（就像我们现在做的）教他什么东西，例如 ABCDEFG 时，他好像觉得这些事情没有任何意义或者用处，他就是无法忍受它们，事实上，他会非常生气、非常沮丧，几乎要哭出来。今年秋天他就要上学去了，他会有什么反应呢？

莉萨是一个超级认真的学生，现在她有了一张全 A 的成绩单，她很关心自己的分数。她讨厌没有准备好就去上学，她真的非常不喜欢这样。

我现在已经知道，汤米拒绝未经他自己请求的教导，这样的事情在小孩子身上并不少见，而是很平常的现象。我们办有一份半月刊的杂志《非学校教育的成长》，是为那些在家教育孩子的父母准备的，内容也是跟他们有关的。很多母亲给我们写信，说（经常是痛苦地说）他们的小孩非常生气地拒绝他们想要帮助或者教导孩子的充满善意和关心的努力。孩子拒绝——几乎总是生气地拒绝——所有这种未经要求的教导，是因为他们从中听到（可能是无意识地）这样的信息：“你还不够聪明，看不到学习这个很重要；即使你知道这个很重要，你也不够聪明去学会它。”很自然，这会让孩子觉得受到了伤害，感到生气。“让我自己做!”孩子们喊道。我们也正应该那么做。如果他们需要帮助，他们会请求的——只要他们提出要求时，我们能够提供帮助。如果我们教导他们、帮助他们的热心传递给他们的是这些怀疑和不信任的信息，那么我们可能会破坏孩子大部分的自信，不再相信自己学习的能力，可能会让他们以为自己真的是太懒了、太缺乏好奇心、也太愚蠢了，无法学习。这样，我们的担心就会变成真的了。

在我的一次拜访中，汤米发明了“换挡”游戏。他发现我和他是家里醒得最早的人，于是他开始一大早到我房间里来。不知怎么就开始玩起了这个游戏，我平躺在床上，手臂放在被子外面，抬起一只前臂，成垂直状，紧握拳头。这时，汤米就会过来抓住我的拳头，试着往这边拖那边拽，而我就尽力抵抗，时不时地突然屈服，让他吃一惊，然后他就哈哈大笑起来。游戏开始时是纯粹的力气较量，但是很快，汤米就把它变成了另外的游戏。他把我没有抬起的前臂当成一个推土机的变速器（或者某种控制装置)，然后会用力地推拉，还一直不停地发出推土机的声音。这个游戏变成了早晨的常规活动，他进来后，我们会聊会儿天，很快他就会说：“我们玩换挡吧。”

每次全家去汤米父亲管理的滑雪场时，汤米最开心的事情就是爬到真正的推土机的座位上，把所有的调节装置任意地推来推去，当然，还一直假装他正在使推土机开动。

我比以前更加强烈地感觉到，看着大人做现实的操作、在任何可能的地方帮助大人，从各个方面来说对孩子都是有益的。家庭教育有许多优点，其中之一就是孩子没有被关在学校里，他们有机会看父母和其他成年人工作，如果他们想——很多孩子都会想——就可以加入到大人的工作中。

有一年夏天，那时汤米不超过四五岁，家里有了一匹马。汤米的父亲请我在他们房子的后面给马搭一个小小的畜栏，他告诉我怎么做——挖一些柱坑（在硬邦邦的黏性土壤上挖坑是个艰苦的工作），放一些围柱进去，把柱子夯实，在上面缠绕一些金属线，然后把原木横杆挂在金属线上。我照做了。他们家养马时一直用的是这个畜栏。在烈日炎炎下挖土的那些日子里的很多时候，汤米会到那儿“帮”我：用铲子或者玩具拖拉机把小堆的土从一个地方运到另外的地方，然后围柱放好之后，他又把土重新运回坑里。我没有要求他这么做，也没有因为他这样做而奖励他。但是，他看到真正的工作在进行，希望成为其中的一部分。

学校。莉萨依然是一个优秀的学生，当她学会从学校获得她想要的东西时，她终于喜欢上了学校。汤米从来就不是很喜欢学校。一开始上学的时候，他就对很多不在学校课程中的东西感到好奇，渴望学习更多东西，比学校里任何人能够或者愿意告诉他的要多得多。在他上学的头四年里，每一学年开始后不久，他的妈妈都会问他：“今年你在学校都学些什么？”他会回答：“跟去年一样。”不是抱怨，只是陈述一个事实。他的意思是完全的一模一样，因为任何一个学年的大部分时间都花在了“复习”上一年的资料上了。他 12 岁的时候，选修了一门关于天文学的大学暑期课程，他很喜欢这门课，也学到了很多东西。但是，学校里没有人能够跟上他的经验，也没有人想跟上。过了一段时间后，他开始变得顺从学校里的无聊生活，去学校只是为了看他的很多朋友，去踢足球、打篮球——他很擅长于此，所有的运动他都很擅长（尽管他 3 岁时才开始会走路）。

对学校孩子的观察手记

1963年10月14日

前几天，我把一个旧军号带到了学校，那是我花八美元买来的二手货。当一年级的学生和幼儿园的孩子课间休息跑到外面时，我把军号也带到了外面。我试着胡乱吹了一两声（我不会吹号），大约有20个学生围挤在我周围，大声嚷嚷着要求让他们玩一下。我让他们排好队，然后开始让他们玩。其中不少孩子看我做过之后，知道了如何用他们的嘴唇去吹；还有些孩子把整个吹口全部放到嘴里，像吃棒棒糖那样，不过很快意识到这样做没用，然后他们就会用正确的方法试着吹。有些孩子，我必须向他们示范该怎么做，我撅起嘴唇，使空气从嘴唇里吹出来。十之八九的孩子能够用军号吹出很不错的声音，也就是很响的声音。有些孩子吹出的声响跟我吹出的噪音差不多。军号给他们带来了巨大的欢乐和满足，尤其是马丁，我几乎没法把军号从他手上拿下来。有些难过、受挫的小孩子会走上前来，无力地对着军号吹一口气，然后还给我，脸上一副顺从的表情。为什么这些孩子放弃得如此容易呢？

这样大概做了四天之后，一个老师从她休息喝咖啡的地方走出来，请我们不要再吹军号，说那让她神经紧张。这样，我们就结束了。不过，看到这些小孩子中的大多数人在应付用一个很难的乐器发出声音这件难题时，表现出那样的积极和自信，的确很有趣，尽管只有很短的时间。

1963年11月8日

有一天我上课的时候，把我的大提琴带到了学校，拿到班上，让孩子们轮流“演奏”。有几个孩子很害羞，不太热心地拉了几下就放弃了。除了他们，几乎所有的小孩子都渴望玩大提琴。他们实际上同时在做三件事。他们让乐器运作起来；他们享受制造声音的乐趣；他们在进行科学试验。开始时，他们拿着弓很有力地在一根琴弦上前后拉动。他们可以持续这样做很长时间。仅仅是那种感觉和声音就让他们非常兴奋了。然后，他们开始变化拉弓的方式，尝试不同的节奏。过了一会儿，他们开始移动弓，使弓能接触到更多的琴弦，或者他们转向另一根琴弦。不过有一个重要的现象需要注意，他们这样做的头几次，好像并不是为了做试验，而是想要看看会发生什么；他们只是为了这样做而这样做：嗯，现在我想用另外的方式拉琴，想发出不同的声音。只有在做了几次之后，他们好像突然想到自己拉动琴弦的方式和发出的声音之间有一种联系。然后，他们拉琴的方式有了明显的变化。现在，他们从一根琴弦换到另一根琴弦时，更加有意识，更加注意，也思考得更多。你几乎可以听到他们在想：“哈，这根琴弦发出这种声音，那根琴弦发出那种声音。”不过，在他们能够思考自己在干什么之前，必须先做很多看起来好像很随意的运弓动作。他们必须先积聚一大堆第一手感觉资料，之后才能给这些资料分类，弄清它们的意义。

在他们做了很多运弓动作后，开始考虑用左手手指把琴弦压到指板上。他们这样做没有多少效果，有两个原因：首先，他们手指上的力量不足，无法将琴弦紧紧地压住；更重要的是，从一开始他们就根本没有想过，压住的琴弦一定要是他们运弓的琴弦。弓在所有的琴弦上飞快地移动，左手在琴弦上上下移动，压压这儿，按按那儿，但是两件事毫无关联。当他们这样做时，我什么也没说。

过了一会儿，孩子们开始意识到了什么事。什么事？也许是他的左手意识到——请允许我这样说——有时该压住振动的那根琴弦，有时该压住不动的琴弦。他可能意识到，有时候他的左手对声音有影响，有时又没有。不管怎么说，过了一段时间，他开始有意识地努力压住琴弓拉动的那根琴弦，看看这只手，再看看另外那只手。这件事比看起来的要困难，特别是对于一个以非常笨拙的姿势拿着大提琴的孩子来说。当他熟悉了那样做之后，他继续拉动琴弓，在运弓的琴弦上到处按，好像又回到了随意的、无目的的方式。有时候，他好像是想在他开始进行一系列新的试验之前，先看看手在琴弦上上下移动会发生什么事。

以这样的步骤，孩子们不需要太长时间就能够掌握大提琴的基本要旨——琴弓、琴弦和左手之间的关系。但是，在他弄明白这个关系的过程中，他的积极、热心一直未曾间断。有人可能会说他觉得大提琴太好玩了——一个很无力的词，真的——以至于他不想花时间去弄明白。死守着数据的科学家可能会这样说：孩子们收集了无数随意的、没用的数据。训练有素的科学家会把所有不相干的数据从试验中删除，想把噪音——静态的、随意的信息减少到最小程度，这样他才能听到答案。但是，孩子们不是那样做的。孩子们习惯于从噪音中获得答案。毕竟，他生活在一个奇怪的世界中，在这个世界中，一切都是噪音；在他经历的事情中，他只能理解、明白其中很小的一部分。他解决大提琴难题的方法就是尽可能地制造出最大量的数据，尽可能地做很多事情，用尽可能多的方式运用他的手和琴弓。然后，在这么做时，他开始注意到规则和模式。他开始问问题，也就是说，开始进行有意识的试验。但是，有一个非常重要的事情需要注意，在他获得大量数据之前，他不知道该问什么问题，或者不知道有问题要问。

大众有一个特别的认识——儿童“科学家”比起成人科学家是效率比较低的思考者，这样说可能是公平的。孩子不擅长删除无用信息，不擅长简化问题，不善于决定如何提问题，以使那些问题的答案可以给他提供最多的信息。例如，受过训练的成人思考者第一次看到大提琴时，几秒钟后可能就会在每根琴弦上运弓，看它们发出什么声音，然后再用左手按压住一根琴弦，看这样做对那根琴弦发出的声音有什么效果，而小孩子要做到这些，需要的时间要长得多。更确切地说，如果——这是个大大的如果——那个成人思考者愿意去摸大提琴的话。小孩子，至少是在他们的思想被成年人破坏之前，他们在有很多无意义的数据、似乎无法明白需要提出什么问题的情况下拥有很大的优势。小孩子擅长处理这一类的数据，更能忍受它的混乱，更善于从中整理出模式，在噪音中听到微弱的信号。最重要的是，跟成年人相比，他不太可能从极少的数据中得出明确的、快速的结论，或者在得出了结论之后，拒绝考虑其他任何不支持他的结论的新数据。这些都是思考的重要技巧，而我们急于让他们按照我们的思考方式去思考，那么在“教育”他们的过程中，我们就可能会阻碍甚至破坏他们的这种技巧。

但是，孩子和成年人之间最大的不同在于：大多数孩子，在我让他们试玩大提琴时，都接受了；但大多数成年人，尤其是以前从来没有演奏过任何乐器的人，都拒绝了。

第2章

孩子如何学说话

咿呀学语

前些天，在当地的商店里，一个大约一岁的孩子坐在婴儿车里。他的妈妈正忙于购物，而他则沉浸在他自己的事情中，玩着婴儿车，看着一罐罐的水果和果汁。我观察着他。突然，他自言自语道："Beng-goo。"过了几秒钟，他又说了一遍，然后又说了一遍，大概说了十来遍。他是想说"谢谢你（Thank you）"吗?不过更可能的情况是：他偶然发现了这个声音，然后一遍遍地说，因为他喜欢它发音的方式，喜欢说出它时嘴里的感觉。

几个月前，我经常看到另一个一岁大的孩子。她喜欢说"Leedle-leedle-leedle-leedle"，那是她最喜欢的声音，一直在说，事实上，她差不多只会说这个。有时她会加入一个重读的"a!"（就像"cat"中的那个"a"）——"Leedle-leedle-leedle-a!"我问她的父亲，她是如何发出这个声音来的。是有人曾对她说过，她在模仿吗？不是。很显然，她已经学会了伸出舌头，再快速地收回去，并且喜欢这种感觉。（婴儿喜欢所有摆弄舌头的游戏。）有一天，当她在摆弄自己的舌头时，发出了一个声音，她很惊讶，也很高兴听到她舌头的运动发出了那种声音。在大量的练习之后，她发现不需要把舌头伸到嘴巴外面就可以发出那种声音来。感觉很好，听起来也不错，于是，在转移到其他事情上之前，她一直这样做了一两个月。

声音的感觉似乎和这个声音本身一样重要。每个观察过婴儿的人都知道，当他们第一次发现如何发出嘘声时是多么高兴。婴儿还发现：至少这个声音是他的妈妈从来没有教过他的。

米莉森特·辛在《婴儿小传》一书中讲述了她的侄女鲁思生活中这样一件可爱的小事，那时鲁思才七周大：

> 几天后，婴儿能够更清晰地表现出惊讶。她躺在那儿，发出欢快的、可爱的声音。突然，由于某种发音器官新的组合，她发出了一声微弱但尖锐的鸦叫声——毫无疑问，在她小小的喉咙里产生了一种非常新奇的感觉，更不要说声音本身的古怪了。孩子马上沉默了，脸上露出震惊的滑稽表情。这不仅证明了记忆的萌芽，同时也证明产生了新的情绪，那就是真正的惊讶。

这样推测可能是合理的：非常小的婴儿对他们发出的声音没多少控制能力，大多数声音的发出都是偶然的，他们很喜欢那种感觉和听到的声音，然后开始尝试再次发出同样的声音。后来，他们可能会更有意识地努力模仿从周围听到的声音。

几年前，我在法国，惊奇地听到一个 18 个月大的小男孩在咿呀学语时发出了法语“u.”的声音。可能没什么好奇怪的，每个跟他说话的人都叫他“tu.”。但是，我以前从来没有听到过婴儿发出这个声音，甚至我的一些法语学生要掌握这个发音都很困难。当然了，我的学生会紧张，会感到难为情，而这个孩子不会，这就造成了极大的不同。

孩子是在表达愿望、感受和意义

最初时，婴儿为什么开始发出声音？是像哭一样的本能吗？好像不是。把一只小狗和其他狗分开来养，等它长到一定年龄，还是会懂得如何发出吠声。但是，我们知道有几个孩子，在成长过程中没有和人类接触，长大后几乎完全不能说话。人手不够的弃儿养育院里的婴儿，极少看到大一点的人，据说，他们除了哭泣，几乎不发出声音。很显然，婴儿是从听到身边的人说话开始才有了“说”的概念。当他们发出自己最初的声音时，是在模仿他们从周围听到的那些声音吗？还是他们从无到有，可以说是自己发明出来的？可能开始的时候，多数是他们发明的，后来就是模仿多一些了。

我现在强烈地感觉到，绝大多数时间里，婴儿根本不是在试着“模仿声音”，而是真正想说话，换句话说，婴儿在运用声音表达愿望、感受和意义。

在《代替教育》一书中，我写道：

我们不能把行为和行为中包含的技巧分开来。婴儿学习说话，并不是先学会说话的技巧，然后再运用这些技巧去说。……他是通过说话学会说话的。……开始说话的婴儿，早在发出任何我们能听到的声音之前，就已经通过敏锐的观察了解到，大人用嘴发出的声音会影响到他们做的其他事情，大人们的说话让事情发生。他可能不太清楚那是什么事或者是如何发生的，但是他希望成为说话的那群人中的一员，希望能用他自己的声音让事情发生。

米莉森特·辛对她的侄女鲁思还有这样的描写：

（第四个月）当我们用孩子气的话跟她聊天时，她经常很友好地做出反应，发出可爱的声音，我们说话，她就回以含糊不清的咕哝声、像乌鸦一样的哑哑声、咯咯的笑声。从第四个月下旬起，如果我们模仿她发出的这些声音，她好像会再模仿回来。……

（第五个月）有一天，那时她四个半月大，当她看到她的祖父时，发出了一声奇怪的、可爱的叫嚷声，好像故意要引起他的注意，当他注意到她时，她很满意。……在第五个月的最后几天，当她希望被抱时，她会发出要求的声音，一种呜咽的、哄骗似的声音，探着身子向前看着她的妈妈，而在此之前的几个星期，她表达欲望时，只会发出焦急的声音，而且不会对着某个特定的人发出。……

（一个月后）从这个月开始，她发出的声音更多样化，更富有表现力了。她已经会发出像小狗一样的呜呜声来表达她的愿望或者抱怨。还会发出有趣的、可爱的、狂喜的抽鼻子的声音，然后屏息，以表达某种程度的喜悦。她现在还会说出一大堆长长的、各种各样的一连串咿咿呀呀的声音，可以非常清晰地表达满意、兴趣或者抱怨。她会用这种有表现力的咿呀学语跟任何有趣的物体（例如花朵盛开的树篱）“说话”，有时边说话，边向它张开双臂。

几年前，我去拜访朋友，他的儿子还未满一岁。孩子和我成为了好朋友，他让我抱着他在他家前院里逛，看看东西，并感觉它们，像树啊，灌木丛啊。他已经能够发出很多单独的声音了。不过，有一次，当我跟他的父母谈论预订我回家机票的问题时，小男孩直直地看着我，发出了一长串声音，声音里包含了所有成年人说话的节奏和语调。我看着他，回答他，向他解释为什么我觉得我最好乘早一点的飞机回家，而不想搭乘晚一点的飞机。他回答了另一串声音。这种交流又进行了好几个回合。他的母亲很震惊，她从来没有听他那样说过话。我第一次和一个这么小的孩子谈话，看起来很明显，他不仅仅只是模仿我的说话，而是在和我进行真正的交流。当然了，他可能努力想要传达给我的意思，我永远不会知道。但是，意思是肯定存在的。

在“孩子的幻想”一章中，我会描述一个澳大利亚的小女孩朱莉亚，她开心地给她的祖母写了长长的涂鸦似的字母，告诉祖母所有的事情。有一天，她发现她的祖母看不懂她的涂鸦，难过极了。我怀疑，婴儿早期的谈话都像朱莉亚一样，他们想要用自己的声音传达信息，就像他们身边的大人明显做得那样，他们以为自己的这些信息被接受了。突然，可能在一岁半或者两岁的时候，他们发现大多数的信息根本没有被理解，自己事实上不能像其他人那样说话，但是，要想学会如何说话，一定要经历很多麻烦。这可能是造成两岁左右的孩子如此暴躁、易怒的一个原因——他们除了那么多他们不知道如何做的事情之外，还不知道如何说话。他们有那么多要说的事情：需要、感觉、意识，但是没有办法把它们说出来。

这是一个值得注意的事情。我们对说话已经太习以为常了，以至于忘了说话其实需要嘴唇、舌头、牙齿、腭、下巴、双颊、声音和呼吸非常精细和复杂的协调。尽管这只是一个肌肉技巧那样简单的事情，但是到目前为止，这是大多数人学过的事情当中最复杂、最困难的一件事，至少其困难程度不低于掌握一件严肃的乐器。只有当我们第一次尝试说外语时，才会意识到说话是多么困难。我们发现我们的嘴巴和舌头突然不听话了。但是，每个孩子都学会了发出母语的语音。如果他生活在多种语言的环境中，他会发出所有语言的声音。他是怎么做到的？开始的时候他的协调性很差，他是如何做到这件让很多大人都觉得很困难的事情的？

答案似乎是耐心和坚持不懈的试验；是几千次的尝试，尝试发出声音、音节和单词；是把自己的声音和周围人发出的声音进行比较；渐渐地使得自己的声音接近他人的声音；最重要的是，即使做错了也没关系，哪怕是竭尽全力地想要做对。

不要“教”孩子说话

比尔·赫尔有一次对我说：“如果我们教孩子说话，那么他们永远学不会。”开始时我以为他在开玩笑，但是，现在我意识到这是一个非常重要的真理。假设我们决定我们必须“教”孩子如何说话，我们会从何处着手呢？首先，某个专家委员会会分析语音，把它分解成很多单独的“语言技巧”。我们可能会说，既然语言是由语音组成的，那么必须先教小孩子学会发母语的所有语音，然后才能教他说语言本身。毫无疑问，我们会列出所有的语音，先是最简单、最平常的，然后是难一点的、比较少见的。然后，我们就开始教婴儿发这些语音，按照列出的单子艰难前进。为了不让孩子感到“混淆”——“混淆”这个词对所有教育者来说都是个邪恶的词语——我们可能不会让孩子听太多日常语言，只让他接触那些我们想要教给他的语音。

除了语音表，我们还会有一个音节表和单词表。

当孩子学会了语音表上所有的语音之后，我们会开始教他们把语音结合起来组成音节。当他们学会了音节表中所有的音节之后，我们开始教他们单词表上的单词。同时，我们会教他们语法规则，通过这些规则，他可以把这些新学到的单词组成句子。每一件事都是计划好的，决不会冒险；会有许许多多的练习、复习和测验，确保他不会忘了所学的东西。

假设我们尝试这样做，会发生什么事呢？很简单，那就是大多数孩子还没学多少，就会变得困惑、沮丧、丢脸、害怕，不想再尝试任何我们要求他们做的事情。在我们的课堂之外，如果他们过的是正常的婴儿生活，那么他们中的很多人可能会忽略我们的“教导”，而是自己学会说话。相反，如果我们对他们的控制是完全的（这是太多教育者们的梦想），他们会用故意失败和沉默来保护自己，阅读课上，他们中的很多人都是这么做的。

说到阅读，这正是芝加哥的学校里发生的情形，这样的情形至少持续了一段时间。某个专家委员会决定，阅读这个行为可以被分解为 500 个单独的技巧，最后，他们把这个数字削减到了 283 个，然后他们建议，按照严格的顺序一个一个地教给学校的所有孩子。我希望这个荒谬的计划现在已经被禁止了。

去年夏天，在一个超级市场里，一个年轻的妈妈带着她的孩子来到肉类柜台，开始用最可爱、最自然的方式和她的孩子谈论该买什么肉做晚饭。这块肉看上去不错，但是太贵了——食物价格上涨得太恐怖了。那块肉可能还行，但是可能要煮很长时间，他们还有很多其他差事要做，四点前都回不了家。这些排骨看上去不错，但是两天前他们已经吃过排骨了。等等，等等。她的话或者她的声音里面没有任何不自然或者做作，她可能跟她同龄的人也这样说过。

一年或者一年多前，我和一些朋友顺道去拜访了两个人，他们有一个六个月大的孩子。孩子休息得很好，很开心，因此他们把她带进来看看拜访者。在继续我们的谈话前，我们都很喜欢她。她对我们的谈话感到入迷。每当有人说话时，她会转过头来认真地看着说话的人。有时她会忙着玩儿她腿上的一个玩具，过几分钟后，她会重新开始注视和聆听。她好像知道，不仅仅是那个人在说话，而是他们在互相说话，对别人的话报以微笑、大笑和更多的谈话，换句话说，她知道谈话不仅仅只是一种噪音，而是信息和交流。

婴儿和小孩子喜欢听成年人谈话，经常会静静地坐在那儿很长时间，只是听大人说话。如果我们希望在婴儿学说话的时候帮助他们，方法之一就是跟他们说话——前提是我们要做得自然，不做作——当我们跟其他人说话时，让他们待在旁边。

为什么把绵羊叫成奶牛

在莉萨出生的头几年里，她是在一个畜牧场成长的。在她18个月大时的一天，她指着一些牛说："看奶牛，看奶牛。"我们都非常高兴，这差不多是我们第一次听到她说真正的单词。我们附和说那儿确实有奶牛，我们还说了有关奶牛的其他一些事情。但是，几天之后，我们经过一片田野，田野上有几匹马，她又说："看奶牛。"后来，看到一些绵羊，她还是说同样的话。这很让人费解。她肯定不会以为它们是同一种动物。但是，如果她知道马和羊是不同的，为什么她还把它们叫成奶牛呢？或者她以为所有的动物都叫做奶牛，那么为什么她不把家里的狗啊猫的也叫做奶牛呢？很显然，在她看到、听到、感觉到的许许多多东西中，她已经分离了一组、一类出来，我们可以将其称之为"野外大动物"，对于这一类，她给它们起名为"奶牛"。我们没有纠正她，只是用正常的方式继续谈论奶牛、马和绵羊。不久， 她把野外动物这一类分成了小类，每一类都标上了正确的名称。

大概就在这个时候，有人给了她一个玩具马。之后不久，我和她在一家商店，商店里有各种各样的玩具动物。让我惊讶的是，她把所有的玩具都叫做"马"。不过我很快就明白了，她在头脑中又创造了一个类，这次是动物玩具，她给这个类起名为"马"，人们谈论她自己的玩具时用的就是这个词。不久，在听了其他人的谈话之后，她意识到这个类也是由小类组成的，每个小类都有自己的名称：狗、猫、泰迪熊等等。很快她就很好地掌握了这些名称。

还有个小男孩，也是在牧场长大的，他对拖拉机（tractor）非常感兴趣，他觉得拖拉机很大，是红色的，很吵。他说的最早的单词之一就是“tracker”。我们很快意识到，他把这个词用于一类物体，这一类物体我们可能会称之为“移动的大机器”。轿车、公共汽车、卡车、蒸汽铲、推土机、筑路机、起重机……所有的都是“trackers”。但是没过多久，听到其他人的谈论之后，他明白了这一类物体还有小类，每一小类都有自己的名称。最后，就像大多数小孩子一样，他知道了周围每一种机器的名称。

一位母亲在《非学校教育的成长》中给我们写信道：

杰西现在能说两个能辨认出的单词。我肯定她是在说其他事情，只是还不知道它们是什么。她说“热”，用来表示任何非人体温度的东西，不管是热的还是冷的；还用来指木柴——有点道理，因为我们用木头加热。她还会说“da”，这个所有的孩子都会说，但是是用来指爸爸、狗和绵羊（我们也饲养绵羊）。一个朋友的孩子，十个月大，会说“猫”。她会在家里走来走去，指着东西说“猫”。如果指的东西是猫（他们家有两只成年猫，十只小猫咪，因此这成为她的第一个词也是合乎逻辑的），她会拍掌大笑；如果指的东西不是猫，她会摇摇头表示不，然后继续指下一个东西。我们判断她把世界分为两类，猫类和非猫类。

这种给东西命名的技巧比最初看起来时要重要得多。当我开始加入比尔·赫尔五年级的教学工作时，他在让孩子玩一个叫做“分类”的游戏。他会给他们一个单词，例如“豆子”。这时，孩子们的任务就是找出豆子应该属于哪个类别。他们会说它属于物体、植物、活的东西、食物、蔬菜、绿色物品、可以煮的东西等等。大多数孩子最后都会明白，任何物体，像豆子，都可以被归在很多种类别中。当我们谈论豆子时，我们挑出的是我们关心的那个类别或者不止一个类别，把它归入其中。如果我们是园丁，我们可能会认为豆子是攀缘植物，必须有什么东西给它攀爬。如果我们是厨师，我们会思考要煮它吃该怎么做、要煮多久等等。因此，当我们给一个东西命名时，我们会把它归入和它相似或者至少在某方面相似的一类物体中，我们给所有这些东西同样的名称。莉萨看到田野里所有的大动物时，给它们起了同样的名称，正是这一过程的例证。

但是，婴儿第一次看着这个世界时，根本不是从这个角度来看的。有时候，他们只看到一堆移动的形状和颜色，他们的面前是一幅单独的、总是在不断变化的图画。纽约现代艺术博物馆有一种移动图画，它不断转动，曲线镜把有颜色的灯光投射在屏幕上，不停地变换图案。有些人觉得看着会很心烦，一直想从图案中找到某种系统或者规律，但是他们找不到。对一个婴儿来说，世界看上去一定就是与此相似的东西。小孩子看到的画面不像成年人看到的那样是由独立的元素组成的，成年人可以对各个独立的元素进行想象和命名，并在头脑中把这些元素以其他的方式组合起来。当我们看到一个房间里有一把椅子时，我们很容易想象出它在这个房间其他地方或者在另一个房间里时的情景，或者只想象椅子本身。但是，对婴儿来说，椅子是他看到的房间整体的一部分。这正解释或者部分解释了为什么当我们藏起某件东西时，非常小的孩子会以为它真的就不存在了。这也是为什么小婴儿那么喜欢玩藏猫猫游戏的原因之一，这可能对他们理解这个世界有莫大的帮助。

我在机场看到婴儿时，最喜欢和他们玩的游戏之一叫做“帽子（或者眼镜）游戏”。开始时，我把帽子（或者眼镜）戴上，让他们看我一会儿。然后我把帽子摘下来，拿在手中，再让他们看着我和帽子一会儿。然后我把帽子重新戴上，然后又摘下片刻，不断重复。在这一过程中我一言不发，只是脸上一直保持友好但严肃的表情。几乎所有六个月大或者更大一点的孩子都觉得这个游戏很有趣，在我玩的时候，会专心地、一本正经地看着我玩。

赫尔曼·维特金博士是一位观察入微的心理学家，他在《心理分化》这本书中恰当地把婴儿的世界描述为“未分化的”。婴儿的世界无法被分解成不同部分。但是，当婴儿逐渐长大后，他开始把房间看成很多单独的东西的集合。房间里的每件物体——椅子、灯、桌子——都有它自己的存在，可以单独拿来思考。当婴儿取得这个进展之后，据说他会对世界产生一个概念或者感知——这个世界是分化的。

在婴儿能够给东西命名之前，比如说椅子，他还需要一个思维上的准备。首先，他必须看到这把椅子是单独存在、自行存在的，是独立于房间之外的，可以出现在房间的其他地方，也可以出现在另外一个房间里。他还必须看到，这把椅子就像这间房间里以及其他房间里的其他东西一样。他必须看到这把椅子更像那把椅子，而不像灯，不像桌子，不像地毯。温德尔·约翰逊在《左右为难的人》中说得很巧妙，他说，相似性是一种没有任何区别的区别。因此，不管这把椅子和另外那把椅子有什么差别，婴儿必须明白这两把椅子在关键的地方是一样的。总而言之，他要明白椅子是一组或一类相似物体中的一个。只有这个时候，他才可以把这样的东西称之为“椅子”，或者当其他人提到时，他才能够明白其他人在说什么。他在给东西命名之前，必须先在头脑里创造一个类别。因此，给东西命名不是盲目的模仿，而是大脑的创造性活动。

在我看来，给东西分类，然后再给类别命名，这种大脑活动只能被称之为“抽象思考”。

婴儿发明的词汇

有一天，那时丹尼（前文提到过）还很小，我看着他玩耍。他还没有开始真正说话，只会说六个左右的“单词”。当时，他对一个闹钟非常感兴趣。他喜欢看着它，听它的嘀嗒声，拨弄它的旋纽和调节杆。看着壁炉台上的闹钟，他开始发出一种持续不断的、单音节的声音，他不停地发出这种声音，直到有人把闹钟给他。看起来很显然，他不是在说“钟”，也不是婴儿发出的某种等同于“钟”的声音，他说的是：“我想要那个钟，我需要那个钟，给我那个钟。”

早在我开始对教学感兴趣之前，我就遇到了差不多两岁大的杰基，他的头脑里创造了一类物体，我们可能会形容为“可以吃的、干的、松脆的东西”：曲奇饼、薄脆饼干、干面包片等等，他给这些东西起了个名称，叫做“Zee”。他的爸爸妈妈都不知道他是如何选了那个词的。他们肯定地告诉我，他不是从他们那儿学会这个词的，因为他们从来没有把饼干叫做“Zee”。很显然，婴儿自己作出了决定——对这一类东西，这是个好名称。

当汤米两岁左右时，他第一次见到马。其中一匹马的名字叫做“公爵（Duke）”，还有一匹叫做“蓝莓（Blueberry）”。它们给他留下了深刻的印象，他根据它们的名字创造了自己用来称呼全体马匹的名字：公爵莓（Dukeberries）。他的家人很高兴，他们自己经常（并不总是）也用那个词。

汤米最初会说的单词中，有些不是物体的名称，而是其他词汇。当他还很小的时候，大多数时间里都由人抱着四处走动，不管谁抱着他，他要想去哪儿，通常会用手指着他要去的方向，用命令的口吻说道：“方向。”当他对我说时，我通常会回答：“方向。”然后再加一句，用我的语言：“我们朝这个方向走吗？”他最早说的话当中还有一个“下”。如果他被抱着，“下”的意思就是“放我下来”。如果他没有被抱着，“下”是指“抱我起来”。他的姐姐很小的时候也发明了一个词“Tup-tup”，意思与他的“下”完全一样。

有时候，收集婴儿发明的最早的词汇以及与词汇相联系的事物的大的类别，可能是件很有趣的事。除了这些，我们还能记录下后来他们把这些大的类别分解成小的类别的方式。如果这本书的任何一个读者有刚开始要说话的孩子，如果他们对这些事情感兴趣，我希望他们记录下这些单词，然后寄给我。

孩子发明的这种特别的、非名称的单词，让我想起了我以前读到过的或者听说过的狼孩维克多生活中的一些事情，之所以叫他狼孩，是因为在他最初十多年的生活中的大多数时间，他的生活是与人类隔绝的。当他被发现后，一个法国医生试图训练他，教他东西。他能够教狼孩到一定程度，能够让他穿衣服，完成一些简单的任务，但是，尽管他非常耐心地尝试，始终无法教会狼孩说话。从某一点看，这个医生已经接近了我们现在称之为“突破”的地方，如果他对于说话开端的了解跟我们现在了解的一样多的话，他或许能够更好地利用这次机会。

他尝试教维克多发出声音来代表物体，但是没有成功。有一天，维克多很热、很饿、很渴，在厨房的桌子上有一大罐冷牛奶，罐子外面结满了霜。看到牛奶，维克多开始发出一种单一的、连续的声音，一遍又一遍，医生想当然地以为这个声音意思是指“牛奶”，不管怎么样，后来他试着用这个声音来代表“牛奶”。维克多想要表达的可能是更强烈、更复杂的东西，一种热和渴的感觉，看到某样东西，他知道味道会不错，想要那个东西的感觉。如果那个医生试着用那个声音代表“饥饿和口渴”的话，可能他会取得某些进展。事实上，狼孩始终没有能够掌握说话的基本概念和目的。

医生的错误——那确实是个错误，因为狼孩始终没能学会说话——是我们在“先后顺序”上犯错误的又一个极好例子。我们想当然地以为，既然单词是语言最短、最简单的成分，那么当我们学习语言时，就应该先学习单词。但是，很可能我们是最后学会单词的。首先，我们知道一个重要的概念：语言是用来交流的，从人们嘴里发出来的所有声音都有一定的意思，能够让事情发生。然后，从人们的声调和他们谈话的语境中，我们对他们说的话有了一个非常基本的概念，就像当我身处一个国家，那个国家的语言我一个字也不会说，但是当父母责备孩子时，或者人们讲笑话时，或者辩论时，或者一个人向另外一个人解释或者发出命令时，我能知道他们在干什么。然后，孩子开始凭直觉知道语法的大概框架，也就是句型。最后，他们开始学习单词，然后把这些单词放入他们发明的非常粗略的句型的正确位置中。

如果这位好心的医生只是以正常人的身份跟维克多谈话，而不是以老师的身份努力教他东西，他可能会更成功一点。但是，当维克多还没有弄清楚语言的目的时，我们怎么能够期待他学会单词呢？问题不是医生给了他太多数据，超过了维克多能处理的能力范围，而是给的数据远远不够。

太多的询问效果不佳

有一天，那时汤米还很小，他想给好多东西找出名称。他突然开始专心地看房间里各种各样的东西，然后依次指给我看。开始时，我不知道他想要什么。我以为他是想让我给他他指的东西，或者用那个东西做些什么。但是，他向我表示那不是他想要的。有那么一会儿，我很困惑。然后，出于直觉，我试着告诉了他他指给我看的东西的名称，他马上用他的表情告诉我我猜对了。他开始指很多其他的东西。这时我想，如果我给他一个疑问句，以便在他想知道某件东西的名称时使用，可能会有帮助（在学习外语时，这也是非常有用的方法）。于是，当他指着花瓶的时候，我说："那叫什么？那叫花瓶。"我希望，如果我说得足够多，他也能学会说。至少有那么短短的一会儿，他确实这么做了，但我不知道这会持续多久，或者换句话说，他这种想要被告知物体名称的要求会持续多久，因为，毕竟在一个大人们说话很多的家庭中，任何观察敏锐的孩子很快就能学会东西叫做什么，只需要听到别人说就行了。

到现在为止，很多孩子都和我玩过这个游戏。其中有一个让我觉得很特别，那是两个音乐家朋友的女儿，两岁大，她经常因为不能把头脑中萦绕的想法和问题说出来而感到受了挫折，愤怒不已。她会一个接一个地指着她家里的东西，每次发出一种重复的、连续的，几乎是狂怒的声音，她听上去非常生气，因此旁人很容易以为她想要那个她指着的东西。但不是，她想要的是它们的名称。

在我告诉汤米某件东西的名称时，我很小心，告诉他时不要弄得像上课一样，不要把它当做他必须记住的东西。我也没有说这样的话来测试他："这是什么？那是什么？"这样的检查是没有必要的，这会让孩子置于这样的境地：如果他说了错误的名称，他会感觉自己做错了事情，犯了错误。我曾看到过和蔼、好心的父母对他们的小孩子这么做，希望帮助他们学习。在学校里，几乎每次这样做时，很多孩子的脸上马上就会露出某种紧张、尴尬的表情，然后开始糟糕的、老一套的办法——虚张声势、猜测、玩闹，希望得到暗示。即使在极少数情况下，有个别孩子对问题没有像这样自卫式的反应，但是太多的询问会让他开始认为，学习并不是要弄明白事物是如何起作用的，而是要想出答案，给出答案，好让大人高兴。

小孩子知道和理解的事情远比能说出来的多

我们还应该记住，孩子（就像大人一样），尤其是年幼的小孩子，他们知道的和理解的东西远比他们能说出来的要多。如果我们指着一盏灯，对一个小孩子说："那是什么？"我们也许不总是能得到答案，如果我们没有得到答案或者得到的是错误答案，是不是意味着孩子不知道灯的名称或者不知道单词"灯"指什么？这样做没有必要。在其他语境中，他可能完全知道这个词。他不回答"那是什么"的原因可能仅仅是因为这个问题让他不解，他不知道我们希望他说什么。

杰罗姆·布鲁奈尔有一次非常恰当地说，我们在学校做的、说的，大部分只是让孩子们觉得他们不知道那些事情，而事实上，在我们开始和他们谈论这些事情之前，他们就已经知道得很清楚了。我在五年级的数学课上就经常看到这样的事情。孩子们被那些规则和神奇的方法弄糊涂了，吓着了，无法运用规则或者常识来运算那些问题，但这些问题他们在几年前就已经能很容易地做出来了。在学校是这样，在家里也经常是这样。孩子对世界的理解是不确定的、尝试性的。如果我们的问题太多或者太严厉，那么我们很可能是在削弱而不是加强孩子的理解能力。如果我们对他的理解能力有信心，不要管它，那么它会发展得更迅速。

刚开始学习认字的孩子尤其是这样。对于印刷字母的样子和说出来的单词的声音之间的关联，他们有很多不确定的直觉。如果我们给予他们足够的时间，在他们为了好玩而阅读的过程中，他们会逐渐地检验、确定、加强这些直觉，使这些直觉成为他们真正的知识的一部分。但是，如果我们不断地给孩子提问题，这个字母是什么，那个字母是什么，给这些直觉施加了太多压力，那么我们很容易扰乱这些直觉，使之消失不见，并且让孩子觉得他们不知道任何事情，不能领会任何事情，他们所有的知识都必须依靠我们。

要帮助孩子学习事物的名称，有一个好办法就是谈论我们在一起做的任何事情。很多母亲准备带孩子出门前，会说这样的话："现在我们要系上这只鞋，拉好鞋带，拉紧；现在我们要穿上靴子，右脚的靴子穿在右脚上，左脚的靴子穿在左脚上；好了，接下来穿衣服，手伸进袖子里，拉上拉链，拉好，拉紧；现在戴手套，左边的手套戴在左手上，右边的手套戴在右手上；现在轮到帽子了，戴好，盖住耳朵。……"这一类的谈话很友善，很有趣，孩子从中听到的不仅仅是单词，还有用到这些单词的短语和句子。

我现在对这个不是那么确信了。我当然不认为这样的谈话是必须的，无数孩子从来没有人这样跟他们说过话，他们照样学会了说话。我怀疑大多数尝试这样跟孩子说话的人，他们的声音中透出的教育意味比爱和乐趣要多，因此他们最终获得的结果是弊大于利。如果谈话是不诚实的，在谈话的背后没有真正的感觉——就像孩子从电视上听到的大多数谈话一样——孩子就不会把它当成他自己能做的事情，或者希望做的事情，因此从中学到的东西就极少，甚至学不到东西。

一个冬天的早晨，我们在吃早饭，汤米开始说："脚趾！脚趾！脚趾！"我们面露想要帮助他的表情，说："脚趾？"很显然，我们不知道他的意思。他又说："脚趾！脚趾！脚趾！"并且生气地看着我们。我们知道他曾用这个词指过脚趾、外套、冷和马桶。于是，我们指着他的脚趾说："你的脚趾疼吗？"错了。"你想要你的外套？蓝色外套？"又错了。"你想去尿尿？"（从以前的孩子传承下来的家族说法）。还是不对。"你冷吗？"这一次我们终于猜对了。我们又问了一些问题，最终发现有人打开了外面的门，没有关，有风进来，汤米想要我们把门关上，于是我们关上了门。这件事表明了婴儿的话可能比它听起来的要更富于变化。他可能知道一些单词之间的区别，尽管他不能说出这些区别。

这让我想起学校里的老师不停地问学生各种各样的问题，他们想要确定孩子知道例如 P 和 B 之间的差别。如果孩子在说话的时候能够正确使用这些单词，或者就像汤米那样，其他人说到这些单词的时候，他知道它们之间的差别，那么，尽管他们不能回答问题，但他们是知道它们之间的差别的。

这样的问题也正是佩珀特教授所抱怨的分离教育的又一个例证：所有事物之间的自然联系都被切断了。

“你能指给我看吗?”

当孩子通过表情、通过持续不断的语音、通过一遍又一遍地重复他的话向我们表示他们在努力地想要告诉我们什么事时，我们必须同样努力地去理解他在说什么。这经常很不容易。有些人，如果他们第一次或者第二次没能理解，他们会说：“我不知道你在说什么。”然后就放弃了。但是，我们一定不能放弃。有时候，问问家里最大的孩子会有帮助。他也许能帮你翻译，可能是因为他们更了解小一点的孩子，更多地听到他们说话，或者可能是因为他自己离早期说话阶段比较近，还记得那是什么。又或者，如果没有其他孩子帮我们翻译，我们可以对说话的孩子说：“你能指给我看吗?”我记得我曾看到过一位母亲对她的孩子这样做。开始的时候，孩子不理解母亲的问题，看上去很困惑的样子，这时，母亲朝一个方向走了一两步，指着那个方向说：“是这儿吗? 是这边吗?”然后她又换了个方向，又问了一遍，她这么做的时候，孩子一直目不转睛地看着她，一脸的困惑。过了一会儿，孩子明白了她的问题是什么意思，很快就能指引着她使她明白了他想要跟她说的事情。

有一次，那时汤米还很小，他过来告诉我，他的泰迪熊卡在摇篮的横木中了。因为开始的时候我不明白他的意思，于是我把“指给我看”的常规程序做了一遍，他很快理解了我的意思，于是带我去了事故现场，我说：“哦，我明白了。你那可怜的泰迪熊卡在摇篮里了。它的头卡在了横木之间。嗯，我们现在要做的事情就是把它松开，把它弄出来。”我继续谈论着泰迪熊，说它被卡住会有什么样的感觉等等。这种谈话的意义何在？首先，只是为了闲聊。其次，向汤米展示我们是如何把他想要说的话说出来的，让他相信我们确实有言语可以谈论这样的事情。

对于这个泰迪熊事件，我不是很满意。现在我回头看这件事，很显然，尽管我完全了解，没有我的教导，汤米依然能学会说话，但我潜意识里的那个叫老师的恶魔依然在说：“但是，如果你是聪明的，如果你真的聪明，那么如果你教他，他会学到更多。”事实不是这样的。所有关于泰迪熊的谈话都不是诚实的，而是教导性的谈话。为了对我公平起见，我必须说我不经常那样做，可能是因为家里发生的事情太多了，真实的谈话太多了，因此也没多少时间来做虚假的谈话。但是，如果我或者其他什么人认为每天跟汤米说很多这样的话是正确的做法，那么我们很可能会造成某些危害。

给孩子以回应

布鲁诺·贝特尔海姆曾多次指出，如果孩子努力想获得世界的回应，但他身边的人却多次失败，那么他可能会得出这样的结论——尝试是没有用的。这使得我们需要重新考察智商分数这件事。我们知道，所谓的智商测试大部分是对理解和使用语言的能力的测试。我们还知道，不论智商高低，通常在家人里面都差不多，因此很容易推断出，这些测试检测的这种表达技巧是从父母那里遗传来的。许多教育者开始重新思考这个问题，但是这个想法现在依然有很多人相信，表现就是很多生物学家正在激动地讨论着对人类胚胎采取措施，以使人的智商提高二十分的可能性。很显然，他们依然认为智商测量的是某种天生的能力，而不是后天获得的能力。

智商是高还是低，跟家人相关，更可能的原因，至少在我看来，是因为善于运用语言的人大多数时候都能鼓励他们的孩子发展这种技能。这些孩子还是婴儿的时候就受到鼓励，通过听身边人说话而试着说话。当他们真正开始说话时，他们会受到进一步的鼓励，因为他们的父母（还有其他年长的人）在坚持不懈地从各个方面试着理解他们。而在表达技能缺乏的家庭里，孩子可能智力低下，不仅是因为他听到的话太少，也因为当他尝试说话时很少被理解，因而很少受到鼓舞。如果人们不努力地试着理解他的话，那么大多数时候，他可能会觉得说话没多少意义。

这种理解的意义，在我看来对非常年幼的小孩子更加重要。1981 年的《纽约时报》有一篇关于婴儿哭泣的文章，文中引用罗特格斯医学院儿科教授迈克尔·刘易斯的话说，即使才 8 个星期那么大的婴儿，如果他的哭声得到回应，那么他很明显地会更好奇，笑得更多，醒着的时间也更长。在同一篇文章里，位于戴维斯的加州大学的人类发展学副教授苏珊·科洛根博格说，很多研究者的研究成果显示，“妈妈对她的孩子回应得越多，孩子就哭得越少，跟孩子的联系越紧密，就越容易培育出孩子的信任感。”有些母亲以为回应孩子的哭声会“宠坏”孩子，但在后来的观察中发现她们的孩子哭得更多。

很长时间以来，我一直觉得那么多两岁或者三岁的孩子用哭泣来表达他们强烈的愤怒，原因一方面在于他们没法做他们想做的事情，但更重要的原因是他们感觉到（可能是错误的，也可能不是）没有被理解，或者更糟糕的是，甚至没有人去尝试理解他们，他们的语言被忽略了，或者被随意地、不屑地撇在一旁不管。即使有时候我们决定使孩子的意愿屈从于我们的意愿，但当他努力告诉我们他想要什么时，我们还是应该非常专心地听他说。当和很小的孩子进行争论时，我一直发现下面的说法至少是有礼貌的，通常也是非常有帮助的："我听到你说的话了，我很理解你想要这个或者那个，我很抱歉你觉得这么生气，这么不开心，但我不能给你那块糖（或者做任何你想要我做的事情）。"

但是，有一个更深刻、更重要的认知，使得我们经常不能理解孩子。因为他们太年幼，太笨拙，表达不清，缺乏理性，而且（对那些喜欢孩子的人来说）又太讨人喜欢，所以我们很容易低估他们的许多问题和关心的严肃性，或者宽容地一笑置之，或者完全漠视。位于阿姆赫斯特的马萨诸塞州立大学的哲学教授加雷斯·马休斯博士最近写了一本书《哲学和幼年儿童》，这本书很短，很容易读，但非常深刻、非常重要。在这本书中，根据对幼年儿童的许多观察（很多时候，观察对象是他自己的孩子），他说，很多孩子令人惊讶的、天真的评论和问题，我们成年人很容易把它当成无知和愚昧的问题而不再考虑，但事实上，这些问题正是自从有了哲学之后，历史上一些最伟大的哲学家努力研究的问题。马休斯还温和但令人信服地指出，即使像皮亚杰和贝特尔海姆那样亲密、那样富有同情心的儿童观察者，也一直严重低估孩子的智力，误解或者完全忽略了他们大多数话中的哲学上的含义。

马休斯向我们列举了一些孩子提出的问题（很遗憾，在这里我不得不省去他对这些话的讨论）：

蒂姆（大约六岁），一边忙着舔一个罐子，一边问："爸爸，我们如何确定一切事情都不是一个梦呢？"蒂姆的父亲有点窘迫地说他不知道，并且问蒂姆觉得我们该怎么分辨。又舔了几下罐子之后，蒂姆回答说：“嗯，我认为一切都不是梦，因为在梦里面，人们不会问这是不是一个梦。”

詹姆斯和他的父亲之间发生了关于某个事实问题的争论，詹姆斯说：“我知道它是的！”他的父亲回答说：“但是你很可能错了！”丹尼斯（四岁零七个月）这时插嘴道：“但是，如果他知道，他是不可能错的！想有时候是错的，但是知道总是对的！”

伊恩（六岁）生气地发现，他父母的朋友的三个孩子霸占了电视，他们不让他看他最喜欢的电视节目。“妈妈，”他沮丧地问，“为什么三个人的自私比一个人的自私好？”

约翰（六岁）思考着一个事实，除了书、玩具和衣服，他还有两只手臂、两条腿、一个头，这些是他的玩具——他的手臂、他的头，等等。他问：“我的哪一个部分才是真正的我呢？”

只要稍稍细想一下，我们很容易明白这些问题可能会给我们带来重要发现。在书的最后一章，马休斯比较详细地描述了他那时和他九岁儿子的哲学谈话，谈话持续了几个星期，包含了很多深奥的、重要的哲学主题，包括我们如何知道语言的意思，如果我们没有语言，我们是不是还能思考、如何思考。这是个典型的例子，成年人如何能够并且应该跟孩子讨论，但他们却很少这么做，因为毕竟这是同类人之间的谈话。倒不是说马休斯和孩子在任何事情上都是同类人或者假装是同类人，他们都很清楚马休斯有更多的知识和经验。但说他们是同类人，首先是因为他们像同事一样工作，同样参与对话，同样渴望并坚决要尽可能多地发现真相。说他们是同类人，是因为马休斯对待孩子时的尊重，正如他希望一个成年人同事尊重地对待他那样；认真地感受孩子的想法、困惑和问题，正如他希望另一个成年人那样对待他的想法、困惑和问题一样。此外，我们只能妒忌那些有这样的大人可以进行谈话的孩子们。

不要纠正孩子的错误

当帕特里克——前文我提到过他——刚过两岁时，他还不能发S、Z、SH、CH或者任何其他的齿音。他只是把它们省略不管。像单词“spoon”，他就发作“poon”。明白他的意思并没有花很长时间，当我们大人不知道他想要说什么时，他三岁半的姐姐总是能够翻译出来。没有人为这些丢掉的语音感到焦虑。结果，这个小男孩能够自信、自由地说话，不久，他就能像其他所有人那样说话了。如果我们对待他就像我们在学校里对待其他孩子一样，结果会怎样呢？我们不是给他时间让他自己纠正错误，让他在发出齿音的过程中培养出能力和自信，而是每次他说的时候都纠正他。“不，不是‘poon’，是‘spoon’，S-s-s-s-poon。说，spoon，spoon，spoon。”我们可能会变得越来越没耐心，越来越生气，孩子则越来越受挫，越来越害怕。用不了多久，他只要一想到说话就会变得着急。他可能会努力地避免所有用到齿音的单词，也可能决定再也不说话了，因为说话总是给他带来那么多麻烦。或者他可能会变成口吃或者结巴，正如温德尔·约翰逊以及其他语言矫治者指出的那样，这就是口吃者、结巴者形成的原因。

大多数撰文描写学校里来自贫民区的孩子的问题的人，都认为这些孩子话说得不好是因为他们的父母从不纠正他们的说话。这导致两个结论。首先，任何孩子，如果说话时得不到持续地纠正，长大后说话就会变得像贫民区孩子一样。第二，要想治愈贫民区孩子的说话问题和缺点，我们需要做的就是经常纠正他们的说话。这两个观点都是谬论。

孩子确实能够学会身边大多数人说的语言。如果在孩子成长的环境中，大多数人都不说所谓的标准英语，那么如果我们试图让他认为他的话有问题，只会给他造成伤害。正如有些学校开始做的那样，如果把标准英语当成一门外语来教，鼓励孩子说出、写下让他们感兴趣的事情，用对他们来说最自然的方式，尽可能多地让他接触标准英语，这样做才更有意义。

丹尼尔·费德尔是密歇根州立大学的英语教授，也是那本著名的、重要的书《迷上书本》的作者之一，在他的新书《率真的孩子》中，他讲述了他在华盛顿认识的五个初中黑人学生。经过学校的测试，这些孩子被他们的老师认为是没有受过教育的、完全无法说标准英语甚至几乎就是不会说话的孩子。谁能责备老师呢，是这些孩子选择了把他们的这一面展示给学校的。一旦孩子们了解并信任了费德尔之后——我们无法了解其他人任何重要的方面，除非他们信任我们——他发现那些孩子能够很好地阅读，很善于表达，当他们觉得是为了自己好时，他们大概会说95%的标准英语。他们在参观马里兰大学时正是这样做的，因为他们不想在他们友好的大学生主人面前让费德尔难堪，也不想让自己难堪。

我最近在一个父母教师协会上发言，讲了莉萨把一大类动物——包括奶牛、马、绵羊——命名为“奶牛”的事。我解释说，我们没有纠正她，是因为那样做很没礼貌，因为我们很高兴听到她说话，而不担心她的“错误”，因为我们意识到她做了一些大胆而有效的思考，我们不想做任何事使她怀疑其思考的价值，或者使她失去信心，以后不再做这样的思考。我还强调说，纠正事实上是不需要的，孩子很快就能自己理清那些名称和类别。

总是有很多人在听到这样的故事后感到不安。这次会议后不久，我收到一封友善但令人焦虑不安的信，是一个聪明的、受过高等教育的心理学家写来的，她听了我的演讲。她想知道，如果我们不纠正孩子的所有错误，他们怎么可能学会呢？难道那不是我们的职责和任务吗？我回了一封长信，重复了我的观点，告诉了她更多孩子会纠正自己错误的事例，但她似乎依然无法理解我。我的话她好像几乎听不进去。这很正常。任何把帮助他人作为终身事业的人都可能会认为，如果没有自己的帮助，那些人就无法取得进展，因此可能不愿意听到他们能够而且经常是独立地取得进展的任何证据。很多人好像把他们的生活建立在这样一个概念上，那就是从某个角度来说，他们是孩子生活中不可缺少的人物，质疑这一点就是攻击他们存在的核心价值。

我还是要说，即使是冒着使这些好人不安的危险，我们也必须质疑他们的假设，因为它大部分是错误的。最近，我在图书馆里遇到了吉尔，她是我朋友三岁的女儿，我已经有一段时间没见到她了。她不断地跟我说话，让我看看这个，看看那个。突然，她说道："你想看我哥哥教我的东西吗？"我说："我很想看。"她站在我面前的地毯上，低下头，然后弯下身子，把头抵在地板上，越来越向前，最终翻了个筋斗。太让我惊讶了！"现在，我要做一个大的。"她说，然后又翻了个筋斗。她这样做了好几次，在此过程中，我在想，在我们的谈话中，如何造一个句子，把"教"这个单词用进去呢？过了好长一会儿，她又提到了她的哥哥，于是我说："他教了你很多东西吗？""哦，是的。"她说。我说："当他教你翻筋斗时，你一定很高兴。""是的，我很高兴。"她说。又翻了几个筋斗后，她又做了一件其他的事情，说："这也是他教我的。"我们的谈话仍在继续。

几分钟后，当她的父亲来到房间里时，她翻筋斗给他看，然后说："那是詹米教我的。"① 我没有感到奇怪。对孩子来说，他们需要一段时间才能自信地去做或者说某件事，对这个孩子来

---

①原文为 That's what Jamie teached me。在英文中，teach 的过去式应该是 taught，而不是 teached，这里孩子用错了，因而才会有作者下文的解释。——译者注

说，她一定感觉“teached”好像比“taught”更合理，更符合一贯的语法（确实是)，也更可能是正确的。但是，又过了好长一会儿，我在对话中又说了一个有“taught”的句子，然后，她再次偶然用到这个词时，她说了“taught”。不再需要其他东西，或者说，永远都不需要。孩子的感觉是很敏锐的，他们留意任何东西，他们希望像大人那样做事。如果我们说话说得很好，他们听到我们说，很快就能像我们那样说话。

“不再需要其他东西……”连原先的那么一点儿也不需要。我在这里的做法是错误的、不必要的、没有帮助的，如果我们长时间这么做，很可能是有害的。在那么短的会面中倒不会造成太大伤害，那个孩子太关注我和筋斗了，以至于没有注意到我在试着纠正她的话。但是，如果她最后熟悉了我，如果我继续那么做，她肯定会意识到。主要对孩子的筋斗和其他冒险感兴趣的大人说话时的语调，跟那些主要对找出办法纠正孩子说话感兴趣的大人是不一样的，孩子非常善于辨别这种差别。

恰好我有很多年没有见到那个孩子了，因此我纠正说话的这个小小试验就终结了。明明已经知道，公开地、直接地纠正孩子的做法是很没礼貌的，是错误的，为什么我还要做这个试验呢？是我潜意识里那个叫老师的恶魔逼我这么做的。我就是无法抗拒这突如其来的诱惑，想要聪明地在她没有意识到的情况下去纠正一个单词。即使我的试验起了作用，她已经学会了我对“taught”这个单词的使用，但是，如果让她在自己的时间里，用自己的方式发现这一点，还是会更好一些。除此之外，如果我们想每次跟孩子说话的时候都必须教他点儿什么东西，我们的谈话可能会变得做作、虚假，可能会让孩子以为——就像现在很多年轻人以为的那样——所有的谈话都是谎言和欺骗。

所谓的“坏习惯”

如果我不是像许许多多成年人那样，中了“学习的坏习惯理论”的毒，那么我就不会那么想去纠正吉尔的小错误。坏习惯理论告诉我们，每次孩子犯错误的时候，不管是说话时，阅读时，还是其他任何时候，我们都必须马上纠正他的错误，否则这个错误会变成“坏习惯”，不可能再纠正。这个理论是完全错误的。孩子学习的许许多多事情，我们小的时候也都学过——走路、说话、阅读、写字等等，大多数事情，他们都是通过尝试去做，犯错误，然后纠正错误这个过程学会的。他们通过数学家所说的“逐次逼近计算法”来学习，也就是说，他们做某件事情，把结果和期望目标（像大人那样做）进行比较，看到某些差别（他们的错误），努力减少这些差别（纠正他们的错误）。所有的孩子都这么做，都擅长这么做，即使家里有最忙碌的错误纠正者，孩子自己纠正的错误还是要比大人们指出来的多得多。

前些天，我在我的壁橱里发现了一个黄色封皮的笔记本，那是我多年前记的，记的都是汤米四五岁时的话。

raintoats

I dot it for my birsday

toopid fool!

rash（crash）helmet

（also）shrash helmet

bring（spring）

dill（kill）

tab（stab）

betuz（because）

brack（black）
Fanta Fe（Santa Fe）
darbage（garbage）
tomin（coming）
feshin（refreshing）
tasafy（catastrophe）
organize tese tars（these cars）
flashes（glasses）
teo（mosquito）
sree（free）
Bolkswagen
fayer（sweater）
soldiers（shoulders）
fraffer（tractor）
peash（please）

上面的单词显示，尽管他的元音和重音一直是正确的，但是他的辅音变换没有一贯的模式，因此，对那些不太熟悉他的人来说，很难理解他的话。当他对别人说话时，家里某个大一点的成员不得不出来翻译。但是，作为六个孩子当中受宠的最小的一个，他在交流时从来没有遇到过麻烦。家里所有的人都知道或者很高兴弄明白他努力想说的话，反过来，他也很容易理解我们说的标准英语。他没有弄混我们的辅音，尽管他自己说的时候弄混了。

他5岁那年的一月份，他说的话大多数还是跟笔记上一样。三月份我给他家里人打电话，他接的电话，他的话是如此正常，以至于一开始的时候我以为我是在跟他的姐姐说话。那些辅音变换已经完全没有了。此外，他已经听到它们是“错误的”，并已把它们从自己的话中清除了出去，如果家里其他人继续使用它们，他会变得非常愤怒。我们不得不学着停止说像“fraffers”这样的东西，但这样做时我们感到很遗憾，因为我们已经喜欢上那些单词了。所有这些语言纠正都是他自己完成的，家里没有人特别注意要“纠正”他或者尝试教他用正确的方法说话。他们很明智、很正确地假定，最后他会自己解决这个问题的。

这么小的孩子是如何完成他语言中如此重大、如此快速的改变的呢？有一件事可以肯定，没有单纯的生理问题可以如此突然、如此神秘地造成这种变化。有一个可能性，那就是他开始的时候，忙着思考他希望被理解的想法，以至于顾不上他说的话的正确发音。然后，到了某一时刻，可能是他自信他能够表达自己的想法时，他开始对自己发出的真正的语音听得更仔细，意识到那些语音经常跟大人发出的语音不像。还有一个可能性就是，他清晰地听到他自己的声音，他也完全听到了他自己的话跟其他人说的话之间的差别，只是这种差别并不重要，不像有人用外国腔调说着另外一种语言。突然，由于他自己的某种原因，他不想再继续用他那婴儿的腔调来说英语，而是希望像本地的成年人那样说话。他一旦决定要这么做，几乎就立刻这么做了。

我们对坏习惯的误解有一个原因是因为我们使用“习惯”这个词时，有两种不同的方式：一种是正确的方式，描述的是我们在自己没有意识到的情况下，就那么做了；还有一种是不正确的方式，用来描述那些我们自觉地使之成为惯例的事情。这两种方式完全不一样。例如，我小的时候看很多书，当在书中看到我没有听说过的词时，我不得不猜它们怎么读。（我相信自己能想出来，所以从来没有想过要到字典里去查。）大多数我都猜对了，但也不总是对的。例如，单词“picturesque”，我读作了“picture-skew”。当后来我听到其他人说这个词时，我有点惊讶：“噢，那才是它正确的发音。”后来我就再也没有读错过。改变是很容易的。我读错它，并不是因为我有那样读的“习惯”，而是因为我以为它应该是那样读的，当我知道了正确的读法之后，我就改成那种读法了。这跟习惯毫无关系。

我们容易把坏习惯想象成邪恶的东西，像水蛭或者吸血蝙蝠，就等在那里想要附着在我们身上。有一句告诫之言是这样说的，一旦吸了一次烟，你就会一直吸；一旦一个单词读错了或者拼错了，你会永远错下去。这不是真的。这种类推是错误的，即使在纯粹的物理层面（如果有“纯粹的”物理层面的东西）也是不对的。费尔登克雷斯博士是一位世界知名的、极具天赋的物理治疗专家，专门治疗那些长年累月用不正确的方式使用身体，导致身体严重紧张，经常会剧烈疼痛的人。他经常发现，当他使他们意识到他们正在对肌肉做些什么以及他们可以做什么来替代时，他们很快就能改变以为会维持终身的习惯。他说，大脑这个器官很聪明，它想要把事情做对，当有人向它“展示”如何做对时，在某种程度上，它能理解和相信并能马上改过来。

在我自己的工作中，作为一个很晚才开始学习的大提琴演奏者，在最近几年，我握弓和运弓的方式已经改了好几次了。有时候，我做错了什么事，但是自己没有意识到那样做不对。还有些时候，我是有意识地在做某件事，后来才知道那样做是错误的，那是某个专业大提琴演奏者建议我那么做的。（在这些问题上，专家之间的观点可能会有很大差别。）每一种情况下，我都能把那些被认为几乎不可能改变的习惯改正过来，并且没费多少事。

前几天，我和朋友演奏弦乐四重奏，在大提琴部分我犯了个错误。我要演奏很多八分音符的和弦，它们的节奏牢牢地定格在我的头脑里和肌肉里，因此，当我演奏到一小节四分音符时，我把它们当成了八分音符来演奏。因为那时我把节拍都听成了我头脑中的那种，于是我继续犯着同样的错误。因为它听起来跟我期望的始终一样，我想它一定是对的。因此，我一直按照我的“坏习惯”不停地演奏着。很自然，当我开始和朋友一起演奏这个四重奏时，我遇到了麻烦。在到了我们所有人应该一起结束的地方时，我总是第一个结束，不管我演奏得多么小心，结果都是一样。我是不是漏了什么东西？不是，不是这样的。突然，我发现我错在什么地方了。我告诉我的朋友我做了什么，并嘲笑了自己一会儿，然后继续演奏。知道什么是对的之后，我就做对了，坏习惯就被纠正了。

有时候，我们中的某个人在练习时，会弄错音高，可能是用升半音代替了本位音。我们把错误的音高听成了正确的，一直这么演奏。但是，当我们和其他人一起演奏时，听起来就错了。有那么一两秒钟，我们都很奇怪问题出在哪儿了。有时候，我们的教练会找到错误所在。不过大多数时候犯错的人会说：“天哪，我一直把 G 调本位音提高了半音来演奏。”这样，错误就终结了。那个错误的音高并没有锁定在我们的头脑和肌肉中。知道它错了之后，我们就不再那么演奏了。

这并不是说所有这样的学习永远跟发展好的习惯毫无关系，或者说学习这些好的习惯可能不需要花太长时间和努力。当我们学习任何身体上的技巧时（音乐也包括在其中），我们必须有意识地、开始时可能会有点儿尴尬地教自己的神经和肌肉做特定的事情，然后经常做，直到最后我们能够不用想如何去做就能做出来。所有熟练的运动员都是这么做的。音乐演奏家一遍又一遍演奏许多音阶的升降、琶音等等，这样，当他们在音乐作品中遇到这些时，他们就能够迅速而流畅地演奏出来了。从技术上来讲，杰什查·海费兹是当代最伟大的小提琴演奏家，在他的演奏生涯中，他每天至少花三个小时进行这些简单的练习。甚至即使我们已经掌握了那些好习惯，我们还是必须经常不断地重新学习，使它们重新回到我们的神经肌肉系统中来，正如卡萨奥有一天早晨用大提琴演奏简单的 C 大音阶时，对他的朋友说的那样：“五十年了，每天我依然必须去找到E。”

但是，这里的要点并非说好习惯不重要。它们经常很重要。这里要说的是，如果形成一个好习惯需要很长的时间，那么形成坏习惯也需要同样长的时间。认为我们必须努力几百个小时才能形成好的习惯，而几秒钟就能形成一个坏习惯的观点是胡说八道。这件事对于我们老师的意义在于，我们没有必要总是急急忙忙地去纠正孩子的错误，我们可以给他们时间，让他们自己发现并改正。他们这样做得越多，就越擅长于这样做，对我们帮助他们的需要和依赖就越少。

学说话的孩子需要好听众

开始说话的孩子是在向这个世界迈出勇敢的一步，任何曾在家学习了一门外语，然后第一次在那个国家使用这门外语的人，他自己都会感觉到这一步是多么勇敢，多么冒险。有一次，我在国外已经待了一年，决定骑自行车从巴黎到罗马。出发前六个星期，我买了一些入门教材，开始学习意大利语。当我到达意大利的时候，我已经掌握了少量的单词和语法，但我始终没有对任何人说过一个意大利单词。我穿越边境的那天，向一个叫做凡提米利亚的小镇前进。我很饿，于是决定去买一些香蕉。我一遍又一遍地练习我要问的话：“Due kilo di banane, per favore。”看起来很简单，我看不出怎么可能会说错。但是，我有了一种害怕的感觉，觉得如果我走进一家食品杂货店，说出这些话，在场的所有人会哄堂大笑的。因此，离凡提米利亚越近，我就越紧张，一直紧张到我不得不说出这些话的时候。（我的害怕是毫无根据的，在意大利没有人曾嘲笑过我，每个人都很亲切，乐于助人。）那一刻终于来临了。那儿有一家商店，商店里有香蕉，没有任何借口可以再拖延了。我鼓起勇气，走进商店，把我的话说了出来。

柜台后面的女士做了个明白的手势，然后从一串香蕉上切了一些下来，称了重量，然后递给我。我付钱，感谢她，然后离开。我的意大利语成功了！但这一点儿也没有减轻我下一次需要说意大利语时的紧张程度。我要先试说很多很多遍，然后才会确信当我向意大利人说出我那糟糕的意大利语时，至少能使他们了解我的一些想法。

学习说话的孩子也需要这样好奇、关注、富有同情心的听众，就像我在意大利遇到的那些人一样。首先，他不确定他的这个语言是不是有效果，即使在说了很多年之后，他可能还是会感觉他无法把自己的重要想法和感觉传达给别人，使别人了解。在所有孩子的成长过程中，如果他觉得我们成年人对他要说的话不感兴趣，他一定会受到沉重的打击。对大多数孩子来说，这样的时刻来得实在太快了。

对莉萨的观察手记

1961 年 7 月 17 日

早晨，莉萨（两岁半）通常在我之后第一个醒来。醒了之后，她开始自言自语。她的话是一种古怪的混合体。无意义的音节，有趣的声音，歌曲的片断，对昨天做的事情的评论，今天可能要去做的事等等，所有这些都一股脑儿地从她嘴里涌出来。前几天，在谈论了某个很不同的东西之后，她停下来说道："去穿上衣服。（停顿）衣服。（停顿）鞋子。（停顿）裤子。"这些想法又让她想到了其他事情，于是持续说了一整天。有时候她说话是为了得到某个想要的东西，有时候她说话是为了让某件事发生，这件事可能会解开她说的话的意思。大多数时候，她说话只是因为她喜欢那些声音。

她喜欢说颜色。她最喜欢的一个单词是“蓝色（blue）”。在发“bl”时，嘴唇和舌头的动作里大概有一些东西让她很高兴，因为她经常说。她说想要什么东西时，通常都会加上：“要蓝色的那个，粉红色的那个。”或者“我有一个蓝色的，粉红色的。”她肯定不知道颜色的名称，即使从最普通的意义讲，她可能也不知道颜色是什么。像“蓝色”、“黄色”、“粉红色”等词语，她所知道的是它们是形容词，也就是说，它们和其他词以一种特殊方式组合在一起。事实上，她说的话大部分可以被称为语法试验，也就是说，练习用身边的人组合的方式把单词组合在一起。她制造出单词组合，造出听起来像她听到的句子。这些句子是什么意思？经常它们没有任何意思，它们被说出来本来就不是为了指什么意思。不久前，在一段谈论别的事情的谈话中，她突然说道：“我从一座大蓝山上掉进了汽车里。”我感到头有点晕，她想说什么？然后我突然想起来，可能她并不想说任何事情，只是造一个听起来不错的句子，一个单词的组合方式，把她知道的、喜欢的单词和短语说出来。

一天早晨，在吃早饭的时候她说：“把糖递给我，把胡椒递给我，把面包递给我，把果酱递给我。”开始时，我们都把这些东西递给她，可是过了一会儿之后，我们发现她并不用这些东西。经常她都不需要用它们，她要的东西跟她盘子上的东西没有任何关系。她会要牛奶，但是她已经喝过一些了，或者她会要糖，但她盘子中没有任何东西可以放糖的。那么，她为什么要这些东西呢？很显然，因为其他人这么做。当你坐下来吃早饭时，你请别人把东西递给你。大人们都这么做，于是她也要这么做。

这可能是“请递给我”这个游戏的原因之一，但并不是唯一原因。我很快发现，尽管我们递给她的东西她都没有用，但她每次都很仔细地看递给她的是什么东西。简而言之，她用说话来让某件事情发生，这件事情最后会帮助她发现说的话的意思。

我不想让她的单词试验变得好像比它实际上的形式更精确。如果她能把我们递给她的所有东西她都要认真打量一番的理由说出来的话，我想她不会说："我要叫他们把糖递给我，我要观察，看什么东西放到了桌上，然后我会知道糖是什么。"而更可能是这样的："我要叫他们把糖递给我，我要观察他们做了什么，我可能会发现有趣的事情，可能会发现所有这些东西都叫什么。"毫无疑问，她需要在要求并得到糖很多次之后，才能确定碗里那白色的、像沙一样的东西就是每个人说的"糖"。

现在，我觉得我对这个的看法是错误的，莉萨并不是随意地收集信息，然后看从中能发现什么，而是有意识地检验她对胡椒、牛奶和糖是什么样子的直觉。

但是，孩子们很擅长收集并储存这样模糊的信息——太模糊了，对大多数成年人无用——然后耐心等待，直到有一天他们发现那是什么意思。同样，孩子在听到别人说："关上窗户、关上门"之后会仔细观察，看发生了什么事，他不会马上就说："啊哈，那就是窗户，那就是门。"但是，某一天他有了个预感，很快他就知道了。孩子们在刚开始上学之前，通过这种方式学会了五千个左右的单词。

我曾听到过的关于教育的最睿智、最真实的评价之一，就是不久前一个天主教教育家说的，他在教学和教师培训方面有着多年的丰富经验。他对一群天主教中学负责人谈论了如何管理教师，敦促他们不要太快指出和纠正错误，要给教师一点时间，他们会自己发现并纠正错误，"对聪明人来说，一个字都是……"他慢慢地说着，伸出一根手指强调地摇了摇，"……令人发怒的。"我们所有的人都笑了起来，因为他跟我们开了个玩笑，因为他太正确了，的确就是令人发怒。我们都知道那种人，当我们不管说什么的时候，他都会迅速插进来纠正一些微不足道的错误，勒死他都太便宜他了。我惭愧地想到，我花了多少时间才让自己改掉这个习惯的呢。

对聪明人来说，甚至对不太聪明的人来说，一个字都是令人愤怒的，因为那是一种侮辱。当我们在没有得到孩子的要求却去教导孩子时，事实上我们是在说："你还不够聪明，不知道你该知道这些，你不够聪明，学不会这个。"出于同样的原因，对聪明人提问，如果这个问题是探究性的问题，是测验，而不是真的想要知道什么信息，那么经常会使人生气，因为它侮辱性地暗示了被提问的人不知道答案。

许多父母在《非学校教育的成长》中给我写信，跟我们讲述了这样的事。他们的孩子并没有要求父母的帮助，但是深爱孩子的父母出于好意想要提供帮助时，孩子会变得非常生气。我给他们其中的一个人回了信，讲了下面这件事：

刚才在办公室发生了一件事，这件事再次向我展示了小孩子的骄傲和自尊感是多么强烈，多么脆弱，我们必须非常小心，不要去伤害到它们，尤其是当我们出于好意的时候。

一位母亲带着她 18 个月大的女儿走进我们的办公室。当她的母亲浏览我们的书，看看想买什么时，小女孩对办公室探究了一番。最后，母亲拿了四本想要的书，小女孩要求拿着书，但是书太滑了，其中一本书从其他书中滑出来掉到了地上。这让孩子开始感到气馁和恼火。看到她很显然不喜欢书掉到地板上，我想或许我可以帮点儿忙，拿根橡皮筋缠在上面。于是，我拿来一根橡皮筋，拉伸了好几次，向她展示这是什么东西，然后缠在书上。她看了它一秒钟，看到它确实把书缠在了一起，这时，她生气地大哭起来。

幸运的是，我和小孩子打交道已经多年了，我能明白问题出在哪儿。我把橡皮筋缠在书上面，她把此看成是对她不能一起拿住书的评论。她是对的，她觉得受到了冒犯。对她来说，似乎我说了这样的话："你太笨了，你永远不能拿住这些书，除非我把这个橡皮筋缠上。"很自然，这让她感到惭愧和生气。

明白了这个问题后，我很容易就纠正过来了。我说："对不起，我会把橡皮筋拿下来。"然后我照做了。她马上就停止了哭泣，像刚才一样开心了。她依然需要努力地去对付那些书，但是那是她的努力。

我们大多数人在面对其他成年人时都很机智得体，不会指出他们的错误，但我们没有多少人准备把这种礼貌（或者其他任何礼貌）延伸到孩子身上，而这恰恰是我们应该做的，这很重要，因为孩子观察入微，很敏感，也非常容易受到伤害、觉得丢脸和沮丧。因此，当三岁的吉尔对我说"teached"时，我很小心，过了一段时间才对她说了"taught"。如果马上就说，看起来就很像是纠正和指责了。对那些他们自己已经纠正过来的错误，我们提到时甚至更要小心，他们可能不喜欢被提醒想到它们。例如，在招待我的时候，吉尔唱起《蓝尾巴苍蝇》歌中的一些旋律。当她唱到"吉米爆玉米花，我不在乎（Jimmy crack corn, and I don't care）"时，她的父亲（非常亲切的一个人）打断了她，非常自豪、非常高兴地说他以前从来没有听她说过"crack"，她总是说成"frack"。他插进来说话只是为了表示他的高兴，如果我是他，说不定我也会这么做。但是，小女孩变得尴尬、难为情起来，她平常可是个一点也不害羞的小女孩，当她重新开始唱歌时，她只会唱"frack"了，而且很快就希望快点唱完了事。

我想起了汤米一件与此类似的事情，他所居住的那个城市每年举办一次活动，在活动中，人们会焚烧黑暗之王 Zozobra 的肖像。这种大火对于小孩子来说是非常令人兴奋的，在活动举办之前几个月，我们就决定去看了，这时汤米就开始谈论"Zorzor"。

当时，家人之间提起的时候，都说“Zozobra”，但是，如果汤米问起 Zorzor，那么我们回答时使用同样的单词好像更礼貌些，于是我们这么做了。突然有一天，就在活动开始不久前，他开始说“Zozobra”，据我们所知，这期间没有中间状态。一两天后，家里有一个人从来没有听他说过“Zozobra”，当他说汤米很快就能看到 Zorzor 了时，汤米马上友好但坚决地说道：“不是 Zorzor，是 Zozobra。”

可能正是出于这样的原因，大多数孩子不喜欢听到他们小时候的故事。对他们来说，婴儿时期并不是快乐的时期，而是需要尽快抛弃、尽快摆脱的时期。对他们来说，他们的幼小、无助、笨拙不是可爱的，而是丢脸的，他们希望尽量不要想起。偶尔的时候，如果我们说得不过分，讲他们小时候非常非常可爱，他们也不会介意，但是他们想要听的差不多就是这些了。在他们学习和成长的过程中，不管犯过什么错误，最好都被忘掉。

格伦达·比赛克斯在一本书中讲述的她和她儿子的经历表明，可能事情并不总是这样子的。她的儿子在听或者读他小时候第一次探索读写世界的奥秘做过的事情时，总是表现出极大的兴趣。故事背后的精神可能是造成区别的原因。如果故事的含义是为了表明，即使还很小，他们也是真实的、认真的、聪明的、坚定的人，值得尊敬，那么孩子可能会愿意听这样的故事。但是他们不喜欢听那些让别人过来嘲笑、哀叹或者同情自己曾经是多么无知、多么笨拙的故事。

我不知道鲁思·辛在她成长的过程中有没有看到她的姨妈米莉森特写的有关她的书，如果她看了，她的感觉如何。很难想象她会不喜欢它。

吉尔说“teached”，而不说“taught”，就是一个例子，说明小孩子说话时经常会犯那样的错误。我们不认为这些错误是可爱的，我们倾向于认为它是不符合语法的，是孩子模仿语言时不熟练的例子。然而，事实是，孩子说“teached”并不是在模仿，也不是不合语法，他是在以一种非常符合语法的方式进行创造。他说“teached”并不是因为他听到别人说过，他可能从来没有听别人说过，他这么说是因为他知道——尽管他不能把他的知识用语言表达出来——其他动词的过去式是加上后缀-ed，因此他假定动词“teach”也应该是这样。从各个方面来说，这个假定都是合理的，是思考的一流杰作。这又为我们为什么应该用理解和礼貌对待这些“错误”，而不是唐突地纠正增加了一条理由。

永远不要限制孩子说话

当我还在教五年级的时候，我跟一个12岁的小朋友讲我班上的事情。我偶然说到我的班上有些孩子曾有过一次交流。这时，小朋友疑惑地看着我。她说：“你是说这些孩子在班上谈论这些事情？”“是的。”她又说：“是‘看和说’吗？”我说：“不是，我们没有‘看和说’，但是每天有很多时间，孩子们可以互相聊天，只要他们想，可以谈论任何他们最感兴趣的事情。你在班上没有这样可以和其他人聊天的时间吗？”她太震惊了，几乎无法回答我的问题。

当然，在问她之前，我就已经知道了她会怎么回答。比尔·赫尔有一次对我说：“学校里谁最需要练习说话？而又是谁说得最多呢？”确实，孩子们最需要，但老师说得最多。即使在被认为是最开明的学校里，几乎每一堂课的通常规则都是孩子只对老师说，只在被叫到的时候才能说。在许多学校里，孩子们被禁止在教室里或者走廊上说话。这样就只剩下午饭时间了，那时他们又要忙于吃饭。还有课间休息，但在长时间被迫不动和沉默之后，积聚起来的多余精力需要在这个时候释放出来。我认识很多孩子，他们的学校经常不允许他们在午饭时间说话，甚至有时连课间休息时都不许说话。放学之后，孩子们径直回家，在家里，他们的时间可能都被家庭作业和电视占据了，而且不管怎样，可能也没有人有兴趣跟他们说话。这种教育的结果就是，十岁甚至更大一点的孩子的说话能力可能不会比他们五岁时好多少。事实上，我认识很多十岁的孩子，都非常聪明，但他们的说话能力还不如我认识的很多五岁的孩子。

我依然不断地听说学校不允许孩子说话的事例，甚至在午饭时间也不许，理由是浪费时间或者使得餐厅太吵，甚至越来越多的学校已经完全取消了课间休息，那么学校认为的如此重要的“社会生活”出现了吗？

说话技巧和兴趣的失去，会影响到标准课程中的每一个科目。例如写作课，不说话的孩子没有多少事情要说，因此也就不知道要写什么，他经常会觉得他要说的或者写的东西里面，没有什么事能引起其他人的一丁点儿兴趣，如果他说出来或者写出来，其他人只会嘲笑他。只要一有什么想法，他马上审查它们，然后把它们排除出去。当他确实想要表达他的想法时，他发现很难，因为把单词组合在一起的练习他做得太少了，因为他从来没有在实践中学习到什么可以让话表达得更清晰、更有力、更有效，因此他也没有办法判断他的写作的价值。正如他们说的那样，他会变得听觉迟钝。毕竟，检验好的写作的标准不是它是否遵循了“语法规则”，而是听起来的效果。书本中的语法规则不能使他写出妙文，事实上，看看许多学报就会很清楚了，我们许多受过最高等教育的人的写作水平简直糟透了。

缺乏谈话技巧还可能会导致阅读困难，至少很多种类的作品他无法阅读。好的阅读者能够读进作品里面去，从而和作者进行积极的交流。而糟糕的阅读者是被动地阅读，那些文字没有进到他的脑子里，他就像讲座上无聊的听众。这样的阅读者在学习课文时，很可能把他的脑子当成照相底片来使用，就好像只要努力地盯着书上的文字看，只要看得时间足够长，那么他就能把它们记在脑子里。这从来都没有用。像数学或者自然科学这样的科目，你经常必须依照指示，把其他人的话转换成自己的行动，不善于表达的孩子经常发现自己做不到。或者他可能发现他无法把他头脑中能够理解的部分和无法理解的部分分开，或者他无法把他的不解之处清晰地表达出来，这样别人才可以帮助他。简而言之，上学的孩子如果说话不流畅，就会束手束脚。毫无疑问，我们的学校太在乎符号了，应该给其他表达形式更多的时间和机会。可能有一天他们会这么做，但是现在，说话流利才是有用的。然而，差不多所有的学校几乎都没有采取措施来帮助孩子在说话时变得流利、精确、熟练。

教育领域正在进行的所谓的改革，到目前为止也没有做出什么来改变这一点。在很多班级里，数学、社会学或者其他任何科目都在传授最新的知识，但说话的模式还是老样子。大多数时间都是老师在说，时不时地问孩子一些问题，以确认他们是否在听或听懂了。有时，会有勇敢的老师发起他们所谓的“讨论”。但是，最后出现的通常是比尔·赫尔称之为“拉答案”的结果。老师问一堆有针对性的问题，旨在让学生给出一个答案，一个老师事先已经决定好了的正确答案。教师手册里全是这样的方法：让学生讨论，在讨论中引导学生说出以下要点。……这种虚假的、定向的讨论比没有讨论还要糟糕。孩子很快就会感到无聊，以至于厌恶这种讨论。

即使课堂讨论是开放的、真实的、不受操纵的、对孩子来说是真正有趣的，即使所有的孩子都平等地加入了讨论，这一类讨论还是不足以给大多数孩子提供说话的技巧。孩子太多了，而时间太少了。那么，答案是什么？很简单，只要我们有勇气去尝试。在英国的很多小学班级里，孩子们可以成对地或者以小组的形式自由学习，学习的时候也可以说话，只要小声就可以。在那些还不能允许孩子自由选择、独立学习的班级里，应该留出大量的时间给孩子，让他们互相讨论任何他们感兴趣的事情，不用有老师的指导或者干预。可能会有些时候，老师需要让孩子们讨论得更小声点儿，但是，他不应该控制孩子们讨论的内容。

在我教的最后一个五年级班级里，我通常会时不时给孩子们一段自由时间。在那段时间里，孩子们可以阅读，可以画画，可以玩游戏（国际象棋很受欢迎），或者玩拼图，或者互相讨论，这是他们最喜欢的。渐渐地，我越来越觉得这段时间可能是这一天中最有用的时间。有时候，女孩的讨论会变成窃窃私语、咯咯的笑声，或者男孩子的讨论会变成大喊大叫的争论。但总体来说，随着孩子越来越有经验，他们的讨论也就越严肃了，这对所有参与讨论的人都非常有益。首先，在那样的时间里，能干的学生和不怎么能干的学生之间的差别被打破了。有些成绩很差的学生很健谈，非常有趣，见闻广博，能够和班上成绩最好的学生平等地讨论和辩论。对此，有些老师说，习惯于在班上受到严格控制的学生，如果给他们自由时间，他们会不知道如何利用，会滥用这段时间。尽管问题不像他们想得那么严重，但确实是真的。有一个处理这个难题的办法，首先，缩短自由时间，可能十五分钟或者半个小时，限制他们讨论时必须小声。甚至还可以给出一些时间，可以自由活动，但是不允许说话。随着孩子慢慢地习惯了自由，发现了有意思的方式来利用这段时间，他们就能够从中得到更多益处了。通过以上方法，我们才能打破学校的因循守旧，使得教室成为能够进行越来越独立的学习、思考和讨论的地方。

无需多说，我们提高语言利用的能力，包括听、说、读、写等各个方面的能力，需要一个条件，一个唯一的条件，那就是只有当我们出于自己的目的，面对我们想要诉说的人，用那些话说出我们想要说的事情，只有这样，我们才能改善使用语言的能力。

第3章

孩子如何学阅读

孩子的抵制

莉萨三岁半左右的时候，她是一个大家庭里最小的孩子，在这个家庭里，每个人都喜欢读书，喜欢书。屋子里到处都是书：桌上、椅子上、床上、地板上……但是，家人对阅读的态度很随意，没有孩子曾被逼着去读书，也没有人想要迫使莉萨去读书。因此，当有一天她出乎意料地、相当挑衅地突然对我说“我能读书！”时，我着实吃了一惊。我惊讶地说：“噢，那当然了，我从来没有说过你不能。”向她挑战是没有意义的。她知道她不能读，她也明白我知道她不能。很显然，对她来说，知道自己无法做家里其他人——根据她目前的了解，那就是整个世界了——能做的事情，实在太丢脸了。为什么还要增加她的羞辱感呢？

几年之后，一个朋友跟我讲了他女儿的一件事，他女儿还不到一岁。有人给了她一个塑料哨子，她很喜欢吹，那是她最喜欢的玩具。一天，她的父母拿起哨子，看到上面有些小孔，很像雷高德[①]，于是开始用它吹出了一些调子。有那么一两分钟，父母两个人都很高兴，然后把哨子还给了孩子。让他们大为惊奇的是，她生气地把它推到了一边。从那时起，一直到她的父亲跟我讲这件事为止，她再也没有吹过那个哨子。

这件事让我想起了丹尼曾做过的一件事，那时他大概两岁半。我想他可能会喜欢教算术用的奎茨耐彩色棒，我很想知道他会拿它们做什么。于是，有一天，当我去拜访他的父母时，我带了一盒彩色棒。我打开盒子，给他看所有彩色的小棒子。他很着迷。就像原始人看到玻璃珠一样，这几百根亮闪闪的彩色木棒，在他看来就像是世界上最重大的财富一样。我们倒空盒子，把木棒都倒在地毯上，有那么一会儿，他只是坐在那儿，拿起一大把木棒，然后让它们从手指缝中滑落，沉浸在兴奋和喜悦中，看上去就像一个出了名的守财奴看着他的钱财一样。我现在才知道，我应该让他按照他自己的方式继续玩那些彩色棒，从中获得他自己的乐趣，用眼睛和手指获得关于它们的资料，逐渐地探寻它们的可能性。但是，那个时候，我觉得我必须让他开始“学”点什么。于是，我以一种我认为压力很小的方式开始了，甚至都没有说“看”，我从一大堆彩色棒中拿起一些，然后用它们在地板上组成了一个图案，想着他可能很快就会模仿我的做法。丹尼的父亲加入了进来，不久，我们搭了一个简单的、很矮的结构，我们认为丹尼能够成功模仿。搭完之后，我们看着他，他看了我们一会儿，面无表情。然后他一言未发地走过来，用手一扫，把我们搭的小建筑打倒了，棒子全都散在地毯上。我们很吃惊，问道：“你为什么那么做?”他只是看着我们。我们愚蠢地又搭了另一个构造，他又一次毁了它，看上去坚决多过生气。我们又试了一

①recorder，一种笛子。——译者注

次，结果还是一样。这时，我们终于聪明了一把，知道发生了我们不能理解的事情，于是我们就让这个小男孩用自己的方法玩彩色棒了。

可以肯定的是，孩子可以通过一种方法得到极大的激励和帮助，那就是人们经常说的“能力模范”——有人能做得比他好。但是，我们应该时不时地提醒自己，有时候“能力模范”可能能力太强了。儿童心理学家写了很多文章，描述他们称之为“婴儿全能”的理论。他们的理论好像是说，婴儿和小孩子真的相信他们能够做任何事情，只有在他们长大的过程中，他们才逐渐明白他们能做的是多么有限。我不相信这是真的，即使对婴儿来说。我相信即使是两岁或者三岁的孩子也不是这样的，他们很清楚地知道自己知道的事情很少，或者能理解的、能做的事情很少，对孩子们来说，知道这一点常常让他们感到害怕和丢脸。这并不是说我们必须对我们占有优势的知识和能力保密，不让他们知道，即使我们想那样做也是不可能的，更何况我们不想那么做。但是，我们必须意识到，孩子们的无知和笨拙经常让他们感到痛苦，我们必须谨慎，不要不断地、强制性地让他们意识到自己的弱点。能把每件事都做好的父母对他们的孩子来说，可能并非总是好的榜样，有时候，这些孩子因为他们永远不能指望像他们的父母那样优秀，因此他们会觉得哪怕尝试也是没有用处的。

对于老师来说也是这样。为什么孩子向比他们大一点的孩子学习时能学得很好，不只是因为大一点的孩子能够理解小一点的孩子的语言，能够用小一点的孩子的语言来说话，而是因为他是更有帮助的能力模范。孩子对体育运动，或者音乐，或者舞蹈，或者艺术，或者戏剧，或者其他任何事情感兴趣，有时想看看能把这些事情做得极好的成年人是怎么做的，这无疑是令人激动和鼓舞的。但是，作为日常榜样，比起那些稍稍年长一点的孩子、稍稍大一点的孩子、做事只比他稍稍好一点的孩子，这些专家的帮助可能要小一些。我现在明白了一件那个时候可能不明白的事情，在学校的时候，对吹奏我的军号感兴趣的孩子远比想吹奏长笛的要多，原因可能就是这个，对他们来说，我在吹奏长笛方面是个专家，而在吹奏军号时，我跟他们差不多，都是绝对的外行。

但是，让我把话题转回到莉萨那里，是她让我明白了这一点，或者说至少让我以开放的心智看待这个问题。我经常去她家，当她四岁左右时，我又去拜访了她家。我知道她对阅读感兴趣，于是我带了一些在学校教阅读时使用的材料，那是一些与“彩色文字”这种方法相关的图表。这一次，我已经学乖了，不会强行推销这些资料，因为孩子很早就学会了对成年人太多的热心要小心警惕。我没有说：“哦，莉萨，我买了最好玩的东西给你看，一直等到现在拿来给你看，我们会玩得很开心……”我只是把图表放在我的房间里，我知道当她去那儿时，她会看到的。果然，几天之后，她问我：“你房间里的那些大牌子是什么？”我说：“你是说那些上面写满彩色字母的东西吗？”“是的。”我说那是我在学校给那些正在学习阅读的孩子们用的东西，她说：“我能用吗？”我说：“为什么不，当然能了，只要你想用的话。”她说：“我是说，现在。”于是，我们把图表拿到起居室，把其中一些摊开在地毯上，开始学习。

通常，一个老师在用这些图表时，会指着某个特定的单词，问学生那是什么。但是，这一次我已经知道，当孩子必须给出一个答案，而这个答案可能不正确的时候，即使是很小的孩子也会感到非常害怕，变得谨慎起来并采取防御措施。我的做法是，我给了莉萨一个教鞭，让她问我，或者如果她觉得她知道，她可以自己说出来。换句话说，我试着把她从危险中解脱出来，让她自己控制游戏。有一段时间，我们是这样玩的：她问我单词，我告诉她；有时候她知道那个单词，会自己说出来。但是，只过了一段短短的时间，只有几分钟吧，她开始改变游戏规则，开始用不同的方式玩——她自己的方式。家里大一点的孩子有一个很好的朋友，叫亨利·哈里森，莉萨认识他。她开始自娱自乐，指着图表上不同的由三四个字母组成的单词，说："亨利·哈里森!"我试着小心地把游戏引到原来的方式上去，但是没有用。很显然，她不仅仅是厌倦了这个游戏，而且是主动地开始讨厌它了。果然，又过了一分多钟，她说她不想再玩了，于是我们把图表收了起来。在我拜访过程中余下的时间里，她没有再要求看它们。

这让我很费解。我如此小心地不要让她置身于危险之中，而且是她自己要求使用这些材料的，那么为什么她对它们这么快就失去兴趣了呢？在后来的一次拜访中，这种状况又发生了一次，那次是很不同的、另外的材料。只有经过了一段时间的仔细思考之后，我才开始对问题所在有所觉察。不管我多么努力地让游戏没有危险，避免让她置身于她可能会犯错的境地中，但我无法掩盖这样一个事实：这是一个游戏，对这个游戏来说，我知道任何事，而她什么都不知道，光这个就已经够吓人、够羞辱的了，超过了她愿意或者能够忍受的程度。

我应该做的是让莉萨想怎么用那些图表就怎么用，给她时间，让她去想象，让她去玩那些图表（如果她想玩），让她给我看，她想用它们做什么——如果有她想做的事情的话；让她问我问题，如果她想问的话。不过，即使我和她做了上面的所有事情，我还是很怀疑她会不会用这些图表教自己识字，就像伽特格诺（这种图表的创作者）希望的那样。很快，当她确实开始了这种学习时，她用的是真正的书本。

如果认为这是一种不寻常或者说奇怪的、或者说不健康的反应，那是错误的。这是一种非常人性的反应，在成年人和孩子中间都非常普遍。大多数时候，我们中的大多数人也根本不喜欢遇到对某件事的了解比我们多的人。尽管我恢复了许多在求学期间丢失的儿童般的好奇心，我依然能够经常从自己身上感觉到这种反应。就在前几天，在飞回波士顿的途中，我坐在两个男人旁边，他们正在热烈地讨论着高级生物学。一方面，我禁不住对他们说的话和画的图表感到好奇。但是，即使我努力想从他们的谈话中理解一丝半毫的意义，我头脑中的另一个部分却生气地拒绝承认他们谈论的事情的重要性。在很大程度上，我能控制自己自卫性的想法，继续倾听。但是，反应确实存在，跟我读《科学的美国人》时的反应一样强烈，那篇文章我完全看不明白。这样的反应是自然的，尽管没什么可骄傲的。即使在我们思想深处，我们也不想被弄得感觉自己无知和愚蠢。面对我们不了解的事情，我们就说那是不值得去了解的，想以此来保护自己。

当然，莉萨绝不会认为认字、阅读是不值得去了解的。她可能非常想要学会认字。她真正不满的是我没有经她的要求而主动教她。当她学习认字时，我们应让她自己选择、在她自己的时间里、用她自己的方式。这种独立学习的精神是一个学习者最珍贵的财富之一，如果我们想要帮助孩子学习，不管是在家里，还是在学校，都必须学会尊重这种精神，鼓励这种精神。

骄傲而敏感的孩子特别容易有这种反应。我知道莉萨就是这样的孩子，因此当她去学校上学，不得不屈从于正规的指导时，我很担心。她会抵制吗？看起来她好像会。幸运的是，她通过自学阅读解决了这个问题。好像没有人知道她是如何做到的，事实上，这是一件通常我们了解很少的事情。每年有许许多多的孩子自学阅读，我们最好能够找出究竟有多少这样的孩子，他们是如何自学的。

不管怎么样，莉萨去上幼儿园了，在那里，尽管老师不会尝试教孩子认字或者鼓励他们读书，但确实有很多书本、牌子、字母以及其他有用的材料。莉萨发现，在一大堆孩子中，没有人比她更能认字、读书，因此她一定作出了判断，不知道如何读书不是什么丢脸的事。后来，她一定又得出结论，既然大一点的孩子能够读书，他们一定学习过，如果他们能够学习，那么她也能。十一月下旬，她开始把入门读物和练习册带回家，自己做。当我第二年夏天再次看到她时，她正在阅读差不多二年级水平的书本，甚至在读一本简单的三年级水平的书本。

孩子自己能学会阅读吗?

有一天，莉萨和我坐在起居室里，两个人都在看书。她刚从公共图书馆儿童部借回四本书来，这是借阅的最大限度了。她挑了一本看起来最有趣的，然后坐在一张大椅子里，开始读起来。我能听到她的低语声，不过大多数时间我都听不清她在读什么。从她的语调和她安静的神态中，我有一个感觉，书里有很多字她知道，能够一看到就认出来，还有些字她必须停下来思考，可能运用她在语音方面的粗略的知识，也可能从上下文中猜，或者两者兼而有之。有些字，她就跳过去了，她不觉得她必须认得每一个字。不过，有时候她会遇到某个单词，既想不出来，又猜不出来，也不能跳过。这一天，她就发现了这样的一个单词。她慢慢地从椅子中站起来，拿着书，向我走过来。当她过来时，我看着她。她脸上露出一副坚定的、不妥协的神情。她指着书中的一个单词，问道："这个单词什么意思?"她的表情似乎非常明确地告诉你："现在请不要问我许多愚蠢的问题，例如'你觉得它是什么意思?'或者'你有没有试过把它读出来?'或者诸如此类的问题，如果我能做那些事情，我就不会站在这儿问你了，你只需要告诉我这个单词是什么意思，这就足够了。"我告诉了她，她点点头，回到她的椅子上继续阅读。

后来，我问莉萨的母亲，莉萨多久会问一个单词是什么意思。她想了一下，说："不经常问，一星期可能一次或两次，最多了。”这时，她又想起了什么，说：“不过很有趣，当她问了一个单词后，她就不会忘记。”是很有趣，但是一点也不奇怪，我们学会的东西，如果是出于我们自己的理由——我们真的需要知道它们——那么我们就不会忘记，但是，如果她一星期只问其他人单词一次，或者哪怕几次，这只解释了她认识的1500个字当中的200个而已，或者再多一点，那么其他的字她是从哪儿学来的呢？很显然，是她自己学会的。

还有一个五岁的孩子，名叫诺拉，她让我更多地了解了孩子自学阅读的有关情况——他们遇到的问题、他们解决或者尝试解决这些问题的方法。一个周末，我去她家拜访，尽管从诺拉还是个小婴儿起，我就再也没有见过她，但我们还是很快就成为了朋友。白天有时候当我看上去好像无所事事时，她会走到我面前，手里拿着一本书，问我能不能帮她读书。我说好的，于是我们就坐在沙发上开始读书。书名叫做《在爸爸身上跳》，是一本非常好的初级读物。图画很有趣、很好玩，单词是精心挑选的，用的都是非常常见的语音和单词，就像书名中的单词一样。而且，这本书还收入了一些新单词，孩子通过她已经掌握的词汇，看着图画，再加上一些聪明的猜想，就能领会出差不多所有的新单词，不需要帮助。因此，对一个试着自学阅读的孩子来说，这是一本非常有用的书。

开始的时候，我不清楚她想要我怎么帮她，或者我该做什么。大多数时间，我只是静静地坐在那儿，一言不发，对一个老师来说，这可是件相当困难的事情，尤其是像我这样的老师，觉得自己很擅长解释和帮助。最初的几页很容易，后来，她开始遇到更多她不认识的单词，必须想办法弄清它们的意思。只有极少数的时候，当她看上去的确一筹莫展时，我才会说点儿什么，即使那个时候，我也并没有告诉她那个词，只是建议她怎样才能弄明白这个单词。如果她在前面看到过这个单词，我就告诉她；如果她认识跟这个词押韵的单词、听起来很像的单词，我就告诉她那个。如果这个单词用的是全新的语音，她必须从图画和故事的大致背景中去想，我也会告诉她这一点。如果她还是不明白，我就告诉她跳过这个单词，继续读，可能下次看到时，就容易想出来了。大多数时候，她都会继续往下读，但是，如果她要求我告诉她那个单词，我就会告诉她。

理解孩子遇到的困难

就在我陪诺拉读书的时候，发生了一件奇怪的事情。诺拉读错了一个单词，而之前她是读对了的。这种情况发生了很多次。我觉得很困惑、很烦恼，就像在自己班上的孩子们忘了原本我以为他们已经学会了的东西时一样。我想："她已经忘了这个单词吗？或者她只是粗心，没有注意看，没有努力？"但不是这样的，很显然她在尽自己的最大努力，想要读好、全神贯注地投入到书本中。那么，怎么这一页上认得的单词，到了下一页她就不认得了呢？这看上去几乎像是种愚蠢的行为，但是，她很聪明，她没有欺骗、没有猜测，也没有试着让我为她做。这真是让人迷惑不解。

想要理解另一个人的学习问题，特别是小孩子的学习问题时，我们必须试着用孩子们的眼光来看待事物。这经常很困难。某件事事实上你知道，却要想象你不知道，这几乎是不可能的。我试着从诺拉的角度看这本书，开始意识到，对那些不认得字、不熟悉印刷字的人来说，所有的字看上去一定是滑稽的、弯弯曲曲的模样，它们看上去也都差不多。我们以为记住一个单词在这一页、下一页是什么样子，应该是件很容易的事情，那是因为我们认得这个单词。对一个孩子来说，他刚刚才第一次看到这个单词，这是不容易的，很难。他很难分辨一页中哪些单词是一样的或者说几乎是一样的，如果它们不一样，不一样在哪儿。我们有着行家的眼睛，能够看到重要的细节，但是孩子不能。

那时，我突然想起了几年前的一件事。我在教五年级的时候，偶然见到一个广告，那是一个制造数种东方语言的活字印刷铅字的英国公司，我请他们给我寄一些使用这些语言印刷的样本，他们寄给了我。我想，孩子们可能会感兴趣，他们可能想知道其他字母和书写是什么样子的。结果，他们不感兴趣，感兴趣的是我，这是因为那个时候我对孩子们初学认字时的问题非常感兴趣。有一天，我拿出一张纸，上面印着一些印度语，我想找到这一页上出现频率最高的单词。这件事的困难程度令人惊讶。开始的时候，这页纸上看上去只有一堆乱七八糟的奇怪符号。即使我把注意力集中在一个很短、很常见的单词上，我也花了很长时间才能一看到它就认出来、把它从其他单词中挑出来。我经常是看了过去，却没有注意到它。

同样，孩子也需要一段时间才能熟悉字母和单词的形状，才能看一眼就发现这个单词和那个单词很像，那个单词跟它完全不一样。因此，我们必须给孩子大量时间，当遇到看起来似乎迟钝或者愚蠢的错误时，也不要惊讶或者心烦。当一个孩子看着一页纸上的两个单词并很长时间也没有看出它们是一样的时候，突然，他大声地说道："噢，我明白了，它们是一样的！"这时，我们绝对不能以为他做的只是一件微不足道的小事。我们一定要意识到孩子有了一个真正的、重要的发现。

来自不识字的家庭的孩子在开始学习阅读时，处于非常不利的处境，原因之一可能就是他们不熟悉单词和字母的形状。这可能也是为什么我们在开始任何正式的指导前，应该给孩子时间去习惯、去熟悉字母和单词的样子的一个原因。事实上，在让孩子自己决定他什么时候想要开始学习阅读的众多理由中，这也是非常正当的一个理由。

不久前，一位老师跟我讲了她教那些不能读书或者不读书的、有障碍的小孩子的事情。聊了一会儿之后，她说道："我们教室里有很多书，孩子们都很喜欢用它们。但是他们不读，他们只是翻着书页，看着它们。我怎么才能让他们对读这些书感兴趣呢？"我提了一两个建议，在那个时候看上去是有帮助的。只是到后来我才意识到，对几乎从没看过任何书本的孩子来说，这种随意的翻看对学习阅读来说，是有意识的、几乎肯定是必须的第一步。在这些孩子能够思考特定的字母和字母组合是什么意思前，他们必须从大体上熟悉字母的样子，就像孩子在学会说话前，必须先熟悉话语的声音一样。大多数孩子开始阅读时，都会盯着字母看很长时间。这些不太幸运的孩子必须首先把这种经历补上。

为什么孩子会忘了第六页上的单词，而在第五页上他好像还认得的，这还有另外一个可能更重要的原因。知道我们知道或者以为我们知道，我们太习惯于这种感觉了，以至于忘了学习新东西、陌生东西时是什么样子的了。我们倾向于把事实和思想的世界分成两个部分：我们知道的和我们不知道的，而且我们以为任何特定的事实从"不知道"这一边转移到"知道"这一边的过程都是很快的。我们忘了对于刚刚学会的东西，我们经常会感到不确定，即使是很简单的东西，像一个名字或者一个电话号码什么的。所以，当孩子正确地读对了第五页上的"他"，而到了第六页却读成了别的什么时，我们不能理解这是为什么。

我们必须理解的是，当孩子想出第五页上的"他"读作"him"时，他并不是在我们了解的意义上知道，他也不确定这个单词就该这样读。出于某些原因，他可能没有意识到，当然也无法说出来，他只是灵光一闪，冒出个预感——这个单词读作"him"。他试了一下他的预感，成功了。但是，这次预感成功了，并不意味着孩子下次也能依赖这个预感。事实上，下一次，他甚至可能没有同样的预感。看到“他”，他可能以为这是另外一个单词。他需要有很多次的正确预感，检验它，看它是不是正确，之后他才能对它有把握。每次他读对的时候，他的预感就会变得更有力、更确定，但是，在预感变成我们以为的确定的知识之前，需要一段很长的时间，有些孩子需要的时间比其他孩子更长。

我现在更确定这一点了。孩子们关于任何事情的最初预感是非常微弱的，是试验性质的，是最轻微的一丝直觉，觉得某件事情可能是这样。每次孩子检验这些微弱预感的其中一条，并凭经历证实了这个预感时，这个预感就会变得清晰一点。我们可以说百分之五的预感变成了百分之十，百分之十又变成了百分之二十，依此类推，慢慢地，一步一步地，最终他们能够有信心地说出他们知道某某事是正确的，就像我在《孩子是如何失败的》一书中指出的那样，即使是“最好的”学校里“最聪明的”孩子也极少会这么说。

我自己在学习看乐谱时，也正是这样的一个过程，我学得如此之慢的一个原因就是，我还不太愿意相信我的直觉，每演奏一个音符，我都不停地对自己说：“你确定这对吗？你确定这对吗？”我现在才开始克服这个不好的习惯。如果我每次犯错误时，都有人在我头上敲那么一下，那么我肯定永远也克服不了这个习惯。

很多年前，在教五年级时，我就看到了这一点，那是以一种引人注目的、有趣的方式证实的。我想帮助一些拼写较差的孩子，于是我在一个叫做“视觉记忆测试镜”的装置上下了点工夫，这个装置可以把单词投射到屏幕上，单词在屏幕上只停留很短时间。我以为这样可能会帮助学生从总体上看单词，因而把单词的影像更牢固地嵌在他们的脑子里。但是，测试镜太贵了，远远超过了学校或者我能够负担的经济能力。于是，我发明了一个便宜的，不超过五美分。在一张 3×5 英寸的卡片上，我用黑色的标签笔以印刷体写上我希望学生看的、他之前拼错的单词，然后用一张空白的 4×6 英寸的卡片盖住写有单词的那张卡，都拿在手中，在告诉学生仔细看之后，我迅速地移开空白卡片，使那个单词露出很短时间，然后让学生大声拼出那个单词。规则是，他在试着拼之前，想看多少次都可以，他不一定非得试着把它拼出来，直到他有把握能够正确拼出来。

首先，我很好奇，想看看他们在感觉有把握之前，需要看多少次。通常，他们把单词拼出来前都会要求看几次，即使拼读的时候是用一种微弱的、不确定的、怀疑的声音。如果他们拼错了，我只会简单地说："再看一遍。"然后让他们再看一眼。当他们拼对了时，我会继续下一个单词。（所有这些单词都选自他们自己的作业中，只有这样，教孩子拼读的努力才有意义。）

有时候，即使他们已经拼对了，只要他们拼的时候听起来不是那么确定，我还是继续那个单词。比如说单词"horse"，开始时我会让他们看，想看多少遍就看多少遍，迟早他们会战战兢兢地说："H-O-R-S-E?"我会说："再看一遍。"让他们再看一眼，他们又会说"H-O-R-S-E"，不过声音中少了一点点不确定。随着每一次的重看和正确的拼读，孩子的声音会变得越来越肯定。最终，他们会变得很愤慨，生气地说着每一个字母，就好像我是一个蠢笨的学生，他们在努力教我一样。当他们的声音听起来真的很生气时，我会说："现在，你们认识它了。"然后继续下一个单词。在他们真的感到生气之前，他们可能想通过假装愤怒来缩短这个过程，但是他们从来做不到。只有当他们真的有把握，只有在百分之五的预感变成了接近百分之百的预感时，他们才能真正感觉到生气，听起来是真的生气了。当他们的预感越来越确定时，听他们语气中的变化是一件非常好玩的事情，就像看到指针从刻度盘上慢慢移动一样。

测验的害处

我们不停地测试孩子的学习，却经常会妨碍和破坏孩子的学习，甚至是在他们最有学习能力的时候，在了解了孩子的这些直觉后，我比以前更清楚地理解了这是为什么以及为何会这样。在《孩子是如何失败的》一书中，我说过焦虑的孩子经常感觉到被测试，他们对失败、惩罚、丢脸的担心严重削弱了他们感知和记忆的能力，逼得他们逃离学习材料，采取愚弄老师的策略，使老师认为他们已经知道了某件事实上他们并不知道的事情。为什么测试——至少是被测试者没有要求进行的测试——会破坏孩子的学习，在这里我要加几条也许是更重要的理由。

第一个理由跟直觉有关。当我们不停地问孩子问题，想知道他们是不是知道某件事（或者向我们自己证明他们不知道）时，我们总是打断了孩子用经验来检验他们的直觉的缓慢过程，而孩子正是通过这个过程来把那些直觉变成可靠的知识的。对孩子刚刚开始学的东西进行提问，就好像坐在一张刚刚黏合好的椅子上。椅子会坍塌。在压力之下，孩子不再尝试着去证实、加强他们微弱的直觉，而是就放弃了。记不清有多少次，我听到被测试的孩子这样说着他们的直觉："这肯定是错误的。"或者"我知道这是错误的。"在被问到探测性的问题时，他们通常回答说："我不知道。"但是，在他们思想深处，他们放弃了刚刚产生的直觉。他们只有用成年人专家对问题的答案来取代这个直觉，这是一个糟糕的取代。

因此，两岁的莉萨在餐桌上要求我们递给她东西，然后看递过来的是什么，她通过这种方式来检验她对这些东西的名称的直觉。如果我们在吃每顿饭的时候问这些小问题："这是什么，莉萨？这又是什么？"可能产生的结果和上面莉萨用自己的方式产生的结果会有天壤之别。

拉切尔·所罗门，我们的读者之一（也是志愿者之一）在《非学校教育的成长》中给我们写信，讲了她四岁大的女儿对问题的回应：

我给她读故事的时候，有时我会问她问题，看她理解了没有。她总是一成不变地回答："我不知道。"但是，她可以对她的弟弟复述那个故事，非常详细，非常熟悉。她还觉得她有权利对我们正在做的事情向我提一些傻傻的问题，如有多少苹果，那个公共汽车上的数字是多少等等，就像我问她的那样。因为我会回答，因此这变成了一个讨论事情的游戏，而不只是对我的小测验。我经常会问她公共汽车上的数字和字母等，想暗暗测试她的观察力。然后，她就开始向我描述她看到的东西，我意识到她的观察力远比我的要好。例如，尽管她对小汽车没有什么特别的兴趣（总之，她从来没有向我们显示过这样的兴趣），但是，她能告诉我我们看到的一辆汽车和我们朋友的一辆汽车的不同在于，其中一辆的尾灯侧面弯曲，而另一辆则不是。果然，这两辆车是同一型号，不同年份，灯的曲线几乎看不出来。

在他们实用的新书《学会阅读》中，布鲁诺·贝特尔海姆博士和凯伦·泽兰讲述了两个孩子，他们被要求朗读愚蠢的学习材料，并且不断地被提问同样愚蠢的问题，这让他们感到非常丢脸，觉得受到了侮辱，以至于他们根本无法回答，也不愿意回答。

那些已经把初级读物抛诸脑后的四五年级的学生相当明确地描述了对我们的怨恨。一个很安静的男孩——他宁愿自己阅读或者学习，而极少参与课堂学习——带着强烈的情感发表了他自己的意见。他说读出初级读物中的东西让他觉得如此丢脸，以至于他做不到。尽管他现在非常喜欢读书，但是他说他朗读时依然有困难。

愚蠢的问题不仅让孩子们感到羞辱和生气，而且经常会使他们发生混淆，以至于破坏了他们原先已经学会了的东西。事实上，他们可能知道这些问题的答案，但是，他们会想：“那个不可能是对的，不可能那么简单，否则他们一开始就不会问我这个问题。”于是，孩子们不说他们真正知道的正确答案，更糟糕的是，他们经常在自己的头脑中放弃。他们可能失望地胡乱给出某个别的答案，或者根本就什么都不说。

于是，在我们无休止的检验和测试中，大多数时候，我们所能得到的结果就是孩子不会说出他们知道的答案，哪怕那个是正确的答案，因为他们对自己的答案没有把握；或者尽管对自己的答案有把握，却保持沉默或者给出错误的答案，因为他们对问题感到很生气，或者因为他们担心老师给他们设了一个陷阱。根据这些错误的答案或者没有答案，我们成年人继续做出错误而有害的判断——孩子知道了什么，需要教他们什么，怎样教他们等等。因为这些错误的判断，我们将很多——可能数百万——这样的孩子定性为患有某种被认为不可治愈的“学习障碍”。

我们所有这些测试造成的最严重的后果是伤害了孩子的自信和自尊，使他们不再相信别人信任他们能够学习，因而也就不再相信自己，因为每一个未经请求的测试都是一个对初学者没有信心的声明。我对你所学东西的检查证明了我担心你还没有真的学会。对小孩子来说，这种反反复复的对他们没有信心的表决是极具破坏性的。

有一次，一个有关“学习障碍”的州协会邀请我去参加了一整天的会议和晚餐。晚餐时，我坐在协会主席的妻子旁边，晚餐刚开始时，她就对我说："我们的孩子总是会失败，但至少他们知道那不是他们自己的错误。"后来，她跟我讲了她自己的儿子，大概五岁时第一次正式学习，结果以失败告终。他好像学得比其他孩子慢，这让他的父母很担心，也很难堪，于是带他去了某个中心进行了大量的心理测试，结果，他的母亲告诉我，中心给他做了一个拼图性质的测试，让他把图拼好，即使是三岁水平的测试，他也无法完成，只是看着它说："我做不了！我做不了！"然后就大哭起来。我说我很遗憾，但是，沉思了一会儿之后，我突然有了一个可怕的直觉，我说："那个他不能拼的拼图上是不是写着适合几岁水平？"她没有看到我问题的关键，说："当然了。"为了确定，我又问道："拼图上是不是就写着'三岁'或者类似的东西，任何人都能看到？"她说是的。我很吃惊，坐在那儿没有说话。即使我有什么话要说的话，当时也不是争论的时候，地方也不合适。

但是后来，我经常想到那个发生在心理学家办公室的场景，想到那个孩子一定经历了这样的场景。那场景简直就是一场噩梦。在很多个月里，可能很多年里，他已经感觉到他的父母在担心他，甚至为他感到羞愧。最后，在紧张和恐惧的沉重氛围中，他被带到一个陌生的地方，在那儿，陌生的人盯着他，问他一些奇怪的问题，让他做一些奇怪的事情。很显然，所有这些人也认为他有什么毛病。最后，他们让他拼一幅拼图，上面清晰地写着那是给三岁的孩子拼的。无论如何，男孩明白了，意识到所有这些成年人，包括他的父母在内，都认为他不够聪明，甚至连任何三岁孩子能做的事情他都不会做。面对这个对他没有信心的压倒性的表决，他崩溃了。他不应该崩溃吗？如果这些人当中没有一个人对他有任何信心，那么他怎么能对自己有信心呢？他自己也可能清楚，正如他的父母后来清楚地对我说的一样，他失败后，他的父母在某种程度上有点安慰，他们可以告诉自己（以及其他任何人)，那不是他们的错。

通过这样的方式，这些成年人毁掉了那个孩子大部分的信心和智力。可能他现在真的是有“学习障碍”了，但他们以及他们连续不断的、担心的测试肯定要对他的这种障碍负很大一部分责任。

孩子能自己纠正错误

正如我在《孩子是如何失败的》中指出的那样，上学时总是忘记东西的孩子，其原因可能不全是因为他们的记忆力很糟糕，更多的原因可能是他们不敢信任自己的记忆力。即使他们对的时候，他们依然感觉自己是错的。他们的直觉告诉他们某件事是这样的，但是他们始终不太愿意跟直觉打赌，把它变成确定的事实——那件事确实是这样的。例如，在教那些拼写较差的孩子时，我经常发现他们对如何拼写一个单词的第一直觉往往是正确的。但是，他们不相信那个直觉，他们想：“肯定错了。”然后试着找出某个其他拼写方式，这就会导致他们写错，从而进一步破坏他们的信心。

因此，当诺拉读书读错时，我控制住自己，没有去纠正她，甚至没有指出来。因为那可能会使她感到紧张和害怕，不敢试验她的直觉，反而想着要想办法从我这里得到答案。没有人喜欢被纠正，即使是成年人也不喜欢。我们没有像萨姆·约翰逊那样的自信，有一次，一位女士问他，在他写的一份东西中，怎么就拼错了一个单词，他回答道：“我完全不知道，女士。”极少有成年人，也极少有孩子，能以这样的精神接受纠正，对于我们大多数人来说，那是对我们不稳固的自尊的沉重而痛苦的打击。

但是，很快我就惊奇地发现，不指出诺拉的错误，还有一个更为重要的原因。在不受打扰、没有催促、没有压力、没有忧虑的情况下，她能够自己发现并纠正大多数的错误。记录她如何做到这一点是一件非常有趣的事情。当她犯了一个错误时，一开始她极少注意到，但是随着她继续阅读，我能够感觉到她开始有一种不安的感觉，感觉到什么东西错了，感觉到她刚才说的东西没有道理，跟她说的其他的事情不一致。例如，在某一页中，她把“him”读错了，可能读成了“tom”。开始的时候，她可能满足于此，但是在下面的一页中，她会发现和刚才读的不一致的东西，她可能会发现“him”，在那儿不可能是“tom”的意思，或者她可能发现“tom”，然后读对了。或者她可能发现其他有“i”或者“o”的单词。无论如何，她开始意识到，在前一页中有什么东西不太对。起初她试着忽略这种感觉，她不想翻回去，她想继续往下读，读完这本书。但是，这种感觉到什么东西不太对的意识一直萦绕在心头，不断地困扰她，就像鞋中的小石子。最后，在经历了烦躁、局促不安之后，她会生气地把书本翻回去，想要找到她做错了什么。大多数时候，她都能找到她的错误，然后纠正它。

这种情况经常发生，但不是每次都会这样，有些错误她始终没有意识到，可能是因为下文中没有任何东西立刻跟着，使她能意识到那些错误，可能是因为她太专注于继续读了，没什么东西能打扰到她。但是，大多数错误她都能意识到。就像许多或者说大多数小孩子一样，她有一种强烈的愿望，想看到事情一致，有意义，结果正确；还不止如此，当她看到事情不一致时，她有能力发现哪里出了错误，然后把它们纠正过来。

我想帮助一些教师，想使他们（以及他们的学生）免除烦恼，于是，我把这个发现告诉了很多老师。其中很多人听到这一点之后非常生气，有那么一会儿，这让我非常震惊。现在我明白了，这对他们是一种威胁，他们需要感觉到，没有他们，孩子无法学习。

有很重要的一点需要注意，诺拉能够注意到并且纠正自己的错误，有一个事实对此有很大的帮助，那就是她读的是一个真实的故事，那个故事她已经知道，而且很喜欢。在《学会阅读》一书中，贝特尔海曼和泽兰非常清楚地表明了，在阅读中就像在其他任何事情中一样，孩子在寻找意义，也就是说，他们在寻找任何能帮助他们最好地理解他们所生活的世界的东西。如果文中没有任何意义——学校的阅读书籍越来越如此——如果只是一些简单的单词，以最无意义的方式一遍遍地重复，或者，如果文中不管有什么意义，看上去都是无趣的、不真实的、虚假的——这种情况也经常都是真的——那么孩子或者拒绝阅读课文，或者改变里面的单词，“纠正”它，使它更有趣、更真实。问题是，老师经常对这些“纠正”、这些替代单词作出反应，就好像这纯粹是粗心和愚蠢的错误。我们努力让阅读对孩子变得更容易些，给他们更简单的书本去读，但是，我们努力的唯一结果就是使阅读变得越来越枯燥，越来越虚假，因此也就越来越难。我们几乎从来不会因为给孩子太多信息而伤害到孩子，只要这些信息在他们的理解范围之内。只要我们不再努力强迫孩子们学习，他们会利用他们所需要的，而把现在不需要的放在一边，以备后用。但是，如果我们给孩子们的信息太少，则很容易使他们感到厌倦和混乱。

关于孩子们意识到错误、发现错误和纠正错误的能力，我们必须记住的是，那需要时间才能起作用，在压力和焦虑之下，那根本就不起作用。但是在学校，我们几乎从来不给孩子时间。当孩子在学校犯了一个错误时，例如在朗读小组里朗读时读错了，他会马上从周围获得信号，可能是小组里或者班上其他同学发出咯咯的笑声，或者用手捂住嘴巴，或者做鬼脸，或者举手向老师表明他们比那个不幸的阅读者知道得更多。可能老师自己会纠正那个错误，或者说：“你确定吗？”可能老师很富有同情心、很和善，正如很多老师那样，她只会笑一笑，一个甜美却令人沮丧的笑容，但在孩子看来，这是学校给他的最严厉的惩罚之一，因为它表明，他伤害了那些他接受教育必须依赖他们的支持和赞成的人，他使他们失望了。不管怎么样，都会有事情发生，不仅是告诉了孩子他犯了错误，而且他身边每个人都知道他犯了错误。就像处于这种境地的其他大多数人一样，孩子会觉得非常羞愧和尴尬，这足以使他无法思考。即使他有足够的信心，在面对这个公开的失败时能够保持一定的清醒头脑，他也没有时间去寻找、发现并纠正那个错误。对老师来说，他们不仅喜欢正确的答案，还喜欢这些答案马上给出来。如果孩子不能立刻纠正他的错误，其他人会给他纠正出来。

这样做只会造成巨大的损失。孩子们利用自己对一致性的感觉，利用他们要求事物匹配、有意义的感觉，来发现并纠正自己的错误，他们这样做得越多，就越会感觉到这种利用头脑的方式是行得通的，也就会更加善于这么做。他越来越感觉到，至少大多数时候他能够自己领会出哪些答案有道理，哪些答案没有道理。但是，如果像通常发生的那样，只要他们一犯错误，我们就立刻指出，甚至更糟糕的是，给他们纠正出来，那么他的自我检查和自我纠正的能力就不会发展，而会逐渐消失。他可能会感觉到他不再拥有这种能力，或者感觉自己从来不曾有过这种能力，或者永远也不会拥有。他可能会变得像我认识的五年级的孩子一样——他们中的很多人都是“成绩很好”的学生——习惯于拿着作业到我跟前说：“这对吗？”如果我说：“你觉得呢？”他们会看着我，好像我疯了一样。他们怎么觉得？他们觉得的和什么是对的有什么关系吗？老师说的才是正确的，不管老师说的是什么。最近，我经常听到大一点的学生——也是能干的、成绩很好的学生——也经常说同样的话。他们不能对自己的学习作出任何判断，全由老师决定。

老师能为初学者做的最重要的事情之一，就是让初学者尽量少地依赖老师。我们需要让学生自己发现他们做的是不是对，是不是有意义。在算术课上，有很多可以这样做的方法，其中有些方法我们在《非学校教育的成长》中已经建议过了。

孩子是怎样开始阅读的

许多孩子像哈勃·李写的《杀死一只知更鸟》中的女主人公斯考特·芬奇一样学习阅读。她的父亲给她朗读时，她就坐在父亲的腿上，父亲读的时候，她就用眼睛看着那些单词。过一会儿，她会发现她认识了很多单词，从中她懂得了语音方面足够的知识或者说直觉，因此她开始能自己判断出单词的意思了。就在前几天，一位朋友告诉我，他的弟弟大约在四岁时才开始这样做。他能够判断出他父亲或母亲下面要读的那个单词是什么，随着他这种能力越来越熟练，他开始想看看在父母读出来前，他能不能自己先小声读出来。有一天，他的父亲读的时候停顿了一下，听到了小男孩自己轻轻地接着往下读，直到他意识到他的父亲在看着他。

我认识的一位父亲，他女儿三岁左右的时候，他经常给她朗读一本有插图的《鹅妈妈》。到她四岁的时候，她已经非常熟悉这本书了，只要父亲翻到某一页，她都能背诵出来，几乎能逐字地背诵所有章节。当她开始自学阅读时——她很快就能这么做了——这一定是一个很大的帮助。从这本书中，她能够利用一些她已经认得的单词储备。反过来，从这些单词中，她又能获得一些语音上的知识——书写出来的字母和说出来的声音之间的关系——这会帮助她认识其他的单词。

这可能会帮助很多孩子开始阅读，如果他们的父母给他们朗读的话。但是，这不是什么魔力丸，如果阅读对父母和孩子来说都很无趣的话，那么这样做只会弊大于利。汤米，至少在我最后一次见到他的时候，他从未显示过他对别人给他读书感兴趣。有一次，我们去市区购物，我给他买了一本书，那是我让他在书店里自己挑的。这件事让他很兴奋。我们一回到家，他就让我给他读那本书。他一直不让我停下来，直到我读完整本书，在整个诵读的过程中，他一直静静地坐着，全神贯注，这样的他可不是很常见的。但是，他从来没有要求我再读一遍，而且当我这样建议时，他也没有表示出特别的兴趣。在他生活中那个特别的时刻，有其他事情更让他感兴趣。

即使是喜欢别人给自己朗读的孩子，例如丹尼，如果父母不喜欢朗读，他也不会喜欢。一天晚上，就在丹尼睡觉前，他让妈妈给他读书。她从手边一堆书中拿出一本图书，然后开始读，同时露出了一个迹象，一个表示她累了的迹象。那本书并不是特别有趣，妈妈以前已经给他读过很多遍并尽力使故事听起来有趣，但是，孩子能迅速感知我们的情绪，丹尼很快开始局促不安，变得烦躁起来。因为朗读对妈妈来说不好玩，那么对他来说也不好玩。很快，他就说他不想再听了。

如果我们不喜欢一本书，或者读累了，不想再读，那么就应该告诉孩子，这样做是没错的。如果我们读我们喜欢的书，就像孩子那样喜欢，那么他会更享受我们的诵读。事实上，因为孩子很可能要求我们朗读任何一本我们送给孩子的书，因此在送孩子书之前，要确保大部分的书我们自己喜欢，那样我们才能做得更好。

我的意思是说，足够喜欢的书，我们会很高兴去读，不是读一次、两次，而是很多次。

不要总给孩子读“简单的”书

我们也没有理由觉得我们必须总是给小孩子朗读“简单的”书、他们能“理解”的书。如果我们读的东西我们自己喜欢，读的时候带着丰富的表情和喜悦，那么孩子可能也会喜欢的，至少会喜欢一段时间，哪怕他不能理解所有的内容。最重要的是，孩子喜欢听到大人说话，即使大人的话有很多甚至大部分他们都听不懂。朗读也是一样。有一次，在教一年级学生时，我决定试试给他们朗读一些难一点的书，以前给他们读的都是非常简单的书。我选择了A·J· 丘奇著的《给男孩女孩的奥德赛》，我小的时候很喜欢这本书，但是，很多老师会觉得这本书对一年级的孩子来说太超前了或者说太难了。但是，班上的学生非常喜欢，在接下来的几天里，他们要求我再多读一些。

现在，我们已经收到了很多寄到《非学校教育的成长》的信件，是关于孩子通过别人向他们朗读而学会了阅读的，其中很多信件我们都刊登了。但是，如果父母给孩子朗读只是为了让孩子学会阅读，那么整件事可能会弄糟的。朗读唯一正确的理由就是和你的孩子分享你喜欢的故事带来的愉悦。任何感觉不到那种朗读愉悦的人都不应该去朗读，孩子会发现其他途径去学习阅读。我就是在其他人开始给我朗读之前自学读书的。

不要总给孩子读“带图的”书

不久前，一个还不会阅读的七岁孩子的母亲跟我说，孩子曾问她：“我为什么要学习阅读？我能说出我所有的书都讲了些什么，只看图就行了。”如果给小孩子和初学者阅读的书单词太少而图画太多，会让很多孩子难以确定故事是从哪儿来的。他们可能以为故事在图画中，我们的朗读只是在讲一个图画中的故事。我小的时候，儿童书籍主要都是单词，图画很少。我们知道如果我们想要弄清楚这个故事讲了什么，我们必须学会认单词。

贝特尔海曼和泽兰在《学会阅读》一书中强烈地指出了这一点。学校基础读物的出版者多年来不断地使用越来越少、越来越简单的单词，与此同时，他们采用的图画却越来越多。

我还记得一件事。有一天，我带着一本书走进三岁孩子的教室，书里面一张图也没有，我坐在角落里，开始小声地诵读。过了一会儿，有些孩子注意到了，开始听我读。他们一个接一个地走过来，看我在读什么。当他们看到书，发现上面没有图时，第一反应是很惊讶。然后又看我、听我读了一段时间之后，他们中的不少人会指着书上的某个单词问我："那个是什么意思？"我会告诉他们。他们没有人待很久，因为那不是一本很有趣的书。但是，他们所有的人都有了一个重要的想法，这个想法对他们很多人来说都是新奇的，那就是，书上的那些黑色的记号用某种方式说了什么东西。

最近，我收到汤米的母亲的来信，说汤米现在对单词的意思很感兴趣，而一年前他对书本、阅读或者写出来的单词还不怎么感兴趣。他不停地问她罐头上、瓶子上、谷类食物的包装盒上写了些什么。他更喜欢长的单词，他发现商标上昨天写的是"什锦水果"，今天依然还是它，一直都是，他觉得这很神秘、很令人激动。事实上，那确实很神秘、很令人激动，因为利用书写这种形式，我们可以把那些像想法和言语一样容易消逝的东西冻结和保存下来，想保存多久就保存多久。

我还记得我第一次发现书写形式的单词意味着什么东西时的情景。那个单词是"洗衣店"。我当时大约四岁，可能还要小一点，很小，因此还没有人开始教我单词的意思。我们住在纽约。在走过街道去公园或者其他什么地方时，我们会经过很多商店，看到很多招牌。这些招牌大多数都没什么东西能帮助一个小孩子理解它们在说什么，例如，杂货店的招牌上写着“Gristede’s”、“First National”、“A&P”；药店的招牌上写着“Rexall’s”、“Liggett’s”等等。但是，每经过一家洗衣店的时候，招牌上总是写着“洗衣店”。我一定看过了十次、二十次、一百次那样的招牌，在招牌下面的橱窗里，衬衫和其他干净的衣服告诉我这是个洗东西的地方。然后，有一天，我意识到，商店上的那些字母、橱窗里的衬衫，我知道这家商店是干什么的，这几件事情之间有一种联系，商店上的那些字母告诉我，它们在那儿就是为了告诉我，这个地方是洗衣店，也就是他们说的是“洗衣店”。

这是我所能记起的我教自己认字的情景。

孩子的进步并不总是按照“时刻表”

吉恩是一个非常聪明、思维敏捷、善于表达的孩子，但是，她一年级的时候还没学会认字。她的父母，包括学校里的我们这些老师，都觉得这很奇怪，因为她那么聪明。她好像也不害怕读书，她还没尝试过学习和失败，她只是不去尝试。她的父母非常通情达理，没有大惊小怪，也没有担心，他们还劝学校也不要大惊小怪，不要担心，只要让吉恩跟着她的班级就好。在她的三年级快要结束的时候，她尽管还是那么活泼，那么善于表达，那么好奇，但依然不认得字。学校和她的父母对此讨论过很多次，决定给她一个机会。他们向她指出，四年级要读很多书，他们几乎所有的学习都来自书本，几乎所有的讨论都跟书本有关，如果她不会读书，那么她会感到很难、很枯燥、很混乱。她是想无论如何都要跟着她的班级继续向上升，还是想在三年级再待一年以赶上班级呢？吉恩想了一会儿，然后说她想和她的班级在一起。到了第二年冬天时，她已经能够读得跟她聪明、能干的同学一样好了。

后来，我认识了一个男孩，他在家里学习，由他的父母教他（他们两个人白天都要工作），这个男孩直到八岁以后才会阅读。当他 11 岁时，他搬到了一个新的城市，他想要去学校，这样可以认识一些其他的孩子，还可以看看学校是什么样子。学校对他进行了正常的阅读测试，他的分数达到了十二年级的水平。但是，他当然没有每天花几个小时学习阅读技巧、接受测试，以确保他已经学会了它们。他可以把这段时间用来阅读。

下面是一个小男孩的母亲写的一封信，这个男孩所在的学校不要求学生上课，而是当他们想学的时候就学习，可以学习他们喜欢的东西，可以从周围比他们大的人身上寻求任何帮助。这个男孩在他以前的传统学校里，学习有很大的困难，一直没有学会阅读，于是他七岁的时候去了这个学校。两年后，他的母亲写道：

（他）直到大约上个月之前，还没有上过一堂课……但参加了“标准成绩”考试和 IQ 测试，我们发现他的阅读水平达到了十级，数学水平达到了九级，还在学电子学以及几个其他领域的知识，这些在公立学校都是没有的，即使高中生也没有这些课程。

电子学显示了这个仿佛是奇迹的事情其实是多么的不容置疑。没有写给小孩子的电子学手册、课本和指导书。要用这方面的书，你必须能够认得这样的单词，像“电阻器”、“电容器”、“电位计”等。毫无疑问，这个男孩开始时必须有人帮助他，但是，在他学习阅读电子学基本术语的过程中，他肯定掌握了关于字母和语音的足够知识，使得他能够阅读他看到的任何单词。要想学习电子学，你还必须懂得运算，通过二进制算术往上加，因此你还必须学会二进制，你还必须懂得大量的电和电路的知识。

时刻表！我们的行为就好像把孩子当成了按照时刻表运行的火车一样。铁道员认为如果他的火车要在特定时间到达芝加哥，那么它必须准时到达沿线的每一个车站。如果火车到某一个站时晚点十分钟，他就会开始担心。同样，我们说如果孩子去上大学的时候需要懂得那么多，那么在小学一年级结束的时候，他必须知道这个，在那个年级结束的时候必须知道那个。如果在这些中间站中，其中有一个孩子没有能够按照我们所想的那样到达，我们马上就会假定到达终点时他会迟到。但是，孩子不是火车，他们不是按照平均速度来学习的，他们的学习是喷发式的，他们对所学的东西越感兴趣，这些喷发就可能越快。

不仅如此，他们的学习顺序很多时候在我们看来似乎是不合逻辑的，也就是说不是我们以为的先学简单的东西，后学难的东西。孩子们始终是意义的探索者，他们可能先从难的东西开始，因为那些有更多的意义、跟世界的分离更少（用佩珀特的话来说），然后根据这些难的东西学“简单的”东西。阅读好的孩子当然知道很多“语音学”的知识，但是，他们从单词学到的语音学知识可能跟他们从语音学知识学到的单词至少是一样的。从没有人告诉过我字母“ph”的发音为\ ［f\］，那是我自己想出来的，可能是从那些难的单词，像“photograph”、“telephone”上想到的。

我想到一个我曾经认识的“毫无希望的”学生，现在已经长大成人，是一个技术精湛的、成功的商业摄影师，她刚开始从事严肃的摄影时大概是14岁，她花了几个月的时间就学会了所有的算术学，因为她需要用到它，而在以前十年的学校生涯中她始终无法学会这些。像这样的事例举不胜举。

从易到难的学习过程在一些纯身体技能的学习中可能是真的，例如体育、体操、芭蕾或者演奏乐器——不过即使这些也不是“纯粹”身体的，没有任何学习是纯粹身体技巧——的学习时，我们通常是先学简单的动作，再学难的动作。这是身体的运作方式，但是大脑运作不是这样的。什么让事情容易或者困难，对我们的大脑来说，跟这些事情包含多少知识没什么关系，最重要的要看这些事情有多有趣，这里再次重申一下，要看这些事情有多少意义，它们跟现实看上去有什么联系。

我在这里并不是想说，所有自学的孩子都会发现什么东西让他们感兴趣，就像我上面提到过的那个对电子学感兴趣的男孩一样。我要说的是，当他们用自己的方式，出于自己的理由学习时，他们会比我们教他们时学得更快、更有效，因此我们可以扔掉我们的课程计划、时间表，给他们自由，至少大多数时间里，让他们自己学习。

我现在会说“所有的时间”。孩子不需要被强迫学习，不需要别人告诉他们去学什么，或者告诉他们如何去学。如果我们给他们足够多的机会去接触这个世界，包括我们自己的生活和工作，他们会清楚地看到什么东西对我们和对别人来说是真正重要的，然后，他们能够自己选择一条进入那个世界的道路，他们选择的道路会比我们给他们选择的更好。

我们对时间表的着迷在阅读的学习中是最没必要、最不明智的行为。我们给孩子学习阅读造成了太多的困难。老师们可能会说：“但是阅读肯定是困难的，否则就不会有那么多孩子在这方面有麻烦了。”我要指出，正是因为我们以为阅读很难，才造成了许多孩子在这方面有困难。我们的焦虑、我们的担心、我们为“简化”那些已经足够简单的东西而做的愚蠢的事情，导致了大多数的麻烦。

“写”是为了表达

事实上，学习阅读究竟有多难呢？为了学习阅读，必须要学哪些知识呢？我们必须要学的是书写的英语表示口头英语语音的各种方式。这样的语音有多少？大概45个。需要多少字母、多少字母组合去代表这些声音呢？大约380个。假使每个声音只用一个字母表示那该多好，就像意大利语那样。但是，380个字母和字母组合也没什么好恐慌的。当平常的孩子开始上一年级的时候，他知道了多少单词？五千个或者更多。而这些单词当中有很多不止一个意思，只要迅速查一下字典就明白了，因此孩子们知道的单词意思不止五千条。这还不是全部。他知道大量的英语习惯用语，这些习惯用语给外国人造成了很大的麻烦。而且他还知道了这门语言大部分的语法。尽管他可能并不知道英语结构的名称，但是任何结构他都能理解，或者能用于他自己的话语中。那些语法远比英语复杂得多的国家的孩子也是一样，他们的语言充满了变形词尾、动词词尾、词性、呼应等等，各种我们不需要烦心的东西。从全世界来看，孩子到六岁的时候，就能掌握数量如此惊人的知识，掌握其中的大部分，而大多数都是他们自己学习的，正如我已经讲过的那样，不需要任何我们所谓的正式指导。跟这个任务相比，学习阅读英语的任务就非常非常简单了。当然了，这个任务肯定不能一蹴而就，但肯定也不值得我们在上面投入太多担心和苦恼。我们的担心、简化和教导，得到的结果只能是让阅读对孩子来说变得比它原本的要困难一百倍。

从那时以来，对阅读的教育方法已经变得更“科学”，更支离破碎了（五百种技巧！），不仅跟现实脱节，还跟真实的书本、真实的报纸、真实的杂志、真实的人说的真实的话带来的乐趣脱节。我们的阅读麻烦越来越严重了。

在我去欧洲的时候，我开始重新学习早已被忘记的、在学校里学过的法语，从头学习意大利语，那些招牌帮了我很大的忙。在那个时候，至少大多数欧洲的商店上面都有一个招牌，就像我们的洗衣店一样，告诉我们这是什么商店。这使得我自学这些单词变得容易了。还有一些有帮助的牌子，像“入口”、“出口”、“男”、“女”、“电话”、“禁止停车”、“紧急通道”、“公共汽车站”、“加油站”、“餐馆”……后来我突然想到，如果家中有许多这样的牌子，可能会帮助孩子在脑子里建立一个已知单词的储存库。我想到用 3×5 英寸的卡片来做这样的牌子，例如“门”、“窗”、“厨房水槽”、“椅子”、“桌子”、“楼梯”、“灯开关”等等，然后把它们贴到正确的地方。我向一个朋友建议了这个办法，她有几个小孩子。她大笑道：“大一点的孩子会把它们撕掉，小一点的孩子会把它们吃掉。”这让我受到了一点点挫折。不过后来，当莉萨四岁时以及当她五岁时，我做了很多这样的牌子，把它们贴在家里。开始的时候，她好像对它们不是特别感兴趣，不过她会看着它们，可能从中学到了一些东西。当她大一点的时候，她变得很感兴趣，想要自己做。

在汤米四岁的时候，我决定给他做一些这样的牌子。这一次，我决定如果在每张卡片上写不止一个单词，从长期来讲，可能对他更有帮助，例如“这是一盏灯”、“衣服柜子”、“这是洗衣机”等。尽管开始的时候会比较难弄明白它们的意思，或者很难记住每张卡上都说了些什么，但这会给他提供更多数据，从中他可能会领会到像“这”、“一”等这样的单词。他对此兴致很高，看着我制作卡片，当我张贴它们的时候，跟着我四处跑，问我问题。我效仿希尔维亚·阿什顿-沃纳说，我要做一张卡片，它会说任何你想要它说的话。这时，他表现得非常像那些大一点的孩子——九岁或者十岁对这个最在行——他们关上自己房间的门，门上贴着告示，警告他人不准进入，否则施以最可怕的惩罚，包括死亡。我们之前在院子里搭了座帐篷给他玩，他马上要求我给他做一张卡片，上面写“不准进入这个帐篷”，我给他做了，他把卡片贴在了帐篷上。

然后他想要做卡片，我说“好啊！”，并给了他一些卡片和一支标签笔。我暗暗希望他会开始尝试复制一些我写的单词，或者至少采用我写过的一些字母。但是，他并没有从这个角度看待这个工作。他看到的是，你想到什么事情要说，然后在卡片上画一些记号，那就是那张卡片说的内容了。你采用什么记号并不重要。他画的大多数记号大致都是些 O 啊、U 啊的字母。他沉浸在这个工作中，很快就把他的牌子贴得到处都是，通常贴在我的牌子的旁边。

这里我犯了一个错误，显示了我依然醉心于目光短浅的、以为有效的学习方式中。我开始感觉到汤米对制作他的牌子太感兴趣了，以至于对看或者复制我“真实的”牌子没法感兴趣，事实上，他也不感兴趣，他看到的工作就是把牌子贴得到处都是，上面画上一些记号。于是我作出判断，这个活动并不是很有帮助，他玩这个还太小，不会从中学到任何东西。我不再做任何新的牌子，把卡片和标签笔都收了起来。过了一段时间，我做了一件可能是最愚蠢的事情，我开始把他的一些牌子摘下来，只留我自己的在上面，我想，为什么要弄混他呢，为什么不只把正确的字母留在上面呢？后来我才突然想到，对他来说，自己发现我的牌子和他的牌子很不同，这可能是很有帮助的，这可能会让他看到——不是学习，只是看到——它们不同的地方。

也是后来我才突然想到，他从制作卡片中发现的是他可以发现的最重要的事情：书写是表达一个人想法的方式，是一种神奇的、沉默的话语。我从他画的记号中看不出他要说什么，这又有什么关系呢？重要的是，他真的觉得他在说些什么。这正是书写的感觉，很多孩子在上学的时候从未有过这种感觉，这使得他们的学习，不管是写作还是阅读，看起来都如此死气沉沉、虚伪做作、毫无感情。如果从一开始，他们就能够把写作当成说点儿什么的方式，把阅读当成了解其他人说了什么的方式，那么他们写作和阅读时会有更大的兴趣，会让他们更激动。

我现在明白，汤米第一次制作牌子和书面英语之间存在的联系，正如婴儿最初的咿呀学语和口头英语之间的联系一样。我应该鼓励他继续在书写方面咿咿呀呀。过一段时间之后，几乎可以肯定，他会开始想办法让他的书写像其他人的书写一样。同样也很容易巧妙地让他知道很多人都能够阅读传统的书面作品，而只有他才看得懂他自己的作品。最后，他会开始产生兴趣，希望写出其他人能看懂的东西。

每次我想到这件事，我都会对这次的错误更加后悔。当我取下汤米的牌子时，我有没有让汤米不高兴或者让他沮丧？他从来没有向我抱怨此事，如果他觉得不公平或受了委屈的话，他不会保持沉默的。但是我经常想，这件事是不是多多少少地导致了他始终对任何形式的写作都不怎么感兴趣。他喜欢说话，但不喜欢写。因此，他也从来不怎么喜欢读书。

不管我做了什么或者没做什么，他通往这个世界的主要道路可能是工具和机器，利用它们制造、修理和建造东西，而不是通过书面文字这条道路。但是，我们可以通过很多道路来探究这个世界，越多越好，我时不时地想到我可能堵住了这个特别的道路，这让我感到有点烦恼。孩子尝试新东西，就像植物抽出小绿芽。我们必须小心，不能弄断它们。

不管怎么说，这是一个我永远不会再犯的错误。许多父母给《非学校教育的成长》写信，讲他们孩子的“写作”。我见过的一个家庭后来寄来一张卡片，那是他们最小的孩子写给我的，上面全是弯弯曲曲的记号，有很多行，这是一个孩子的罗塞塔石碑①。就像下面“孩子的幻想”那章中的朱莉亚一样，这个孩子很快就会写我们都能认得的字母了。很多其他孩子是通过先学会书写再学会阅读的，如果书写法再简单一点的话（这是我喜欢打字机的理由之一），可能会有更多的孩子先学会书写。这些会写字的孩子是以一种很个人化、但很符合逻辑的拼写方式开始的。然后，就像他们小时候逐渐调整自己的说话，使之与他们从周围听到的话相一致一样，只要他们学会了读，看到更多书面文字，他们就会逐渐使自己的书写形式更像其他人的书写形式。

这里有一个极好的例子，对个别孩子在几年之内的成长和学习，我见过的最好的研究是格伦达·比赛克斯的书。她的儿子保罗在写字和阅读方面基本上都是自学的，但不管是在时间上，还是在重要性上都是书写在先。就像上面提到过的孩子一样，他开始的时候都是画一些没有意义的线条和记号。他最初的努力之一是做一个牌子，想要对他的妈妈说：“欢迎回家。”他的第一个能看懂的信息是写给他妈妈的一个愤慨的便条。当时，她正忙着看书，没有注意到他想要问她什么。过了一会儿，他走开了，很快就带着一张纸回来了，纸上他用大大的字母写着：RUDF。她很聪明地读对了这条信息：“你聋了吗？（Are you deaf?）”，然后给了他想要的关注。她的快速反应一定是他为什么继续写便条的原因之一。

几年前，我的一个朋友詹姆斯·墨菲特——英语教师（写过一些关于英语的书）——很睿智地说：“你不能写书写形式。”意思是说你必须写一些什么事情。正如比赛克斯女士——她也是一

①碑文用希腊文字、古埃及象形文字和通俗文字刻成的玄武岩石碑，1799年发现于尼罗河三角洲埃及北部的罗塞塔附近，它为解读古埃及象形文字提供了线索。——译者注

个英语老师——用一个又一个生动的例子清楚地表明的那样，保罗没有“学习写”，没有学习学校称之为书写技巧的东西，这样他后来才能运用它们去写些什么东西。一开始的时候，他写是因为他有些话想说，经常是对自己说，有时对其他人说。关于他最初的写作，比赛克斯女士写道：

> 保罗把他自己正在做的事情描述为“写”，而不是“拼写”。……如果他对拼写单词感兴趣，他会写出一整个单词列表，但是他写的是信息。他重视他写的东西，而不仅仅是如何写。

即使在他写东西的最初六个月，这些信息的形式差别也非常大，包括（她给出了所有的形式）告示牌、目录、提供消息的便笺、信、对物品或者图画的说明、一个故事、一张贺卡、一个棋盘游戏、说明书、声明、一份报纸、一本书。在接下来的几年里，他继续以这些形式写东西，又增加了卡片、购物清单、说明书、给家里的狗和三只猫写的“成绩单”、一本食谱、另外四份报纸（上面有笑话、新闻、天气和广告）、给他的玩具动物的执照和身份证、给自己的时间表、使用他的电动火车的规矩、商业信件（寄出去要东西）、猜谜（给自己）、一本日记。很显然，他的写作与他周围的世界在很多方面有着紧密的联系。

在他写一个“目录”的时候，他很想挑战自己，便努力拼写一些很难的单词。比赛克斯女士对孩子和挑战说得非常有道理。

> 挑战会延伸你的能力，并最终有可能加强这些能力。你想要接受一个挑战是因为你对能成功有足够的信心。而威胁则是艰巨的任务，看起来超过了你的能力范围，可能无法完成或者无法对付。保罗在制定他自己的任务时，能够把它们控制在挑战这一层面上。他不满足于重复他已经完成的任务，而是自然而然地向更

难的任务前进。……他像许多其他的孩子自发做的那样，自己制定了一个逐渐增加任务难度的前进步伐。在学校的学习中，如果我们给予孩子时间和空间，那么可能会有更多自设的挑战，我们也能看到更多的惊喜。

就像艾利森·斯黛丽布拉丝在她的书《自重的孩子》中的观点一样，米莉森特·辛在《婴儿小传》中也清楚地表明，所有的孩子在成长的过程中都会这么做，直到他们去上学。而学校里经常发生的情形是，孩子学会了把学校的挑战看成是威胁——它们也的确通常是这样——不仅是因为你很可能会失败，无法完成，还因为如果你失败了，你几乎肯定会受到批评，感到惭愧，甚至受到惩罚。他们变得如此习惯于搪塞、逃避每天的这些威胁，以至于他们逐渐放弃了挑战自己的习惯，哪怕是在学校外面。他们在学校获得的担心侵入到他们全部的生活中。在孩子们看来，这个世界以前即使不是真正的友善和诱人，但至少是中立的，现在看起来，却越来越像一个不可预测的、危险的敌人。

在这件事中，包括许许多多其他事情中，我们的做法都是倒过来的，我们明确地认为开始应该先获得一种技巧，然后用这种技巧去找有用的、有趣的事情做。但最明智、最好的办法就是，开始的时候要有一些值得做的事情，然后被强烈的欲望驱使去做，从中获得任何需要的技巧。如果一开始时我们帮助孩子了解到书写和阅读是跟其他人谈话、理解其他人的途径，那么我们就没有必要诱惑、威胁他们去获得这些技巧，他们会自己想要这些技巧，因为他们需要。

我知道有很多学校——我不知道的可能还有更多——没有任何我们认为的对阅读的常规指导，但是，在这些学校里，孩子学会了阅读，就像在传统学校里学得一样好。班级很大，每个老师教 40 个孩子，没有特别的孩子，智商都是平均水平，基本上来自于家里人很少阅读的家庭。他们是如何学会的？他们为什么学？都做了些什么？

在大多数这些学校里，新招收的不会阅读的五岁孩子会被安排到会读书的六七岁孩子的班上。这样做，我们称之为“动机”的问题大部分就解决了。小孩子希望能够做大一点的孩子能做的事情。教室里有很多材料，孩子们可以读或者用，以发现如何去阅读。材料中包括书本，带有说明和解释的图画，孩子们自己画的、自己描述的图画，孩子自己写的、自己画插图的故事，一组组押韵的单词等等。简而言之，有很多材料可以让孩子们看，从中他们可以发现一些东西。而且，当他们想要的时候，他们可以从很多人那里获得建议和帮助。

在很多这样的教室里，老师富有想象力地使用录音机。先前我已经讲过，对很多小孩子来说，听别人朗读故事，他们用眼睛看着那些单词，这对他们是多么有帮助。带 40 个学生的老师无法自己这样朗读，他们的做法是朗读班上的很多书本，用录音机录下来。我经常看到三四个甚至六个孩子围坐在一张桌子旁，俯在耳机上听录音机里朗读的故事，同时面前放着有同样故事的一本书，他们会跟着读。这个方法中有很多我们可以借鉴的东西，可能还可以再增加点内容，改善这种方法。

在很多小学教室里，孩子们直接或者通过录音机给老师讲故事，老师把他们的故事记下来，然后还给故事的作者。对很多孩子来说，这些故事比某本旧书有趣多了。通过这种方式，很多原本对学习阅读毫无兴趣的孩子也变得感兴趣了。在一些市中心的学校里，孩子厌倦了在市场上可以买到的读物，于是他们就自己写。

直到最近之前，我们对录音机的使用还很有限，因为机器对孩子来说，使用起来太难了，而且他们太容易弄坏它。大多数老师都不敢冒这个险。但是现在，随着卡式录音机的发明，我们就有了操作很简单的机器，孩子可以很容易就学会，不用监督他们就可以录音、回放等。有了这个发明，老师就可以在几个学生的帮助下，去图书馆录下很多书，做一个录音图书馆带走，这样，当孩子随时想要听一本书，同时又可以读时，就很容易做到了。或者，如果班上有不同年纪的孩子，那大一点的孩子可以经常写出自己的故事，年纪小一点的可以讲述。

不久前，美国的教育出版界确实开始发行这样的卡式磁带，我在拜访过的一些学校里看到过不少这样的磁带。但是，我听的（满含着希望）那些很让人失望，它们太精美、太贵了，而故事却不是很好，这些故事通常用一种可怕的、虚假的、高高在上的、忸怩作态的声音朗读出来，而教育者倾向于用孩子来朗读。即使这样，有些孩子可能还是会从这些磁带中学到点东西。但是，我希望看到的事情并没有发生，那就是利用这些磁带的孩子可以听到他们喜欢的故事，可以自己选择故事甚至自己讲述，除此之外，这些故事还可以由他们认识的人用一种自然的声音朗读出来，可能是老师，可能是父母，甚至可能是他们的朋友或者自己。所有这些要求做起来并不困难，也不昂贵。好的卡式录音机和磁带很便宜、很耐用，即使对很小的孩子来说也很容易使用，现在有很多公司以低廉的收费复制磁带，因此老师（或者父母，或者图书馆员，或者任何需要的人）可以根据需要，很容易就可以录制很多最受欢迎的故事。

目前，据我所知，在学校里这种做法并不是很多。但是，其他人很容易就可以做到：图书馆员或者最好是那些在家里教自己孩子的家长。

第4章

孩子如何学运动

汤米学游泳

1965 年 6 月 6 日

我们今天带汤米去了游泳池。刚才，发生了一件意外的事，这件事可能会使他这个年纪的小孩子感到气馁。他站在游泳池浅水区台阶的第一级、第二级上，这是他想要去得最远的地方了。我提出抱他到水里玩，他拒绝了。他在台阶上走来走去，看着水，用他的手触摸水。就在他走来走去的时候，突然他踏出了台阶边缘，一头栽进了水里。他的姐姐正在旁边注意着他，马上把他弄了出来。他咳嗽，说话有点不连贯，但是并没有明显的受惊。从水里出来后，他休息了一会儿并恢复了呼吸和勇气，在这之后他又到了水里。这一次他要求我抱他。我双手抱着他在水里走来走去，水大概到他的腰部和胸部。他紧紧地缠在我身上，抱紧不放，就像婴儿那样手脚并用。有时候，我会弯下腰，让水浸到他的肩部，他好像不是很喜欢这样，因此我不经常这样做。他始终没有放松，手脚一直牢牢地缠在我身上，过了很短一会儿，他就想回到台阶上了。今天他想做的事情就到此为止了。

1965 年 6 月 9 日

今天，汤米对到水里去的兴趣强烈多了，很急切地要求我抱他到水里。他抱得我没那么紧了，当水浸到他肩部时，他也不介意了，甚至很喜欢。这样做了一会儿之后，我想说不定可以使他让我抱着他，而他不要抱着我。我开始轻轻地松开他的腿，他没有抵抗，而且好像对我们在水里走的时候，他的腿可以自由地在水里活动感到很高兴。然后，我的手紧紧地抱住他的身体，渐渐地，我松开了他绕在我脖子上的双臂，他转而抓住了我的手臂。这样，我就可以用接近真正游泳的姿势带着他走。这样过了一段时间之后，我又鼓励他踢脚，我移动他的腿告诉他我的意思。他很喜欢，然后就开始踢，非常用力，就像他做其他事情一样。在那么短短的一会儿，有时我可以让他松开我的手臂，让他的手可以自由地在水里。有那么一两次我甚至能让他划水了。

他这种对水的新尝试并不稳定，也不连贯。小孩子的勇气（不仅仅是小孩子）会升升降降，就像潮汐一样，只不过周期是以分钟来计算的，甚至是以秒来计算的。当我们看着两岁左右的孩子跟着母亲走路时，或者在操场上、公园里玩耍时，我们可以清楚地看到这一点。

不久前，我在波士顿的公园里看到了这样一幕。母亲们在长椅上聊天，孩子们在四周来回走动。有时，他们会勇敢而自由地去探险，不管他们的母亲；过了一会儿，他们用光了储存的勇气和信心，回到母亲身边，依着母亲待一会儿，就好像在充电一样。一会儿之后，他们已经准备好了更多的探险，于是他们出发了，然后再回来，然后又出去冒险。

同样，游泳池里的这个小家伙也一会儿冒险，一会儿撤退、防御。有时，他会让我拖着他随意走动，他会用脚踢水，用手划水。有时，他又会紧紧地抓住我的手，靠向我，他的姿势和表情都告诉我，他想跟一开始那样，紧紧地被抱住、夹住。或者，他可能甚至会要求回到台阶上或者干脆离开游泳池。然后，过了几分钟，他又回到水里，准备更多的冒险。

我曾看到很多父母努力教他们很小的孩子游泳。总的来说，他们不会有很大进展，因为他们对小孩子这种勇气的升降毫无知觉。是因为他们没有注意到吗？还是因为他们不在乎？可能他们觉得孩子的感觉不重要，很容易用规劝、鼓励甚至愤怒和威胁来克服。更可能的是，不关心孩子的感觉的人也注意不到孩子是如何感觉的。不管怎么说，这种自诩为老师的人，即使在他们并非完全失败的时候，他们也失去了很多东西，因为如果当孩子觉得需要回到婴儿时代时，我们允许他回去一段时间；当他感觉勇气用光了时，允许他重新鼓足勇气，这样他就能够更快地进入到未知世界，比我们大人迫使的要快得多。

当然，汤米一直是一个特别勇敢、喜欢冒险的孩子，很少有孩子进步得能像他那样快，尽管也是受到谨慎而尊重地对待。但是，原理总是对的。如果我们不停地尝试逼孩子去做他害怕做的事情，他会变得更胆小，会把他的头脑和精力用到想办法避免这些我们强加在他身上的压力上，而不是用于探索未知世界。但是，如果我们小心谨慎，不逼孩子做超过他勇气限度的事情，那么他肯定会变得越来越勇敢。

例如，汤米的姐姐莉萨比他胆小得多。当她第一次去游泳池的时候，她什么也不敢做，只是坐在最上面那个台阶上用脚打水，她的表情和态度告诉我们，即使这样她也觉得很危险了。几个星期之后，她才敢进到齐腰深的水里，或者让我们抱着她在水里玩耍。一直到第二年夏天，她才让我们拖着她在水里游走，而手臂不再紧紧地抱着我们，但是，我们尊重她天生的胆小和小心。结果是她希望和她的恐惧作斗争，也学会了和恐惧作斗争，最终克服了它们。现在，六岁的她已是一个勇敢的滑雪者，能够和比她大一倍的孩子一起滑比较难的滑道。夏天的时候，她非常努力地学习游泳，和她的大多数朋友学得一样好。

1965 年 6 月 10 日

今天，游泳池浅水区拉起了一条绳子，以给小孩子创造一个围起来的空间。汤米对这条绳子非常感兴趣，尤其是绳子上两个蓝白色的塑料浮子。他似乎对继续我们前一天结束时做的事情——学习踢水和划水——毫无兴趣。他想要研究绳子和浮子。开始的时候，我像其他成年人一样，以为绳子和浮子会分散他学习游泳的注意力，但是我错了，因为他很快就发现，借助绳子他可以自己站在水中，不需要其他任何帮助，于是他开始利用绳子进一步探索这个新现象。当他第一次抓住绳子，测试它的力量和可靠性时，我逐渐地松开了我的手，给他的支撑越来越少，直到全部把他交给绳子，至少在他看来是这样的。当然，支撑他的主要是他自己身体的浮力和他穿在身上的小救生衣。

起初，他抓着绳子时，我离他很近。然后，当他习惯了我不再扶着他时，我逐渐地离得越来越远，以给他更多独立的感觉。不被扶着的感觉让他特别兴奋，很显然，这对他的勇气要求非常大，因为独自抓住绳子一会儿之后，他就会说："托住我。"抱一会儿之后，他又会说："不要托着我。"我就会再次松开他。随着时间过去，他想要被托住的时间越来越短，甚至时不时让我走开。大约就在这个时候，他发现绳子上的塑料浮子可以沿着绳子滑动。这变成了一个非常令人激动的游戏，我们在水里余下来的大部分时间里，他都一直忙着把浮子从绳子这一端推到绳子另一端。他还发现，当他抓住绳子的时候，他的脚可以在水下摇摆，因此，实际上他已经在仰浮。他喜欢这样，尽管重新站起来要费一番周折。

游泳池里还有很多其他的孩子在游泳、打水、跑来跑去、跳进跳出。这给汤米造成了另一个问题。水不停地溅到他的脸上，有时候一个浪过来，漫过了他的嘴巴甚至鼻子。在我观察他之前，我完全没有意识到游泳者必须学会的一个最重要、最难学的技术就是当水漫过他们的时候，本能地闭住自己的嘴巴和鼻子。熟练的游泳者这样做的时候不需要思考，事实上，经常要用嘴巴的上半部分呼吸，即使下半部分还在水里。小孩子自然没有这样的技巧，他不知道如何使水不进到他的嘴巴和鼻子里，他甚至不明白必须这样做。事实上完全相反，当浪打过他的脸时，他非常吃惊，很可能会惊吓地喘气，这样水就从他的嘴里、鼻子里灌了进去。然后他就会呛着、咳嗽、说话结结巴巴，经常还会大声地打嗝。幸运的是，他很容易就把水弄了出来，就像吞进去一样容易。当发生这样的情况时，他很不喜欢，事后几乎总是需要别人扶着他一会儿，但是他从来没有哭过，也没有要求过离开游泳池。有时，他会生气地说："太多人了！"对此我只能表示同意。

我曾经读到过，说婴儿在他们出生的第一年里，有这种闭合鼻子的本能，因此他们能够非常容易、非常自然地学会游泳，就像鱼一样。但是，很显然，那些在一岁时就能够游泳并且喜欢游泳的孩子，除非他们有规律地继续游泳，否则到了三岁或者四岁的时候，他们就会失去这种本能和技巧，不得不从头学起。

孩子发现，在水势不那么汹涌的泳池里，更容易学会意识到什么时候鼻子或者嘴巴到了水下面，因而采取相应措施。但是，这个游泳池很小，人很多，没有溢流槽来使浪头平息。我们必须想办法解决这个问题。当他受到惊吓，喝了一小口水时，我会走近托住他，他马上就会本能地把水吐到我脸上。我对此假装反应激烈：面部扭曲，咳嗽，呼吸困难，结结巴巴，口齿不清。他觉得这好玩极了，于是很快又做了一次，他把脸埋在水里，又喝了一口水，然后喷向我。这个游戏我们玩了几次，他看到一个大人也会呛水、喘气、咳嗽，那么他就会认为自己不是唯一会发生这类状况的人了。而且，他还看到喝了一口水不是什么事故或者灾难。最后，他感觉到他能够决定、控制是让水进入嘴里，还是不让。当他能够这样做之后不久，我想我能让他在水里吹泡泡了，我给他做了示范，他没有兴趣模仿我，于是我就放弃了。

1965 年 6 月 12 日

今天是最冒险的一天。我们一到水里，他就要求我带着他游一段。于是，我在浅水区带着他游了一会儿。他并没有抱住我，而是用力地踢水、划水。我轻轻地扶着他，过了一会儿之后，我完全放开了他，不给他任何支撑。我对他说：“你在游泳！你在游泳！”从他激动的表情可以看出，很显然他知道这一点。最后，我把手完全离开了他，伸出水面，向他和他的妈妈表示，他真的是自己在游。不过，这样的冒险，他每次只能坚持几秒钟，因此我很小心，在他开始担心前，我会给他一点接触和支撑。

后来，当他在太阳底下休息、晒太阳时，我自己游了一会儿。当我游到深水区时，他和他的妈妈在那儿，他妈妈告诉我他想从跳水板上往下跳，让我接住他。我说：“你在开玩笑吗？你确定他想这么做？”他坚持要跳，爬到了跳板上，走到最前边，一秒钟的犹豫都没有，就跳了下来。我接住他，带着他游到泳池边的梯子上。他又回去试第二次、第三次，如果不是周围挤满了大一点的孩子，等着要上跳板，他会一直继续下去。不过这个冒险带来了一个问题。因为他从跳板上跳下来过，所以他觉得整个泳池都是他的了。下一次他开始游泳时，他要求我带他到绳子的深水一端去，他一抓住绳子，就开始径直往深水区尽力游去。我跟着他，当我们到了刚好能站立的地方时，我转过他的头向浅水区游，他说他想一直游到深水区那头，然后马上又转过身去。我又把他转过来，他抗议，又转过去。很快，他的妈妈和救生员都过来帮我告诉他，他必须待在浅水区，他还不够高，游泳还游得不太好，不能向深水区游。他争辩了一会儿，尽自己最大努力来抗议，但是，当他意识到我们真的不会让他在整个泳池里游泳时，他开始哭，或者更确切地说，开始吼起来，带着失望、羞辱和愤怒。我们没法使他平静下来。在他看来，事情一定是这样子的：他已经证明了他能够使用整个泳池，而我们却把他限制在浅水区，我们是在歧视他。

现在，在我看来，我们的做法是非常愚蠢、非常错误的。为什么我们觉得必须如此重视这个呢？如果我可以重新选择，我会说："好吧，如果你想的话，那就游到深水区去，我会跟着你游。"这样做能有什么害处呢？他不会沉下去——他穿着小救生衣呢。如果用光了力气或者勇气，或者喝了一大口水，我可以很轻易地把他带到泳池边上。事实上他获得了游到深水区的机会，我一点儿也不怪他大发雷霆，因为我们拒绝了他的机会，在他出色的表现之后，我们给他的却是一个"没有信心"的响亮、干脆的判决。

1965 年 6 月 16 日

糟糕的天气使我们有几天不能去游泳池。今天太阳又把我们带到了泳池里。当我们还在车里的时候，汤米对我说了好几次这样的话："不要扶着我，约翰。我自己来。"很显然，他的脑子里在预演我们到了泳池后他要做的事情。在我看来，这正是很多专家说的这个年纪的孩子没有的这种"心理运作"，事实上，他们认为年纪大很多的孩子也没有这种"心理运作"。当我们到达泳池时，汤米一穿好他的小救生衣，就马上下水了，没有要我的任何帮助或者支撑就开始游起来。救生衣在他双肩之间拱上去，使得他的姿势一直呈垂直状，所以他必须非常努力才能向前进。只有当另外一个孩子玩耍或者跳进泳池里，溅了他满脸水时，他才会惊得停止游泳，四下观看，寻找帮助和支撑。一旦他把所有的水咳出来、吐出来之后，他就又开始游。就这样，他在浅水区游了三四个来回。这用完了他这一天储备的大多数的力气和信心。在余下来的大部分时间里，他满足地让我带着他游来游去，或者抓住绳子，吊在绳子上玩。

1965 年 6 月 18 日

今天，他第一次学会如何应付漫过他脸部的水。一开始时，他就像前几次做的那样，从台阶上跳下来（我在下面接着他），以此开始他这一天的冒险。但是，他肯定感觉比平常害怕了些，因为他要求我抱着他，不仅是用手，还要用胳膊。我们已经有一段时间没这样做了。于是，我把他放回台阶上，他会再次跳到我手里。这样做了几次后，他感觉胆大了些，愿意游回台阶，我只给他一点象征性的支撑，很快就一点支撑都不给他了，他一到我这里，就会马上转身游向台阶或者泳池边缘。试验了几次之后，他发现他在水里可以自己转身，可以转到任何他想要去的方向。这同样令人激动。他转圈转了好几次，只是为了表明他能够这样做，只是因为这样做起来很好玩。

在我们休息的时候，我看到一个男人正努力地教三个小孩子游泳。他正是我描写过的那种父母的典型例子，以为通过长者的意志和残忍的强力就能够逼得小孩子学会任何他想要教他们的东西。我们到达泳池的时候，他正用双手牵着他四岁左右的女儿，让她在水里运动。她没有抵抗，但是很僵硬，一动也不动，看上去很不安。就这样过了还不到两三分钟，这位父亲——一个已经发福的年轻的前运动员——断定她已经准备好接受认真的指导了。他的计划是支撑着她，让她在水里呈游泳姿势，也就是说脸朝下或者说肚子朝下，同时让她划水、踢水。如果到了合适的时间，这不是个坏主意，但是现在时间不对，还远不是时候。小女孩突然发现自己抓不到她父亲了，无助地悬浮在这个新的、依旧陌生而吓人的物质里。她在他手里变得僵硬，拱起背部，就好像想要把自己抬出水面一样，挣扎着想要逃跑。没有用，她的父亲紧紧地抓着她，说："腿踢起来！手动起来！"声音越来越大。小女孩开始尖叫，一方面是出于害怕和愤怒，一方面是希望如果她发出足够的噪音，她的父亲会不得不停止。有那么一会儿，他发出充满威胁的嚷嚷声："琳克！琳克！不要叫了！听到没有！没什么好害怕的！安静点儿！"但是，她的声音更大。泳池围满了人，随着她的尖叫声越来越大，有越来越多不赞成的目光投到他身上，直到最后他放弃了，生气地把她抱出泳池。不一会儿，他又开始对另一个小男孩做同样的事情。我们在游泳池待的时间并不长，就在我们离开之前，他把三个小孩子全都逼得惊骇不已地哭了起来。

那天的游泳池非常拥挤，孩子们跳进跳出，水浪比平常要高。汤米第一次能够解决水溅到脸上的问题。有时他会吸进或者吞进一些水，那时必须扶着他，直到他把水都吐出来。但是，越来越多的时候，他能够闭紧嘴巴，或者如果水进去了，马上吐出来。他已经不再被飞溅到他脸上的水打扰了。他把它当成水里的一部分而接受了。通过这一点，他表明他已经开始感觉水是他自己的水，他在水里很自在。

到这里，我的拜访就要结束了，我对汤米的进展的报告也要结束了。他穿的小救生衣有足够的浮力支撑他，他自己不怎么需要费力。在我看来，下一步就是让他脱离救生衣，这样他可以完全依靠自己的浮力和努力支撑自己。有一个这样做的方法，就是把救生衣上的泡沫切掉一大块，逐渐给他越来越少的支持。还有一个方法，可以时不时脱掉救生衣，用手托着他，或者在他腰上拴一根皮带，逐渐减少对他的支持。可能在一两年后，他自己会觉得穿救生衣太幼稚了，就不想再要它了。不管用什么方法，根据我们目前的经验，有一点很清楚，就是我们要利用孩子自然的愿望，让他们探索新奇的、未知的事物，以对这个事物取得某种程度的控制，除非他感觉准备好了，否则不要试图强迫他更快一点，更远一点，只有这样做，学生和老师才都能够获得最大的乐趣，取得最大的进步。

一两年后，汤米确实学会了游泳。但是随着他渐渐长大，开始去学校，他对竞技性运动项目越来越感兴趣，但在他的家乡新墨西哥州，游泳并不是一个大的竞技性运动，事实上，没有多少人从事游泳这个运动项目。他最好的朋友当中没有人很喜欢游泳，他们中的很多人甚至不会游泳。所以，尽管在他喜欢的运动项目中——足球，篮球，滑雪，跑步——他成为了杰出的运动员，但是在游泳上，他只是合格而已。没关系，他知道只要他想，他就能够做到，如果他曾发现他住得离大海很近，那么他可能会利用他的滑雪经验成为一个优秀的冲浪运动员。

詹米（3岁）和查德（6岁）学游泳

最近，马里兰的曼弗雷德·史密斯在《非学校教育的成长》上给我们写了封信，是关于他三岁的女儿如何学习游泳的：

去年，我们觉得詹米应该学游泳了。起初，这看起来像是个好主意。到第二次学习时，很显然，詹米讨厌游泳。在第四次之后，我们放弃了。是的，我们是半途而废者。在这个夏天余下来的时间里，詹米一直很担心她不得不学习游泳，因此不喜欢去大的泳池。今年，詹米始终没有去大的泳池，只是把很多“游泳”的时间花在了婴儿泳池里。我们这里的婴儿泳池很好，有一边要深一点。詹米会花好几个小时游泳，把脑袋潜在水里，侧身游，向后游等等。

大概三个星期前，她走到我跟前告诉我，她现在已经准备好了自己去大的泳池，然后她就走向泳池，如果我没有站起来，毋庸置疑，她肯定会跳进泳池里。我们走到大的泳池边，我抱起她，把她放入四英尺深的水里，她游了起来。那天我们在大的泳池里待了一个多小时。她会先一头跳入水里，然后朝我游过来。总的来说，她至少能够游十五英尺远。现在很多时间我们都待在大的泳池里。

我们刚从海边回来，詹米在那儿和大海玩得十分高兴。她不仅在海里游泳，还在浪头上玩人体冲浪呢！詹米才三岁。当孩子们准备好了的时候，他们会做任何他们想做的事情。

一位母亲给《非学校教育的成长》写信，讲述了类似的经历：

查德 4 岁时开始学游泳，5 岁时又学了，每次学几个星期。就在他决定他不再学习游泳的时候，他就差那么一点点就会游泳了，而他这样决定之后，有一年半的时间没有再进行任何游泳的学习。但是，我们每个星期都去游泳。上个星期，他脸朝上开始游起来。当他意识到他一直游着穿过了整个泳池时，他继续游，一直游了七趟！这个星期，他脸朝下游（当然，用他自己的泳姿)，并且结合脸朝上的泳姿，一共游了12趟!!然后，为了让我们知道他还没有准备好完全的独立，他想跳到水里，然后让我们把他推到池边，就像一岁时那样。

这是孩子学习中一个很常见的模式。开始时，有一个勇敢的飞跃，进入到令人激动的新境界中。然后，会有那么一段很短的时间，他会退回到原先舒适、熟悉、安全的地方。但是，我们不能预测，更不能控制这些前进和撤退、探索和整合的节奏，这就是为什么孩子的学习不能或者说至少不应该确定时间表的主要原因之一。

无需教，孩子也能学会很多

在运动这个领域，我们可以清晰地看到，无需我们教他们任何东西，孩子们也可以学会很多东西。在我教过的一所小学里，我们的体育课程相当少，主要是因为缺乏场地，也因为没有时间。四、五、六年级在上午有半个小时的课间休息，下午有一个小时的运动时间。只有在下午的时候，我们才可以玩垒球，但是，我们必须在一个铺了水泥地面的场地上玩，这个场地够做一个内场，但除此之外，就没什么多余空间了。两年之后，这块场地也不能玩垒球了，它的一部分被围了起来，给小一点的孩子玩，剩下的大部分变成了一个停车场。而且，下午的运动时间被削减到了半个小时。我们转移到另一个比网球场还要小得多的场地上。在这些练习的大多数时候，我或者大卫·哈代——六年级的老师——会在内场练习时充当击球手，偶尔在击球练习中充当投手。四、五、六年级的学生会担任场外队员，三年级的学生，有时甚至是二年级的学生则跑垒。

练习时间和练习场地如此有限，因此我们没有期望垒球队能有太好的成绩，而且这个学校的男孩子从一开始在体育上就不是很出色。但是，我们每年都能组成一个令人满意的垒球队，在和同龄的其他孩子对抗时，都能坚持下去。这些孩子是如何学会了这个非常复杂的运动的？大卫和我肯定没有教过他们，我们没有时间也没有地方做任何可以称之为“指导”的事情。不，他们是通过互相观察、模仿学习的。每年我们都能看到同样的事情发生。起初有一个三年级或者四年级的男孩，看上去无望地笨拙，不适合运动，不知道任何垒球规则和技巧，看起来他似乎永远也学不会打垒球了。两年后，还是这个男孩，会是一个合格的、老练的垒球选手。这样的孩子中有很多人的运动时间大部分都是在学校里。正如我刚才说的，他们通过观察打球打得最好的大一点的孩子来学习，试图做到那些孩子做到的事情。

事实上，总的来说，他们学得比我教过的另一所学校的孩子好，另一所学校的运动场地和运动时间比前一所要多得多，老师也尽力教他们垒球。但是，这个学校的男孩子把他们大部分的运动时间都花在站在那里听某个人向他们“解释”某件事情上了。我那个时候还执著于这样的想法中，只要你有足够的决心，那么你就能够教任何人任何事。我记得我教过几个男孩子击球和投球。我还能看到他们闷闷不乐、听天由命的脸，能感觉到他们的无精打采、不协调的肌肉，几乎能够听到他们的想法。学校允许他们到操场运动，他们应该在那儿玩得高兴，或者说至少获得学习之外的休息。不足为奇，我们取得的进展不大。如果不是这样，而是让他们有机会和大一点的孩子玩，看他们怎么玩，模仿他们，那么事情可能会好很多。

第 5 章

孩子如何学绘画、数学及其他知识

她们在画树还是树的符号？

一天上午，在一年级的教室里，两个小女孩——她们是好朋友——拿了几张大纸和铅笔，坐到了桌子旁，准备画画。想了一会儿之后，其中一个开始画一棵大树。她从纸的最下面开始画起，画了两条线，这两条线起初相互靠近，然后平行向上，在几乎接近纸的最上端的时候再次分开。接下来，她在这根树干上靠近顶端的地方画了一根树杈。在这两根主干上，她又画了几根小树枝，并在这些树枝上开始画树叶。在这整个过程中，另一个小女孩一直在看，没有做任何事。过了一会儿，我对她说："你要画什么？"我不是催促她，只是感到好奇。她说："我不知道画什么。"我说："那为什么不画另一棵树呢？"她没有丝毫犹豫或惭愧地说："我不知道怎么画。"

这对我来说是个惊奇的新发现。尽管我喜欢看绘画和油画，但我对此了解得很少。在我自己上学的时候，学校里几乎没有艺术课。我只记得一次艺术课及我在课上试着画的一幅画——一只猫头鹰站在一棵枯树的树枝上，后面是一轮满月。对我来说，这是相当艰巨的工作。我从来没有完成过它。由于我对绘画一无所知，结果我就天真地认为艺术家只是把眼前看到的东西复制到画板上，他们一直这么做，因此就画得越来越好。直到最近，我才知道生活不会自动地复制到纸上，用各种线条和颜色创造出看起来像某个真实的东西的图画是需要技巧的。有一个窍门或者说很多窍门需要学习、练习和完善。

不过，我当时还没有想到要站在孩子的角度来思考这件事，用孩子们的眼光来看待这件事。我以为从他们更简单的认识水平看来，艺术只是一种复制。所以，当这个孩子告诉我她不知道如何画一棵树时，我吃了一惊。我差点儿说道："那么，只需要看看一棵树就知道了。"但是，我又想了一下。我想起来曾经读到过的一篇文章说，很多孩子认不出图画或者照片上的东西，即使那是最熟悉的东西和最熟悉的环境。我们说我们相信照片像生活中的东西，但是它真的不像。绘画是平面的，生活中是有纵深的。把真实的东西转化成平面的图画是一种手法，就像语言一样，而且也像语言一样，必须学习它才能掌握它。

我意识到，一棵树的图画与真实的树之间的关系，就像一个城市的地图和这个城市的关系一样。地图在很多方面和城市很像，但是在制作地图时，我们放进了一些东西，又舍去了其他东西。绘画也是一样。这个小女孩看着我们称之为"树"的现实的复杂存在，看着它的颜色、形状、纹理、一堆东西、光和影等，她不知道该用铅笔画下哪些特征，也不知道如何去画。

两三天之后，我又看到这两个女孩，她们又坐在桌子旁，面前铺着几张大纸。但是这一次，两张纸上都画了相似的树，先是树根，后是树干，树干几乎一直画到纸的最上端，两根分叉的树枝，小一点的树枝向四面伸展，绿色的树叶。我说：“啊，我看到你正在画一棵树。”她向我开心地笑了一下，然后向她的朋友点点头，说道：“是她教我如何画的。”然后继续画她的作品。

当然，这两个小女孩并不是在画一棵树，而是在画她们已经知道的树的符号，几乎就像一个巨大的象形文字。她们画在纸上的线条在她们看来并不像树，而是它们意味着树。而且，一直到她们能够画出一棵真正的树或者其他任何东西之前，这都是一个麻烦。

为什么画不好？

尽管长期以来我从自己的胡乱涂鸦中获得了很多乐趣，但我从来不擅长画画，也从来没有认为自己能够画得好。能够把东西或者人画得跟真的一样，就像能够演奏乐器一样，似乎是一种神秘的几乎是魔术般的天赋。直到去年，我第一次读了贝蒂·爱德华的书《用右脑画画》，我才明白为什么我和大多数人画画都那么糟糕，才知道那些画得好的人是怎么做到的。以前，我看了很多关于如何画画的书，但是，没有一本书能够减少画画的神秘感，或者说丝毫也没有改变我觉得自己可能永远也无法掌握这门技巧的想法。但这本书让我觉得，如果我想在这件事上花时间，不用花太多时间，我也能画得好。我怀疑我是否会这么做——我对音乐更感兴趣——但我肯定这种可能性是存在的。

这本书让我明白了我们这么多人画不好的原因是，就像那两个小女孩一样，我们的头脑里充满了各种东西的视觉符号，以至于我们看不到这些东西的真正形状。因此，我们头脑里全是各种各样的人脸的符号：眼睛看起来是这样的，鼻子是那样的，嘴巴是这样的。当我们试图画一张真实存在的脸时，我们就把这些符号画到纸上，眼睛在上面，鼻子在中间，嘴巴在下面。但我们遇到的麻烦是，我们画出来的形状跟谁都不像。我们必须要学会做的是，忘掉各种鼻子的符号或者把它们放到一边去，认真观察在我们眼前的这个特别的鼻子的形状。这需要一点知识，需要一些有用的窍门以及一些想法和练习。但是，这并不需要一辈子的时间，甚至不需要很多年，贝蒂·爱德华的书中有一些他的学生画的画，这些画表明，看起来没有任何天赋的人都可以在几个月之内就学会画画。

同一个班上，还有一个小女孩，她像我认识的这个年纪的任何孩子一样喜欢画画。她画得很努力，也很快，一幅接一幅地画。教室的墙上贴满了她的画。不论在我还是其他孩子看来，她画的所有的画都很有趣。她画的几乎一直是同一个东西——一间房子，房子里和房子的周围有一些人。但是，她从很多方面让自己的画有所变化，从房子的形状、花园和花园里所种树木的种类、人和人们在做的事情等方面来进行改变。

最引人注目的是，她在画上画了大量的细节。当她在房子周围画草时，她不是仅仅画上绿色的几笔，而是画出草的叶子并给叶子上色。当她画花朵时，她会画上叶子和花瓣。她画的人的每只手上都有五根手指，比例也都正确；每一根手指上还会画上形状正确的指甲。过一会儿，她开始在她画的房子的窗户里面画上小心地拉在一旁的窗帘，就像真正的房间里的窗帘一样。

那些迷信于用心理分析法分析儿童绘画的人，对此可能又会发表故作高深的言论，说她如此执著于细节是具有强迫症等等。他们的话里面可能会有一点点真实的碎片，但只有那么一点点而已。这是一个很快乐、很活跃的小女孩，是班上有影响力的人之一。她之所以那样画，是因为她喜欢关注事物，并且喜欢把她看到的东西按照她看到的样子画下来。绘画是她用来表达她对生活的大部分理解的方式。绘画使她的眼光更敏锐了，并且让她知道了下一个要寻找的目标。而且，不仅仅是她的目光变敏锐了，她的很多同学亦是如此。她的同学中的很多人想都没有想过就让自己进入了一个在她带领之下的学校，就像那些古代意大利画家的学校一样。他们像她那样画画，或者利用她的想法并以自己的方式发展了这些想法。她的画中那种观察仔细、确定的细节也开始出现在其他人的画中。孩子们会站起来——我经常听到他们站起来——去看她画的画，然后注意到她的画中人有指甲。“看!”他们会说：“他们还有指甲呢。”这似乎是一个奇妙的成就。然后，他们就会想给自己画中的人物画上指甲，而且他们会用全新的眼光观察自己的指甲，看它们到底是什么样子、什么形状、有多大。或者他们会开始试着找出这个小女孩——他们的领头人——还没有想到要画到画中的其他细节。

我真希望这种具有无限创意、自我更新的过程在这一年中能够继续下去、发展下去。但却没有。这不是因为教师的原因，他们的教师是一个非常通情达理、非常温柔的女老师，她给孩子画画的时间比大多数一年级的老师要多得多。但是，她有要跟上课程的压力；而且她和孩子都受到了来自于紧张的父母的压力，父母们担心孩子的“进步”——担心这趟常春藤特快列车能不能按时到站。一段时间之后，孩子们开始感觉到没有时间画画，感觉到画画不是一件严肃的事情——学校里六岁的孩子应该是非常严肃的。而且，他们对大人们看重什么很敏感。当他们把一幅画给父母或老师看时，大人们以一种敷衍的口吻说：“真不错，亲爱的。”当他们把一些愚蠢的练习册带回家，上面的空白处他们都已经尽职尽责地填好了，这时，他们的父母才表现出真正的高兴和激动。很快，绘画就被练习册挤到一边去了，尽管从画一幅出色的画中真正学到的东西比 20 本练习册要多得多。于是，在以后的岁月中，当孩子们画画时，他们很可能是把它当成一种逃避现实生活的方式，就像三年级男孩画的战争场面或者十岁女孩无限制地画着马匹一样，而不再是接触现实生活的方式了。我并不是说表达幻想、恐惧、失望的画就没有任何价值，而是说这种画容易变得偷偷摸摸、琐碎无聊，被画在笔记本和家庭作业的边缘上。画画不再是一件大胆和认真的事了。

我现在当然不再认为三年级的男孩画战争的画是为了逃避现实，我无法想象写本书的第一版时我怎么那么笨，会有那样的想法。在当今社会，任何八岁的男孩都清楚地知道战争的确存在，知道在战争中大人们用炸弹、火箭炮、子弹等武器互相残杀。而且他知道，当他长大之后，他可能也需要努力地去杀死别人，而别人也在努力地要杀死他。对于那些受到残忍虐待的孩子来说，这可能正是他现在生活的世界完全自然的延伸。对于那些在家庭的庇护下成长、生活在一个依然受到很好对待的世界中、一直听大人说不要打人、不要伤害其他人、不要破坏财物的八岁孩子来说，战争肯定是一个非常陌生、非常吓人的现实，很难理解和接受。当然，除此之外，不管是对男孩还是女孩来说，死亡本身也是一个非常吓人和神秘的话题。

绘画是孩子接触并表达现实的手段

我很小的时候（大概不超过六岁），有一天，我的父亲把一个画家朋友带到了我们家中。过了一会儿，他拿出一个大画板和一支软芯铅笔，开始画画。我出神地看着他，几乎不相信自己的眼睛，纸上出现了一个武士！全身铠甲！这是一个奇迹。一分钟之前，还是一张白纸，然后，这儿画一条线，那儿画一条线，手在纸上流畅地、毫不犹豫地游走着，然后武士就出现了，几乎跟真的一样。如果他从纸上走下来，我也不会感到太奇怪。当然，我当时以及以后的一段时间，最想做的事情就是能够和那个人一样，用一支铅笔把现实画在纸上。这看起来是一个超人的技能，我想象不出我能做到，但是我愿意付出任何代价，换取自己能够这样做。

很难想象现在上学的孩子会有这样的体验。允许并鼓励他们用广告颜料画大的、随便的、彩色的画，并且不要有人俯在他们的肩头之上，告诉他们这样做或者那样做，或者告诉他们画错了，这样做固然很好。但是，在艺术中有他们几乎想象不到的可能性，就像我从来没有想到过会有人能够画出那个武士一样。他们应该能够看到更多的这种可能性。他们至少应该接触到这样的想法：绘画不仅仅是娱乐消遣，而且是接触、表达现实的强有力的手段。简而言之，他们应该接触一些能够把现实的东西再现于纸上的人。毫无疑问，很多孩子不会选择这样一种特别的方式来探索现实，他们更愿意通过书本，或者建筑，或者机器，或者任何一门科学中的试验来探索现实。但是，有些孩子会选择艺术这个方式，就像我一年级班上的那个女孩，他们认真的工作会给他们自己以及他们周围的很多孩子带来巨大的益处。

在孩子的绘画中有更多的可能性，远比我那时想象的多（或者比现在大多数人想象的多），可惜这里篇幅有限，不能尽述。在这个问题上，最让我眼界大开的是一位叫做汤姆·韦斯利的家长几年前写给我们的一封信，这封信我们登在了《非学校教育的成长》（第九期）中，后来我又在《自学》一书中引用。信的部分内容如下：

玛芮珂（他的女儿）六个月大的时候开始画画。她做的每件事情我们都把它当成重要的艺术。当她一岁大时，她已经能够比她周围任何人画得都好。知道自己能够在某件事上做得比其他任何人都好，甚至比周围任何事情始终都能胜任的大人还要好，玛芮珂画起画来更大胆了。……一岁的时候，我们给了玛芮珂一个画架和一些蛋彩画颜料。在她两岁生日的时候，她又得到了无毒丙烯酸树脂颜料，从此，这就成为了她最喜欢的材质。

在旧金山举行的儿童绘画展中，我们惊奇地发现玛芮珂是不画儿童画的儿童画家……特别是因为她开始使用丙烯酸树脂作画，而人们一直以为儿童绘画应该用水彩。很显然，丙烯酸树脂使用起来比广告颜料或者蛋彩画颜料容易些，但是它们贵很多。我认识一些人，他们的工资是我的五六倍，却告诉我他们买不起丙烯酸树脂给他们的孩子。他们真正的意思是他们觉得孩子做不了任何值那么多钱的事情。

他随信附了几张彩色照片，照片上是他女儿的五幅画，是她在26个月大到38个月大之间用丙烯酸树脂画的。那些画非常出色，令人吃惊。其中有三幅，如果你在一个成年人绘画展上看到，也会使你骤然停下脚步，驻足观看。其颜色、形式、画法、构思、潜在想法都非常特别。大多数大人，即使那些尊重孩子的大人，也会很难相信这些画出自一个如此年幼的孩子之手，而事实上，韦斯利把这些画给那些儿童绘画“专家”看时，几乎每一个“专家”都断然拒绝相信这是孩子画的。

后来，韦斯利先生又给我们写了一封信，信中有很多关于绘画材料和技巧的实用建议。信的部分内容如下：

我对毫无价值的儿童绘画用品，对儿童绘画的展览方式以及其他所有成年人对儿童绘画的假设和虚构想法感到生气。……尽管我的工资不高，但我们始终给玛芮珂最好的绘画用品。结果，直到她绘画的第九个年头，她不断地给我们带来惊喜。她对材料的使用大概是六个月大时用蜡笔和油墨毡笔，一岁时用画架和蛋彩画颜料，两岁时用丙烯酸树脂，从此丙烯酸树脂就是她最喜欢的材质。……我引用她自己的话来说明她为什么最喜欢它们：“它们的效果更好，如果你用得厚，它们会闪闪发亮。蛋彩画颜料很灰暗，容易化成粉，不持久。丙烯酸树脂的好颜色也更多。”但是，在所有日本和美国的儿童绘画书籍中、所有东京和旧金山湾区的儿童绘画展出中，我从来没有看到过一幅儿童用丙烯酸树脂画的画。

我给她买了一支昂贵的驼毛画笔，得到的回报是看到她从新画笔精致的感觉中获得的感官享受，看到新画笔以一种有趣的方式影响到她的绘画。有一段时间，她在梅斯奈纤维板或者其他硬木板上作画。我在建筑供应商那里买来大块的木板，然后切割成2×4英寸或者其他尺寸的小块，稍微打磨一下，然后涂上上好的乳胶漆。

对光线的相互作用、颜色的折射和吸收等等的思考是无止境的。……玛芮珂在一岁之前就已经对颜色和颜色之间的关系感到激动了。

我非常同意韦斯利先生的看法，即使非常年幼的孩子，也应该给他们或者让他们接触到高质量的绘画材料，并告诉他们如何小心地、很好地使用这些材料，就像我们告诉他们如何使用任何其他高质量的工具一样。摆脱了糟糕工具的限制，他们才能开始探索、表达、增强他们自己的艺术能力。我们不应该假设他们太笨拙、没有耐心、不在意如何正确使用这些工具。到现在，很多寄到《非学校教育的成长》的信已经清楚地表明，即使非常年幼的孩子也希望把事情做好，或者至少做得跟他们看到我们做到的一样好。他们完全能够学会如何使用大多数人坚持认为孩子不能使用的各种工具，包括锋利的木工工具、烹调工具、乐器和照相机。

我有一个音乐界的朋友，他只是为了好玩，开始自学（他已人到中年）中文，学习如何流利地说、写中文，不久前，他给我看一本日历，日历上都是来自中国大陆的儿童绘画。就像玛芮珂的绘画一样，这本日历使得我们对儿童绘画者能做什么、不能做什么的传统看法变成了胡说八道。有一页上是一个中国孩子画的一幅画的复制品，非常美。必须承认，这些孩子（四岁到十二岁）是一个重大比赛的优胜者，因此，他们或许不能代表大多数的中国孩子，但这些用画笔和看上去像是某种水基却非常鲜艳的颜料画成的画，不论是构图还是颜色都惊人地漂亮。我希望我们能在美国很容易买到那些日历，它们肯定会给很多孩子以及孩子的成年人朋友们一些鼓舞。

具有讽刺意味的是，中国，一个不比我们富裕的国家，会如此重视孩子的绘画艺术，对此投入如此多的精力和资源，而与此同时，我们全国正把绘画课程——必须承认的是，大多数都不是很好——从学校中取消。

不管怎么样，我要再一次坚持，并且比以前更强烈地坚持，对孩子来说，绘画是一个非常有力、非常有效的手段，不仅可以用来探索周围世界（以及内心世界），还可以借此表达他们对这个世界的了解和感觉。绘画不是“装饰”，而是一个重要的人类活动和需要，一个被我们忽略的需要，而对这种忽略，我们可能会付出很大代价。

绘画能锻炼大脑、眼睛和手

绘画能锻炼大脑、眼睛和手。我在《孩子是如何失败的》一书中说过，智力测验测试的不是我们对于如何去做知道多少，而是测试当我们不知道做什么时我们会怎么做。同样，当我们面临在任何书本中都找不到答案而我们必须自己解决的真实问题的任何情况以及在这种情况下所采取的任何行动，都能够增强我们的智力。绘画艺术，就像手艺和需要技巧的行业一样，随处都是这样的问题，正是这个原因，我们的技艺精湛的艺术家、工匠、手艺人通常都是很机智的人。他们的大脑很活跃，富有创造力，而且他们必须如此。

不久前就出现了一个这样的例子。我的一个朋友，已经是成年人了，开始学习油画。当他学了一两年之后，我问他进展如何。他说不错，但是有一个问题他好像无法克服——他没有办法让水躺下。看到我一脸茫然，他向我解释。他喜欢画风景，而且画得越来越好。但每当他想要画湖泊或者池塘时，他画的水看起来一点儿也不像水，而像一片蓝色的或者绿色的、或者灰色的从地面上直直地伸出来的玻璃。他给我看了几幅画，确实如此。我们分手之后，我一直想着这个问题。我不停地问自己，我们眼中看到的什么东西告诉我们的大脑在我们面前的水是水平的，而不是垂直的一片玻璃呢？有什么暗示和线索呢？

有一天，我沿着查尔斯河散步，我开始仔细地看，想看看能不能找到这个问题的答案。当然，我找到了很多答案。如果水面上有浪，离你越近的浪看起来越大，而远处的浪就失去了个体特征，变成了粗糙的水面。如果岸边有东西，在岸的远处，这些东西会显得小一些；换句话说，透视告诉我们水体的边缘离我们的距离不是一样的。如果水面平静，岸边的东西会倒映在水里。即使透视没有向我们显示出水体的某个部分比其他部分离我们更远的确切信号，水的颜色的变化也会告诉我们这一点——远处的水更模糊、颜色更蓝或者更灰。由于某种原因，找出这个问题的答案让我非常满意。我解决了一个难题，而且比以前看得更清楚、想得更明白一些了。

条条道路通数学

因为我在绘画方面的无知和缺乏经验，我没有办法给我教的孩子们很多想法或者灵感。但是，我能够做一些小事情，激起他们的好奇心和兴趣，以及此类受用终生的学习和成长的可能性。在教了四届五年级之后，我做了一年的“漫游老师”，开发一些大部分与数学有关的方法和材料。我想用的大部分材料必须自己做。我的原始材料通常是洗衣店放在衬衫里面的卡纸板。这种纸板很便宜，用起来也很容易。有时候，我在我自己的办公室、教室里做，不过一段时间之后，我的很多制作都是在其他班的教室里（征得授课教师的同意之后）完成的，在这些教室里，孩子们能够看我在做什么，如果他们对我做的事情很感兴趣、很好奇，他们就有可能模仿。

有一天，在一间一年级的教室里，我开始用纸板制作一些顶端开口、大小不等的盒子，盒子的尺寸正好可以放入长短不同的“奎茨耐”彩色棒，这是我第一次到这个教室。我有一个画板、一把丁字尺和几把三角尺、一把直尺、一把用来切割纸板的锋利的小刀。所有这些材料对孩子来说都很有趣。他们在正常的课间休息时，会时不时走到我工作的角落，看我一会儿，然后再离开。有时候，他们会问我在干什么，我会回答：“哦，只是在做东西。”

我做完了几个盒子之后，他们就明白了我在做什么。他们也想自己做一些。于是，在他们有时间的时候，老师会给他们几张橡木硬纸板和几把剪刀，让他们随便做。于是，孩子们开始做。通过观察我的做法，或者互相观察，或者他们自己想，或者通过不断的试验和失败，他们都明白了要想做一个顶端开口的矩形盒子，必须先切割出一块大的十字形的纸。开始的时候，他们做出的形状都非常粗糙，各个边都没有经过测量，因此拐角处都不是直角。但是，孩子们手工的感觉非常好。在不受到影响或者欺吓的情况下，他们不管在做什么都希望能比以前做得更好。于是，他们开始更仔细地做盒子，努力想办法搞明白如何剪裁才能使各个边均匀地沿着边缘接合起来，才能让盒子的顶端平整。没有人来向我寻求建议。有时候，有孩子会看着我做一会儿，仅此而已。然后，他们又回去工作。

我看着他们做了一会儿，我希望能够看更长时间，但是没办法，我还有其他班要去，还有一些特别的班要去教，有很多孩子需要我去“指导”，所谓的指导，也就是仓促地为他们准备，希望他们能够通过某种考试。因此，我没有足够的时间来做从容不迫的探索，或者从事有希望的引导工作。很自然，教一年级的老师觉得她必须完成她的课程，必须让那些孩子为二年级作好准备。因此，他们不能在做盒子上花足够的时间，以探索和发展这个制作中包含的数学上的可能性——制作正确尺寸的盒子、制作能够装特定数量立方体小木块的盒子、制作非矩形的盒子等等。

然而，就在他们制作盒子的短短的时间里，一个小男孩做了一件不同寻常的、可能会把他和他的班级引到我从来没有想过的方向的作品。顺便说一下，这个男孩是这个相当麻烦的班级里最麻烦的成员之一。在做了几个开口的盒子之后，他开始思考如何做一个封闭的盒子。他很快就想出了要做这样的盒子需要切哪种形状的纸板。然后，看着他做好的封闭的盒子，他开始把它看成是一栋房子，并在上面画了一扇门和几扇窗户。但是，这不是一栋很有趣的房子或者说看起来不像房子。他开始想，加上尖尖的房顶，说不定可以让这栋房子看上去像一栋真正的房子。我没有看到他是如何解决这个问题的，也不知道他采取了哪些步骤完成了它，但是，几天之后，他的老师把一栋纸板房子给我看，房子有尖尖的屋顶，那是他从一块纸板上裁下来的。房子做得也很好，边缘和房顶接合得很好，在把房子整个折叠起来之前，他裁出了门和窗户，不是画出来的，是裁出来的。真是一件非常出色的作品。

在这样的工作中，有很多进一步探索和学习的可能性。这个特别的孩子以及他的班级没有时间去探索。但是，在另一所不同类型的学校里和班里，孩子们可能可以在此基础上做很多事情。我们可以想象他们会做各种形状的东西，或者是做一个东西，但大小不同，也就是说形状一样，但比例不同。孩子们对比例非常感兴趣，事实上是非常入迷。东西可以做成一样的形状，也就是说，看起来一样，只是其中一些比另一些大，这对孩子来说是一个很神秘、很奇妙的事情。我认识的一个老师，出于示范的目的，做了一大套“奎茨耐”彩色棒，她的学生非常喜欢看、喜欢玩这些棒子。想到这件事，我用纸板做了一套微型的“奎茨耐”彩色棒，大概是原先棒子的五分之二长。很多一年级的学生被这些棒子迷住了。他们非常惊奇、非常开心地发现，原先各个彩色棒之间的关系，在这些微型的彩色棒之间也同样有效。

比例图也同样有非常大的潜在价值。我记得我小时候看到有人把一张很小的图放大成一个很大的图，他把小图放在格子上——坐标纸或者方格纸——然后复制到一个大一点的格子上。我想我可能还自己做了一两次，总是很惊奇地看到那样做成功了。但是，这不是我们常规的学校功课的内容，如果我们要做，就必须在家里做；或者如果我们在学校做，必须小心不要让别人看到。然而，我很容易就能想象出，在一个全是小孩子的班上，孩子们看到开始时的一幅小图能够被越画越大，直至大到可以盖住一面墙或者黑板时，他们会多么着迷。反过来，这又很容易联想到坐标点、坐标图、解析几何这些不是用图画而是用函数来代表图画的东西。或者，从另一个角度来说，它很容易让人想到用不同比例精确地画出真实的物体，然后，从这些可以想到测量法，不仅是测量长度，还可以测量角度，并引申到绘图法。

不难看出，这里面包含很多数学的东西。我们在学校所做的大多数事情背后的基本理念是，孩子们应该而且必须花很多年的时间去记住很多枯燥的事实，而后他们才能用这些东西去做一些有趣的事情。这是一种愚蠢的方式，而且没有效果。大多数孩子在获得足够的枯燥事实去做或者想做任何有趣的事情之前，就已经厌倦了我们塞给他们的这些枯燥的东西。即使是那些学会了这些事实的孩子，他们中的大多数在学习的过程中智力也变得迟钝起来，以至于他们想不到要用这些东西去做些有趣的事情，只知道继续积累越来越多的枯燥事实——我们的研究院和大学的教育活动基本上就是这样的。但是，如果我们恢复事情本应有的样子，如果我们让孩子去做一些需要他们去发现并使用在其他情况下显得枯燥而又无用的知识的事情，那么他们会很快学会这些东西——就像我在前面提到过的那个学习电子学的男孩一样，他在两年内达到了九年级的阅读和数学水平，而他从来没有上过一堂正式的课。

还有一次，我向一年级的孩子介绍了立体图的概念。对此，向他们展示要比向他们说更容易。假定我面前有一个立方体，这个立方体的立体图应该显示出它的三个面，即顶面和两个侧面，所有的边线都应该画成等长的。立方体垂直的边应该用垂直的线画出来；水平的边应该用与垂直线呈六十度角的往右和往左的线条画出来。

立体图是绘图员用来呈现某个物体的三维图像的。有一种纸叫做等角投影纸，上面画有垂直的线以及与垂直线呈六十度角的往右、往左的线。我用复印机复印了几张这样的纸，然后拿到了一年级的班上。开始的时候，我用彩色蜡笔或者用彩色魔术毡笔画了一些彩色的图案。在我画了一些有趣的形状和图案之后不久，孩子们就问我是否能给他们一张纸，好让他们自己也画一些。最后他们确实画了一些。

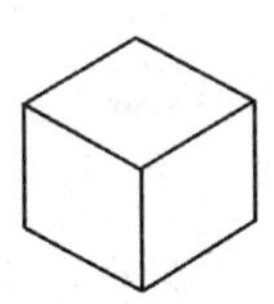

我现在知道有一种很相似的投影制图法，叫做轴测法，我觉得孩子（或者大人）可能会发现这种方法画起来更容易些，看起来也更有趣。它很像立体图（在空间中垂直的线在纸上也是垂直的），但是所有水平的表面都以它们真实的形状出现。因此，用轴测法画出来的立方体顶端的一面是一个正方形（见图）。

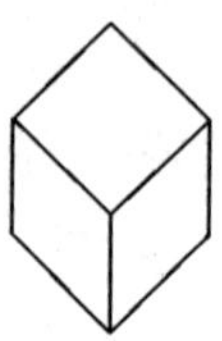

在一些“旅行指南”中，你会发现一些重要建筑的轴测图。德国有一家公司出版了一整套不同城市的地图，大多数是德国的城市，不过也包括纽约，在这些图里面的所有建筑都是用这种方法绘制的。纽约的地图惊人地精致和漂亮，看着它就好像乘坐一架飞机飞过这个城市的上空一样。小孩子对这样的绘图可能不太懂，但是大一点的孩子，尤其是那些了解纽约的孩子可能会觉得这幅地图非常吸引人，有些孩子肯定会总想着一个问题或者说任务，那就是画一幅他们知道的建筑或者他们用拼装玩具以及其他积木堆起来的建筑物的轴测图。

有一天，在一个一年级的班上，我一边观察，一边做着自己的事情，这时，我想到了一个主意——画一栋带尖屋顶和天窗的房子的立体图。这引出了一些有趣的问题，只要你试一下，你就会发现有哪些问题。房子的主体部分很容易画，门、窗户和屋顶也很容易画。但是，当我开始把天窗画到屋顶上时，事情变得困难起来。就在我为难、想办法的时候，孩子们时不时地过来几分钟，看我在干什么。过了一会儿，他们中的一些人想要试试画一些立体图。开始的时候，他们只是画一些简单的方框，然后他们开始画有门有窗的平屋顶房子。有时候，他们画窗户时，会忘了现实中的水平的线应该画成与垂直的线呈60°角。但是，当他们犯了这个错误时，他们几乎总能发现，因为过一会儿之后，图看起来就很可笑、好像是错的，或者是有人会给他们指出来。然后，他们会过来再看一下我的画，看我是如何解决这个问题的。有些孩子甚至开始设法画尖屋顶的房子，这对一年级的孩子来说是个难题。同样，我们没有多少时间来做这件事，但是很显然，孩子们对此非常感兴趣，而且可能会从中学到很多东西。就像我们先前做盒子的工作一样，它在几个方面都有意义。我们可以想象，孩子用不同的比例画出很多现实的物体的立体图，或者探究立体图与传统比例图之间的关系，立体图能够显示出正面（或者说立面）、侧面和俯视面；或者孩子们会先画一种图，再画另一种图。如果我们将透视的概念引入进来，会产生更多有趣的问题和可能性。小孩子就像刚开始学画画的人一样，在他们的绘画中没有纵深，就像那个画树的小女孩一样，因为他们不知道如何画，即使考虑一下这个问题也会让他们感到不安。如果他们面对这个挑战，结果会怎样？我们几乎不能期望小孩子能自己发现透视的概念，尽管在这件事上就像在其他事情上一样，他们可能会给我们带来惊奇。但是，他们肯定能自己发现他们需要它，他们一定会很高兴看到有一种方法，可以把铁路轨道画得跟真的轨道看上去的样子一样。

我在前面说过，从非常严格的意义上来说，绘画就是指将被画的东西重现于纸上，它既锻炼大脑，又锻炼眼睛。有一次，我让我五年级班的学生画一辆自行车。他们马上问了我各种问题。什么样的自行车？你们骑的那种，你们在校园里看到的那种，很常见的、有两个轮子的那种。男孩子骑的还是女孩子骑的？都可以。于是他们开始画。这里没有优先技巧的问题，班上只有一两个孩子真的因为好玩而喜欢画画——这就是多年学校“艺术课”的结果，是那些相信绘画很重要或者他们说他们相信绘画很重要的学校。但是，即使真的喜欢画画的那几个孩子也不喜欢画自行车。过了一会儿，除了一两个拒绝尝试而故意失败的孩子之外，孩子们把他们的画给了我。这些画非常能说明问题。班上的孩子中，那些聪明、头脑依然活跃并且还对事物的真相感兴趣、而不是对正确答案和远离麻烦感兴趣的孩子画出来的画，或多或少都像自行车。他们在某些地方的细节上可能画得不对，但是他们画的自行车都说得过去。显然，在作画时，他们思考了自行车是如何构成的、如何工作的。他们都画了某种框架，轮子连在框架上，还有某种让轮子转动的方式。但是，另外的孩子，那些失败的孩子，他们的画只是一堆非常特别的形状的组合，它们跟真实的自行车几乎没有任何关系，或者说，这些形状相互之间也没有任何关系。我大概能够辨认出哪个应该是轮子，但是它们跟其他任何东西几乎毫无关联。这些画大部分看起来就像是自行车的两三个不明确的部分悬浮在空中。于是我把这些孩子带到外面，带着本子和铅笔，让他们坐在一辆自行车前再试一次。结果几乎没有任何改善。即使自行车就在他们眼前，他们也看不明白它是如何组装在一起的；或者即使他们能够看明白，也无法使这个知识在大脑中维持足够长的时间，好让他们能够把它转移到纸上。看起来好像他们受到的学校教育时间太长了，以至于使他们远离了现实，再也不能看到现实，再也不能理解现实、掌握现实。

如果孩子们能够更多地做一些我描述过和建议过的事情，他们能够得到的将不仅仅是知识，还会学到技巧。这对一个孩子来说很重要。能够把事情做好，能够获得看得到的结果，会让孩子感觉到自己的存在和价值，这种感觉他永远无法从正规的学校作业中获得，无法从取悦老师中获得，不管他多么擅长于此。可惜，在学校里这样的机会很少。在我自己所受的代价不菲的学校教育中，几乎没有这样的机会；一直到我大概三十岁的时候，我制作过的唯一的东西是一些飞机模型，那还是我九岁或十岁的时候在学校之外做的。学校的这种做法以前是错误的，现在还是错误的。玛丽亚·蒙台梭利表明，孩子们尤其能够做，也喜欢做谨慎、精确的事情以及充满活力的事情。至少有些时候孩子喜欢小心翼翼，如果是工作或者事情要求他如此，而不是某个大人要求他如此。我们应该给他们更多机会和方法，让他们去运用、去发展技巧和精确度。

有一点我要说明。我希望不要有人误解我，以为我说我们应该抛弃现在的课程，然后根据我刚才说的那些事情制定一个全新的课程来取而代之。我只是建议了一些事情，孩子们可能喜欢在学校里看到这些事情，而他们也喜欢自己做，他们应该能够自由地选择。不过他们还必须能够自由选择是用这种方式探索世界，还是用其他很多方式中的任何一种来探索世界。如果我们只是用立体图或者模型建造来代替算术，用的还是老一套的课堂作业、家庭作业、反复练习、考试等方法，我们得到的会很少，甚至可能什么也得不到。

给孩子自由，他们的进步会比我们想象的快得多

就在我做上面描述的工作的那一年里，我替一个一年级班的老师代了一个星期的课。那个老师有一个习惯，就是每天早晨在黑板上写几道算术题，这样孩子一进教室的时候就能看见，在他们开始一天的正式学习之前，可以做这些题目。这些题目一般都是加法题，极少超过两个数字相加，相加之和也极少超过 10，从不超过 20，因为孩子还没有学——也就是说还没有被告诉——如何做这样的题目。

有一天，发生了一件让人开心的意外事件。我忘了把题目写在黑板上，有两三个孩子来得很早，看到黑板上没有题目，担心了一会儿，然后问他们能不能在黑板上写一些题目。（所有的小孩子，有些可能还不小了，都喜欢在黑板上写东西。）我告诉他

们当然可以，随便写。他们开始写一些类似于以前出现在黑板上的题目。但是，过了一会儿，他们的胆子越来越大，开始写像70+20=?的题目。他们经常会争论正确答案是多少。他们从不放过一道题目，除非他们觉得自己知道该如何做了。通常，他们在很短的时间内就能达成一致，而他们达成一致的答案通常都是正确的。对任何错误的答案要达成真正的一致是很困难的。极少数情况下，他们会向我求助，也就是当他们陷入争论，而很多人都肯定自己是对的时候。过了一会儿，他们开始计算这样的题目：200+400，甚至是230+500，或者340+420。随着题目越来越复杂，孩子们——不是所有的，但是不少——渐渐地自己领悟出了大多数的加法规则。一个星期之内——每天只做几分钟——他们涉及的东西是学校打算花几年的时间来教给他们的。

在这个星期的最后，就在他们刚刚开始起步时，我不得不离开了，因此没法再给他们这种轻轻的推动作用，使他们可能考虑乘法或者减法的问题。但是，我看到的事情已经足以使我感到，如果把算术当成它实际上的东西——一个被探索的领域，而不是一堆被学习的事实——来对待，那么孩子们，至少是很多孩子的进步会比我们想象的快得多。

因此，在绿峡谷学校的创立计划书中，乔治·范·希尔西墨——他根据人类自由的理论建立了这个学校和其他学校及机构——写道：

在这个学校开始上学的学生不害怕数学。我们很高兴地看到，五岁的孩子把数学当成他们的睡前“故事”，并且用四个晚上就完成了幼儿园、一年级、二年级、三年级的练习册。我们不能指望暑期学校的学生有这种进步，也不指望那些在一年级之后入校的正规学生有这种进步。

依然是这一年，有一天，我想起了一个五年级的男孩，他告诉我在100和200之间，有164个整数。凭直觉我感觉到，孩子们觉得数字越大就越密集，换句话说，就是在900到1000之间的整数比100到200之间的整数多。即使他们对小的数字有点儿常识，但是，当数字变得足够大时，这种常识也就没有了，可能我们所有人都是这样的，他们的脑袋开始晕眩，他们的猜测也越来越漫无边际。

我想一年级和二年级的学生可能会对数字如何增长感兴趣，也可能会对某一数字的大小有一个具体的概念。有一天，我买了一卷加法机用的纸，带到了一年级的教室里，我没对任何人说一句话，就开始在纸卷上划分点，点和点之间相距两英寸，当我画了很多点之后，开始给它们标上数字：1，2，3，4，5……每个点上标一个数字。像往常那样，不久，一些孩子就过来看，他们问我在干什么。我叫他们观察。他们又看了一会儿，然后走开了。又有其他人过来看，时不时会有一个孩子问："那是干什么的？"在我看来，这个问题是在问："我们要用这个做什么事情吗？"通常我都不回答他们。如果孩子直截了当地问他是不是也必须做一个，我说："天哪，不！"渐渐地，数字越来越大。当数字接近100时，有人去告诉了其他人，孩子们都过来围着我，看我写。就像汽车里程表上的数字从很多个9变成0时那样神奇的时刻。

最后，有人说："你从哪儿弄来的这些纸？"我说了商店的名字。"多少钱？""二十五美分。""能给我一卷吗？"我说："当然可以，只要你付钱。"我以为这样就结束了，但还不是。第二天，几个孩子带来二角五分硬币，要买纸卷。我给他们买了带到教室，然后他们就开始工作。不久，就有超过一打的一年级、二年级学生在做他们自己的数字纸卷。有些孩子只是写上数字，并不仔细地隔开它们；还有些孩子重复我做的事，使数字等距离地隔开。数字越来越大，很多孩子继续往上写，一直写到了百位数。

我继续写我的纸卷，最后，我不得不将一卷新的纸接到原来的纸卷上，然后继续写，一直写到了1500左右。有两个男孩子都对数字感兴趣，还都喜欢竞争，他们把纸卷带回家继续做，不久，他们把纸卷交给我，数字已经接近2000了。

可能有人会说，事实上，也确实有人这么说："这样做的好处是什么？孩子们学到了什么呢？"是的，当然要有意义，他们能回答什么问题呢？他们能通过什么考试呢？最终他们又能干什么呢？我不太确定孩子学会了什么。不同的人可能学会了不同的东西。我猜他们可能了解了一些数字增加的速率，具体地说，他们可能了解了一些他们在算术中遇到过的数字的意义。一天，我的纸带已经相当长了，数字差不多到500了，我们把纸卷全部展开，我们必须穿过教室，一直铺到外面的走廊里，才把纸展开到头。孩子们好奇地、热切地沿着纸带走来走去，说："这儿是200，这儿是400。"等等。

我原本有很多计划，打算在第二年接着做这件事，但是，维持这项工作的钱——每年几千美元——用光了，我不得不停止。当我想到花在教育上的那些钱，想到用了大部分教育经费所做的那些事时，我感到有点痛苦。看起来卷纸可以用在很多方面，可能会引导孩子了解乘法运算、因子、大的数字、比率、比例、测量法、绘图……谁知道还有什么呢？

给孩子"鼓捣"的时间

最重要的是自由，自由地选择如何去做，或者自由地选择不去做。在"新数学"还没有被提起之前，在课程改革进行得如此轰轰烈烈之前，比尔·赫尔正尝试让他五年级的学生做一些真实的、有创造性的、能引出问题的思考。他使用的装置之一是平衡板，一块在正中央保持平衡的木板，两边有放砝码的地方。孩子们要想出平衡板的原理，不管我们在一边放了多少砝码，他们要能够在另一边放上砝码使之平衡。在《孩子是如何失败的》一书中，我描写过一些非常聪明的五年级的孩子对这个平衡板做的一些事情。我还记得有个女孩，她好像知道如何去做，至少能解决简单的平衡问题：一边两个砝码，一边一个砝码，如何平衡。但是，班上其他孩子几乎一直无法计算出哪怕最简单的问题，大多数人都只是在猜测。尽管我们——或者说我们以为——已经做了一切可能的事情来创造一个环境，使发现变得更容易些，但结果还是这样。我把孩子分成小组，给每个孩子一个简单的问题，鼓励小组里另外的孩子说出他们是否认为这个问题的解决方法是对的，如果不对，为什么不对。我们以为我们在班上建立了一个微型实验室，以为孩子们会像科学家那样合作。但是，我们没有建成实验室，他们也没有像科学家那样合作，只有一个原因，那就是他们在做的是我们的问题，不是他们的问题。

两年之后，当我在教我自己的五年级时，我向比尔借了一些平衡板，看我的学生能不能从中学到点什么。我把这些平衡板放在教室一角的一张桌子上，平衡板上放了一些砝码。然后，我有了一些意想不到的收获。我还没来得及讲述，或者解释，或者指导这些平衡板的用法，一些早上来得很早的孩子就看到了它们。“这是什么东西？”他们问。我说：“哦，是我从比尔·赫尔那里借来的玩意儿。”他们问：“干什么用的？”我说：“没什么特别用处，如果你们想，可以随便玩。”三四个孩子来到桌子边上开始玩平衡板。其他孩子来到教室后，也走过去看。半个小时之后，几乎所有摆弄过平衡板的孩子都知道了如何操作它们，包括一些不太优秀的学生。我向其中一个孩子提了一个问题，这个问题在前几年曾给非常聪明的学生带来了很多麻烦。她很轻易地就回答了这个问题，并且表明了她知道她在干什么。我问她：“你想出这个问题时遇到什么麻烦了吗？”她说：“哦，没有，这很简单。”

不久之后，比尔·赫尔以及我的另外一些朋友开发出了一套非常巧妙、非常有效的数学和逻辑材料教具，称为“属性积木”，或者简称为A积木。这是一套木块，有各种各样的颜色、大小和形状，孩子们可以用它们来做很多种的分类游戏，可以用它们来做很多很多事情，而这些事情专家们曾说过孩子们不可能做到。

他们开发这些材料时，把大多数都是五岁的年幼孩子分成小组，然后把孩子们带到既是办公室，又是实验室，又是教室的房间里，跟他们一起工作，也就是说和他们玩各种各样的游戏，玩智力玩具，解决问题等。（有些现在已经并入教学单元的游戏就是孩子发明的。）从孩子对这些材料的反应当中，他们发现了一件非常有趣的事情。当孩子第一次进来时，如果他们试图让他马上“工作”，玩一些游戏，玩一些智力玩具，他们会毫无进展。孩子会努力地去做要求他做的事情，但做的时候一点儿也不开心，也没有任何洞察力。但是，如果开始时让孩子自己待一会儿，用他自己的方式去玩那些材料，结果会有极大的不同。起初，孩子会根据他们的想象来玩木块，有些木块是爸爸和妈妈，有些木块是孩子，或者可能是房子和汽车，或者大动物、小动物。然后，孩子会用木块组成各种各样的图案、建筑和结构。通过这样的玩耍和想象，孩子已经把这些材料印到了脑海里，从精神上吸收并理解了它们，可以这么说，他们已经准备好了，愿意在更组织化、更严肃的情形下玩非常复杂的游戏，而这种情形曾让其他孩子感到十分困惑。这证明了这种做法始终是正确的，也就是说研究者始终应该让孩子有一段完全自由的时间，可以随意地玩那些材料，之后再要求孩子用这些材料做指定的工作。

大卫·霍金斯是科罗拉多大学的哲学教授，也是《小学科学教学研究》的前任负责人，他就这个问题写了一篇极富洞察力和雄辩力的文章《鼓捣在科学教学中的作用》，他的文章部分内容如下：

（在科学教育以及基础教育的其他课程中）应该有一段时间，这段时间应该比通常允许的时间要长，用于自由的、不受指导的探索工作（如果你喜欢，你可以把它叫做玩耍，我称之为工作）。给孩子材料和装备等各种东西，允许他们建造、测试、调查、做试验，不要问他们任何附加的问题，也不要给他们任何指导。我把这个阶段称为“鼓捣”。……在有些行话里，这种情形被称为“无组织的”，这容易令人误解；某些怀疑者就称其是“无秩序的”，我们永远也不要“无秩序的”情形。“无组织的”容易令人误解，是因为在班上发生的事情中始终存在着一种组织形式。

让我从自己最近的经历中引用一个例子。一天早上，在一个五年级的班上，我分发了一些简单的架子，每个架子的绳子上可以承受两三个钟摆。每两个孩子给一个这样的架子。在早先试验的两个班级里，我们是以一种更加组织化的方式来介绍这个装置的，在允许孩子进行他们实验性的工作之前，我们进行了示范并提了一些问题。然而，如果说这次也要给孩子一些指导的话，那么指导只来自于架子本身——钟摆是会摆动的！

波士顿有一所名为“城市学校”的暑期夜校，我在那儿教英语，学校的前厅里就有一个这样的钟摆架，有些学生（高中生年纪）一进来就会围着架子玩儿。另外一些学生不这么做。前几天晚上，有一个男孩走进来，怀疑地看了钟摆一会儿，然后说：“这应该干什么用？”在学校里待久了的孩子问出这样的问题，已经不会再让我感到惊讶了。我说：“这不用来干任何事。我们是不是该告诉它去做点什么？”他没有听懂我的玩笑，甚至不知道我是在开玩笑。他甚至连摸都没摸钟摆一下。这是危险的。如果他不知道它是“用来”干什么的，他就不会试着去让它干点什么，它可能会出事儿，别人可能会以为那是他的错。这是我在《孩子是如何失败的》一书中描述过的有关那种感觉的一个很小但很明显的例子，对很多孩子来说，大自然和宇宙不仅仅是无规律并不可预测的，而且甚至是不友好并充满危险的。

我开始自己鼓捣钟摆。我知道短的钟摆摆动的速度比长的摆要快，我知道这一点并不是因为我记住了这个规则，而是出于我对这个世界如何运作的感知。我已经忘了摆的长度与摆动速度之间的确切关系，我模糊的直觉告诉我，如果一个摆的长度只有另一个摆的长度的一半，那么在后者摆动一次的时间里，前者会摆动两次。我对此检验了一下，发现我错了。于是，我调节短摆的长度，直到短摆摆两次，而长摆摆动一次。然后，我目测了短摆的长度，大概是长摆长度的四分之一。从这个试验中，我重新想起了规则。就在我忙着这个小小的试验时，一个非常活跃、非常聪明的女老师开始注视我。没过几秒钟，她开始以有点着急的声音说：“它应该遵循什么规则？什么规则适用于此？”我笑着回答道：“为什么你不再看一会儿呢？看看你会看到什么？”但是，她不能或者说不想玩这个有点孩子气的游戏。之后，她又相当焦虑地谈论起规则，说她总是记不住那些科学规则，总是学不好自然科学等等，所有的话都是出色的标准防御策略，谈了一会儿之后，她离开去做她自己的事情了。

现在，我们回到霍金斯教授的文章：

用这种方式开始之后，我天真地以为几个小时的“鼓捣”就足够了。但是，过了两个小时之后，我们又给了孩子们两个小时，一直到最后，一共用了几个星期。自始至终，只有极少数的孩子或者说没有哪个孩子表现出厌倦或者困惑的迹象。孩子们问我们的那些问题，大多数都不是按照我们的计划被提出来的。

为什么我们允许这么长的时间？首先，因为在之前的班上，我们注意到，当我们倾向于让孩子们“鼓捣”时，事情进行得就很好；当我们牢牢地控制着孩子要他们做我们让他们做的事情时，事情就不太顺利。很显然，这些孩子对摆的运动还不是很熟悉，他们需要建立一个识别背景，在这个背景之下才能形成并理解一种分析性更强的知识。

用我自己的话来说就是，只有他们对世界的感知中有了足够的钟摆，谈论钟摆对他们来说才会有意义。不仅对自然科学是如此，对于阅读、数字、算术、历史、地理或者语言等等都是如此。在孩子们开始学习阅读之前，他们也需要“鼓捣”的时间以把字母和声音联系起来，而我们在学校极少给予他们这样的时间。他们在开始尝试去记住特定的单词之前，需要时间在头脑里建立起对单词的样子的感觉，这个过程不能仓促、不能有压力。同样，在他们开始——如果他们真的应该开始——尝试记住加法知识和乘法口诀表之前，他们需要时间来“鼓捣”数字和数词。他们需要知道 76 或者 134 或者 35000 或者一百万是多大。他们需要在没有催促和压力的前提下，看到数字是如何变化的、如何增大的、数字之间的关系是怎样的。他们在开始谈论某个领域之前，需要先建立起对这个领域的感知。我们做教师的喜欢这样想——我们可以通过解释把我们自己的感知移植到孩子头脑中，而这是不可能的。

霍金斯教授继续写道：

第二，我们允许事情这样发展，是因为我们断定我们正从孩子那里获得一种新的反馈，我们很想看看他们的兴趣在哪儿以及通过哪些途径表达他们的兴趣。我们的回报是一个更高水平的参与和多种多样的试验。我们的角色只是从一个地方走到另一个地方，提供帮助但从不有意识地提示或者指导。尽管——也正因为如此——少了这些指导，这些五年级的学生对钟摆变得非常熟悉了。他们从很多方面改变运动的条件……有了很多发现，但是我们让这些发现悄悄地过去了，没有给予太多成年人的反响，尽管我们对此有很自然的、很明显的喜悦之情。于是，发现产生了，被注意到了，过去了，又被发现了。我想，这正是那个有点自以为是的短语“发现教育法”困扰我的原因。当学习处在最基本的层次时，就像现在这个例子里一样，就让所有牛顿力学的抽象概念先待在角落里吧，不要着急！当头脑开始思考那些通向物理知识的抽象概念时，在我们真正理解它们之前，我们所有的人都一定会在无知和领悟之间的那条线上来来回回地跨越很多次。

这正是我在“孩子如何学阅读”那一章里描述的那个五岁的小女孩儿自学阅读的过程。“当头脑开始思考那些抽象概念时……”实际上，这是指你得到了一个微弱的直觉，又失去了，又再次获得，检验它，又失掉它，又获得它……所有这些你都要经历很多次。你认为一个词是这个意思，好像对了；当你再次遇到这个单词时，尝试了一个新的直觉，发现这个直觉错了，这就造成了不一致。你修正了错误，然后继续。很多次以后，你认得了这个单词。你不是记住了它，而是认得了它。这就是你感知事物的方法，你不会再“忘记”它，就像你不会忘记如果你扔下一只鞋，它会掉到地板上，而不会飞到天花板上一样。

还有一点。霍金斯教授正确地说道：“在我们真正理解它们之前，我们所有的人都一定会在无知和领悟之间的那条线上来来回回地跨越很多次。”我们不仅要跨越那条线很多次，而且，用老话说就是，没有其他人能代替我们跨越那条线，我们必须自己越过去。被推过去或者拉过去都没有好处。

霍金斯教授继续写道：

这个阶段（鼓捣）非常重要，因为孩子们已经学了的东西以及他们已有的道德、智力、审美的发展水平，是学校对他们进行教育的源泉和根基。如果目前教育的定义中包括孩子从一出生起就已经学会的一切东西、包括他们从大自然以及人类世界了解的一切事情，那么不管用什么明智的方法来衡量，孩子在五六岁之前学会的东西的重要性都超过了所有其他时期。当我们把教育的范围缩小到学校里进行的教育时，我们就抛弃了那种带来早期的、激动人心的进步的方法……因此，要继续孩子在较早时候的学习方法，要找到学校教育的好起点，这种自由参与的方式会让幼儿园在孩子眼中看起来像是一个花园，而不是一个干燥、吓人的沙漠，这就需要对我称之为“鼓捣”的方式给予更多的重视。从这个意义上来说，花园并不会在孩子第一年上学的时候就结束，也不会在他到十岁的时候就结束，尽管那个时候他可能会放弃一些孩子气的事情。随着时光的消逝，通过“鼓捣”和其他工作的很好结合，“鼓捣”随着孩子的发展也改变了它自己的性质，变成了一种不再孩子气的工作方式，尽管它依然保存了儿童般的特质，但这种自律的探索和研究正是创造力的精华所在……

如果你曾经让孩子沿着他们自己选择的道路发展他们的学习，那么你一定看到了他们的这种个性贯穿并保持于他们工作的始终。你不可能在以这种方式开始之后，又说，“那只是戏弄人的。”然后运用你成年人的权威，贬低孩子们自己做的事，而同时还能发现非常有价值的东西。所以，如果在“鼓捣”之后就对孩子的工作进行外部的指导和约束，那么一定要准备好我称之为“多种选择”的材料，这样，这些材料中要包括一些为学生准备的文字的和带插图的指导，但是，材料的设计要包含尽可能丰富的主题和顺序，以便孩子能够对指导中给出的任何方法进行自主研究，这样，这些材料才能够被孩子当成可以帮助他在那个方法上取得更大进步的东西。胆大的老师有时会自己这么做，但是，很显然，课程材料的设计者可以提供巨大的帮助。设计的那些材料要能给老师和孩子提供丰富的选择，能够使老师从沿着预想好的道路当领导者和牵引者的角色中解放出来，在使小组活动多样化中，给老师以鼓励和真正的后勤帮助。

我们必须承认，的确有些老师喜欢做“领导者和牵引者”。他们喜欢那种时时刻刻控制一切的感觉，不仅要控制孩子们的身体，还要控制他们的思想。他们喜欢感觉自己是班上所有知识、智慧和学习的源泉，甚至是唯一的源泉。有些这样的老师是被一种对权力的热爱所驱使，班级给他们提供了大量的这种权力；另一些老师是被一种深深的、有时是饥渴的需要所驱使，他们需要感觉到自己对学生是有用的，是学生必需的，甚至是不可缺少的。关于孩子能够也应该自己学习的任何建议，都会使这两种老师感到强烈的威胁。很多其他的老师很愿意给他们的学生更多独立和自主，但是，对标准考试的担心使他们退缩了，他们的学生包括他们自己会因为考试而受到评价。在那些主要任务就是让孩子在成绩测验及各种考试中取得高分的学校中，我们不可能看到很多没有框框限制的、独立的学生行为。必须公平地说，到目前为止，那些课程革新者和教育改革者也没有很多人对此表现出很大的兴趣。他们坚信自己给学生规划的道路是所有可能的道路中最好的，他们主要关心的是如何引导或者说拉着孩子们在那条路上走得尽可能快。

霍金斯教授继续写道：

有一个很常见的看法，那就是班级学习的多样化只有当老师带小班时才有可能。“也许你能那样做，但是，你最好到我有43个学生的班上来试试！”我绝不想轻视小班的重要性。但是，在这个特别的情况下，话应该这样说，在大班里，你更不能不让孩子的学习多样化，或者说不能不愿意让孩子进行多样化的学习，因为他们不可避免地会这样做，如果给他们机会的话。所谓的

“按能力分组”现在是一个很受欢迎的解决办法，但是，这根本解决不了学生的学习动力问题。那些按照通常的标准被认为能力相当而被分在一个小组里的孩子们的趣味和自发的兴趣的差异，并不比分组之前小。……当孩子在学习中缺乏自主性时，每个人都会感到厌倦。

大小班的问题是一个每当我提及就会被问起的问题。我的回答是，在小班里，你或许至少可以保持你完全控制局面的幻觉，使每个人在同一时间都做同样的事情；而在大班里就不可能。假设在一个20人左右的班上，孩子都很听话，老师有可能成为一个相当有效的警察。在一个40人的班上，那就不可能了。有太多孩子要看。大班在我们很多的学校里都存在，而且这些大班正变得越来越大，而不是越来越小，这就要求我们必须想办法打破同步教学的要求，并让我们的学生自主学习。这在我们的城市尤其重要，因为这里的很多孩子不像郊区的孩子，他们不能也不愿意整天忍受无聊。很多人说起这个问题时，给人的感觉是好像我们的问题在于应该让城市里的学校变得和郊区的学校一样好。这根本不是问题所在。我们之所以能够让无聊和错误的教育在郊区的学校里存在下去，是因为孩子们愿意忍受它，尽管我们可能也无法使它在那儿存在太长时间了。我们无法在城市的学校里进行这种无聊、错误的教育，是因为孩子们不愿意忍受它，我们也没有办法逼他们。只有真正的教育才能解决我们城市学校的问题，真正的教育就是指霍金斯教授谈论的那种学习。

孩子学习的途径

一些社会科学的教师曾经在一个会议上问我，在他们的领域，孩子们怎么可能独立地探索和学习。为了回答他们，我讲了几个故事。

第一个故事是关于一个七岁男孩的。一天，他看到并读了一篇有关潜泳的文章。就像大多数孩子一样，他对斯库巴自携式水下呼吸器非常感兴趣，对潜水者看到的、抓到的各种各样色彩鲜艳的鱼更加感兴趣——水下世界及水下世界的生物都让他非常感兴趣。他很激动，跟他的妈妈谈起了这篇文章。不久，他的妈妈又给他找了另一篇关于潜水员的文章。但是，这个潜水员潜水不是去抓鱼，而是去寻找财宝——花瓶、碗、器具、武器等等——这些财宝正躺在三千年前在地中海沉没的一艘船的货舱里。这个故事的每一件事情都引起了男孩强烈的兴趣，而最吸引他的想法是，那些奇异的、漂亮的东西就躺在那儿，没有人知道，已经被遗忘这么长时间了。他开始对创造了这些财宝的克里特岛和迈锡尼的前荷马文明感兴趣。大人给他提供了帮助，为他找了一些相关的书籍，这些书他都看了。在这些书中，提到了荷马和特洛伊战争，所以他就读了《伊利亚特》和《奥德赛》的简写本。他在读特洛伊的书中的某个地方时，读到了特洛伊的七个城市，读到了席理曼，也就是那个发掘出七个特洛伊城的考古学家。想到一个城市就那么完全地消失于地下，而另一个城市就在它之上建立起来，而且这样的事情还发生了七次，这让他深深着迷。同样让他着迷的还有耐心地使这些被埋葬的城市重现天日的想法。这让他希望找到有关考古学的尽可能多的东西。当我最近一次听说他时，他正在读他能得到的有关那个学科的所有东西。

第二个故事是关于一所只有一个教室的乡村学校的，这所学校由朱莉亚·韦伯执教。她在一本名为《我的乡村学校日记》的书中描写了她的工作。

这是一本关于教学的重要的书，告诉你当老师意味着什么，我们经常听到学校抱怨说他们不能做这个，不能做那个，因为他们没有钱，这本书是我见过的驳斥他们的最好论据。

学校里的孩子从一年级到八年级，大多数时间他们都必须自己学习。有时候他们会讨论，就像一个班级一样。在这些讨论中，他们会提出很多问题，韦伯小姐通常的做法是把很多没有答案的问题写在一张大纸上，然后贴在墙上，让孩子可以看到并思考这些题目。孩子们没有必要非得找出这些问题的答案，它们不是课程或者家庭作业。但是，他们可以不受约束地对这些问题感兴趣。有些问题始终没有答案，还有些问题激发了班上学生的求知欲，引导他们进行了一些范围很广的探索。

一年的初春时节，就出现了一个这样的问题。那时，孩子们正准备脱去冬装，衣服在收起来前，必须清洁干净。有个人问，为什么这些衣服不能水洗。很多孩子都知道是因为羊毛会缩水。但是，为什么羊毛会缩水？缩水后结果会怎样？没有人知道。如果他们可以通过显微镜观察羊毛，那么他们可能会知道为什么。遗憾的是，他们没有显微镜，也不可能买得起。不错，他们可以借一台。于是，他们给州立大学写了一封信，问他们能不能借一台显微镜，信中解释了他们想要用显微镜干什么。顺便说一句，孩子们总是在写这样的信，因为他们的学校太小了，他们需要的课本和设备大多数都不得不从别处借。

在我看来，这正是对现在某种迷信观点的回答，这种观点说我们必须有大型的学校，因为如果一个学校没有所有最新的设备，那么它就不可能给孩子提供好的教育。在我们让学校变得越来越大的过程中，我们失去的价值远比我们获得的价值多。每个学校从所有这些昂贵的材料中获得的有限效果，我们用别的方法很可能也能得到。应该有一些中心图书馆，从那儿可以借书、借设备，或者成立流动图书馆或者实验室，轮流去各个学校，有些地方确实在这么做。

不管怎么说，显微镜最终被借到了，孩子们在等待它到来的日子里，还做了很多很多事情。当他们仔细地打开显微镜的包装、仔细阅读使用指南、学习如何使用时，他们非常激动。很快，他们就准备好了观察洗之前和洗之后的羊毛。他们发现羊毛纤维有节，很像套筒望远镜，由于某种原因，当羊毛洗了之后，这些节就滑到一起去了。在观察完羊毛之后，他们决定把其他很多种织物——尼龙、棉织物、人造丝等——也拿到显微镜下看看。他们注意到了纤维本身外表的不同，还注意到了织物的外表跟它编织的方式有关。这让他们开始对编织感兴趣，经过一番讨论之后，他们决定要用最简单的工具编织一块布料。他们又写了几封信，过了一段时间之后，得到了他们需要的所有纺织、编织布料的东西，就开始用未经加工过的羊毛工作起来。他们决定用羊毛是因为羊毛用简单工具纺织起来最容易。他们从一个饲养绵羊的邻居那里得到了一些原羊毛，然后对羊毛进行清洗、梳理、纺线、编织。班上有人想到，找出制成一块布料需要多长时间，一定很有趣。他们决定记录花在这个工程上的时间，因此，他们形成或者说发现了工时这个作为工作计量单位的概念，这是经济学中一个非常重要的概念。

当他们编织完那块小小的方形布料时，记录显示他们用了 72 个工时。这一小块方布需要 72 个小时！做一整套衣服那得需要多长时间啊？这带来了很多算术思考，还有计算不规则物体面积的难题。当他们发现做一套衣服需要多长时间——按照他们的速度——时，他们开始惊讶，早期殖民地时期的人是如何抽出时间给自己做衣服的呢？同时，他们也开始明白劳动分工和节省劳力的机器是多么重要，多么有用。

这个布料工程带领孩子向很多个方向进行探索。首先，他们想要染这块布，因此他们不得不去了解天然染料，看如何制作、如何使用它们。因为这些染料大多数都来自植物，这又将他们带向植物学。他们制成了一些染料，对它们进行了试验。他们还对其他种类的毛纤维感兴趣。他们的织物看上去不太像他们平常看到的、穿的毛料衣服。是什么原因造成了这种差别？一共有多少种不同的毛料？于是，孩子们每看到一个人穿着毛料衣服，就问他穿的是哪种毛料。他们发现毛料有很多种。有人开始在地图上做标志，标出出产绒毛的动物种类，以及这些动物在世界上的生存地。这又让他们不解并开始讨论，为什么有的毛料比其他毛料贵。在讨论和阅读之后，他们得出结论，这跟动物有关，动物的繁殖和饲养有多困难、它产多少毛，还与把毛制成布的困难度、运输的远近等因素有关。这引起了更多真正的经济学的思考，以及一些地理学的探索。

同时，他们开始对毛织品和精纺织物的差别感兴趣，还对编织过程和这个行业感兴趣。他们看到机器的使用大大降低了布料的价格。谁发明了最初的机器？为了获得这些问题的答案，他们不得不从县图书馆借书。戈登博士告诉我，一年里，三十五个孩子的班级共借了七百本书。他们发现很多早期的机器都是在英国发明的。为什么是英国呢？部分原因是英国那时已经有了一定的劳动分工，这为建立工厂形式的组织奠定了基础。工厂是什么样子的？他们参观了新泽西的一家纺织厂，阅读了有关早期工厂和劳动条件的书，讨论机器对就业的影响，调查机器对附近城镇的影响，仔细思考工会和劳动法规等等。

现在，并不是所有的孩子都做过以上所有的事情。从另一个方面说，孩子们并不是只做了这些事情。当他们研究这些问题时，他们还研究其他很多东西。确实，只有几个孩子对最初织机的发明做了真正的研究，但是，他们总是向全班报告他们的发现，因此几乎所有的发现孩子们都是共享的。

下面再讲一个他们做的事情。大一点的孩子以前经常出一份小型的校报，每几个星期出一期。有一天，一个学生说："我们花这么长时间才做出这张小报，人们怎么每天都能出那么重要、那么厚的报纸呢?”这个问题引起了全班同学的兴趣，而这样的问题对我来说始终是有趣的。他们决定调查一下这个问题。写了几封信之后，他们被获准去参观一个报纸印刷厂。他们对排字和印刷过程感兴趣极了，因此他们开始研究活字、印刷和图书制作的整个历史。这还使他们中的一些人对书写和书写材料的历史开始感兴趣。他们开始研究最早的字符，研究像纸莎草、羊皮纸这样的书写材料。不久，他们决定要制作——写、打字、装订——一本自己的书，一本关于书写、印刷、图书制作整个历史的书。这是一个巨大的工作，在那个学年结束时，他们还没有完成，他们中的很多人在学校放假之后又去了学校一个多星期，才完成那本书。戈登博士把他们的书给我看了。那是一份令人惊奇的杰作——构思很好，写得很清楚，插图、字体很优美，装订得非常结实——那是一本真正的书。在制作这本书的过程中，他们从现今的日报一直回溯到历史最初的时候。

这些故事告诉我们很多关于孩子学习途径的事情。他们把世界看成一个整体，可能很神秘、难以理解，但依然是一个整体。他们不会像我们成年人那样把世界分割成密不透风的小类别。他们会自然地从一件事情跳到另一件事情，并在两者之间建立起正式课程和教科书中很少见的那些联系。他们会找到属于自己的通向未知世界的路，我们永远也想不到为他们铺设这样的路。例如，如果我们认为，让孩子了解特洛伊或者考古学是很重要的，那么我们会从跟他们谈论斯库巴自携式呼吸器开始吗?当然不会。即使我们这样做了，对很多孩子来说，这也不一定是一个好的开始，甚至根本算不上是开始。但是，如果让孩子遵循自己的直觉，学习让他们好奇的事情，而不是我们给他们指路或者让他们学更多的东西，那么孩子会进步得更快，会涉及更多领域。

人们经常或不安或生气地跟我说，如果我们让孩子学他们想知道的事情，那么他们会在像棒球击球率等这些琐事方面变成狭隘的专家、疯狂的能手。不会这样的。但是，很多成年人会这样，在大学里到处都是这样的人，他们把自己封闭在小小的城堡里，人为地限制自己的学习。而健康的孩子依然充满求知欲，依然无所畏惧，他们不是这样学习的。他们的学习不会把自己关进盒子里，而是带领他们从很多个方向进入到生活。每一个新学会的东西都会让他们意识到其他需要学习的新东西。他们的求知欲随着学到的东西不断增长。我们的任务就是要持续不断地给他们提供充足的营养。

“给他们提供充足的营养”以保持他们的求知欲，并不是说向他们灌输东西，或者告诉他们必须自己学习，而是说要让他们接触到最广泛的、最多的有营养的食粮，就像带他们去一个没有垃圾食品的超级市场一样（如果我们能够想象这样的超级市场）。

第 6 章

孩子的幻想

一天，一个 6 岁的小女孩与她的哥哥和妈妈来到我们的办公室。当她妈妈跟我说话、她的哥哥看着架子上的书时，这个女孩径直走向她在前一天用过的电动打字机。我给了她一些纸，她很快就开始打起字来，看到自己让机器动得那么快，她很可能沉浸在某种能力和力量的幻想中——她的妈妈是一个优秀的打字员，她经常听到妈妈工作。有那么一会儿，就在我们谈话的时候，她妈妈和我能听到键盘发出的咔哒咔哒的繁忙的声音。然后，声音开始慢了下来，不久就变得非常小心谨慎，一两个字母的声音，静默无声，然后又是一两个字母的声音。我对她的妈妈说："现在她开始看自己打出的东西，在写一些真正的东西了。"

过了几分钟，小女孩走进我们待的房间，欢快地对我们说："开始的时候我只是瞎玩儿，后来我厌倦了。"说到这里，她把一些"表格"勇敢地递给了我们。我拿的那张最上面是她的名字、她自己的邮政编码和电话号码。再往下是一些单词，每个单词占一行，这些单词是“姓名（naem）[①]”、“地址（adress）[②]”，“邮编”和“号码”。在每个单词后面她都画了一条长长的下划线（她自己想出了怎么画下划线），要求我在线上填写相应的信息。

我填写时，问她在“号码”一栏是不是要我填写社会保险号码。不是，她要的是我的电话号码。当我们填完表格之后，她又去制作了更多的表格，每一份都比前面那一份看上去更正式，要求填写的信息也更多一点。在最后一批表格中，她画了一个长方形，并用绿色的蜡笔给长方形上了颜色。她的妈妈向我解释说，这是代表银行支票。

对于这些支票，她的妈妈后来在《非学校教育的成长》中给我们写信道：

> 我们的支票让薇丝塔很感兴趣。我总是把旧的支票给她玩，她经常把一堆支票保存在她的小桌子里（用一个木头盒子做的）。现在，她已经问了我三四次，让我解释支票是怎么用的，它们是如何代表钱的。她想知道我们的钱在哪儿，银行给我们的钱是不是跟我们存进去的一样等等，诸如此类的问题。她喜欢看我结算支票簿，不过她最喜欢那种手中握着一大把支票的感觉，那是一种成年人的感觉。

在这一章里，我会说一些以前可能很少被人提到的事情。孩子们利用幻想进入真实的世界，而不是逃避现实世界。

---

①应该是 name，小女孩拼错了。——译者注

②应该是 address，小女孩拼错了。——译者注

孩子并不幻想自己是全能的

在儿童心理学中，对于“婴儿全能”已经讨论得很多了，似乎孩子的幻想是他们逃避现实生活的一种途径，从而进入一个他们能够做任何事情的世界之中。但是，至少在孩子们遇到现成的电视幻想节目之前，他们没有想过要变得全能。他们只是不想无能而已。他们希望能够做身边大一点的人做的事情——读书、写字、到一些地方去、使用工具和机器等。最重要的是，他们希望像大人那样，能够控制自己目前的身体活动，能够在他们希望的地方、希望的时间站、坐、走、吃、睡等。

孩子至少在一开始的时候并没有梦想比飞速的子弹跑得更快，或者纵身一跳就能越过高高的大楼。这些幻想是由成年人编造出来的。对孩子来说，要花很多年的时间来习惯这些幻想并把它们建立在自己的幻想世界中。孩子可能会想象庞大的、厉害的动物在追他们，但是，他们很少幻想自己能够让别人做他们想做的事情，或者拥有这个世界，或者炸毁这个世界。

当然，现在的孩子在很小的时候就被大众传媒迷住了。我们正目睹人类历史中的某个新现象，一代或者两代孩子大多数的白日梦都是别人为他们编造好的。要看到那些真正拥有属于自己的幻想的孩子，我们必须从他们很小的时候就观察他们。但是，即使到了20世纪40年代末和50年代初的时候——那时我刚开始关注孩子——孩子们相互之间玩的“假扮”的游戏通常都是类似过家家的游戏，某个人是妈妈，某个人是爸爸，某个人是婴儿，或者假扮学校里的角色，或者假扮医生等。他们不会跑来跑去地假扮超人。这样的幻想一定是从发明和出售超人的大人那里学来的。

当我妹妹和我五六岁时，我们经常在夏天去缅因州看望祖母。我们附近没有和我们差不多年纪的孩子，根据现在的标准，也没有多少事情可以做。于是，我们把很多时间用来玩幻想游戏，我们玩得很开心。我们最喜欢的一个游戏是“火车”。去缅因州是一个重大的冒险历程，因为它意味着可以在火车上睡觉，这让人非常激动。当我睡在上铺时，甚至有一点害怕，因为我总是担心上铺会突然折断夹住我，就像一个巨大的夹子一样。后来，对于床铺的结构了解得多了点，我开始仔细地检查床铺，确定那儿有栓或者锁使它不会闭合。但即使有那种担心，旅程还是棒极了，让我兴奋不已——在餐车里吃饭，观察专门在晚上行驶的卧铺车，扒开厚厚的绿色帘子爬上卧铺，透过窗户看着外面若隐若现的乡村夜景。（在火车上过夜的旅程现在依然是我最喜欢做的事情之一。）

因此，当我们到了祖母的家之后，没什么事比我们重新体验到达那里的冒险历程更自然的了。在房子外面，祖母有几把折叠帆布扶手椅，就是人们常说的那种导演椅。我和简会把椅子向前倾斜，使得椅子依靠在它们的扶手上而椅背朝天。然后我们再把椅子成对翻倒，使两把椅子的腿方向正好相反，椅背的顶部互相靠在一起。然后，我们用祖母的一些旧毛巾罩住椅背和椅子侧面。这样形成一个小小的封闭的空间，对我们来说，那就是火车上的下铺了。我们会爬进去（每个人一个下铺），在里面待几个小时。我们都谈了些什么？我真希望我还记得。但是，我们每天都玩这个游戏，我们没有假扮列车长或者火车司机。我们只是扮演我们自己在乘坐火车。

几年以后，我们的幻想一部分被电台连播作品取代了，这是父母知道的；还有一部分幻想被一种叫做廉价小说的犯罪文学取代了，这是父母不知道的。我们偷偷地买这些小说看，小心地把它们藏起来。当我们和五岁的妹妹一起吃早饭时（但是父母不在），我和简经常假装成各种幻想的冒险中的角色。有时候，这些幻想会包括电台连播小说“巴克·罗杰斯”中的一些情节，如果我们的父亲坐晚一点的火车下班回家的话，我们就能听这个连播。但是，我们早晨的冒险经常与我们最喜欢的廉价小说《蜘蛛》有关。“蜘蛛”是化名，是一个名叫理查德·温特沃斯的富有的年轻人的第二自我，故事内容是侠客对抗有组织的犯罪团伙，每个月一个不同的人，每个人都会配备某种奇异的超级武器：一触即死的毒气，会摧毁整个城市的炸弹（由鳝鱼制成的！），会感染数百万人的瘟疫等等。

即使那个时候，十岁的我还是更多地把自己想象成《蜘蛛》的作者，而不是英雄主人公。我幻想的一部分内容就是尝试想出作者没有想到的大规模杀伤性武器。我甚至还想象我自己写了一个故事，之后幻想看到印有我的故事的名字的杂志，封面上是我的超级武器正在起作用的插图。所有这些当中，我现在唯一能记得的是一件能够冷冻它触碰到的任何东西的武器，我那时刚刚读到有关液化空气的东西，大多数小孩子第一次听说这个都会产生浓烈的兴趣。一两年后，我开始读一份名为《美国男孩》的月刊杂志，并经常做给这个杂志写故事的白日梦。我甚至开始了一两个故事，想出了情节，甚至打印出了十多张。我能做到的最多也就是那些了，因为对我在写的东西，我完全不了解，但我选定一个主题时，并不是因为我了解它，而是因为关于这个主题的故事在杂志中还没有出现过。

孩子幻想的内容和目的

后来，作为一个成年人，我很少想到孩子们的幻想，或者孩子们对幻想的利用。但是，在我教了五年级三四年之后的某一天，比尔·赫尔告诉我一些事情，使我开始以全新的角度思考幻想。他和两个朋友及同事正在研究孩子对一套新材料的反应，这套材料是比尔设计的，用来向孩子介绍各种不同的分类方法甚至符号逻辑的入门知识。比尔在八岁或者十岁的孩子身上用这些材料已经取得了成功，现在，他想看看五岁的孩子对这些材料如何反应，看看他们如何使用这些材料。但是，当他和他的同事把这些材料给了五岁的孩子，让他们用这些材料做一些简单的事情时，这些孩子什么也做不了。再怎么解释也没有用，他们完全被难住了。然后，大人们尝试了一个新的方法，他们把材料给了另外一组小孩子，但在介绍材料或者让孩子用材料做任何事情之前，他们只是让孩子随便玩那些材料，想怎么玩就怎么玩，可以把它们叫做人，或者动物，或者房子，或者其他任何东西，一直让他们玩到看起来对此有点厌倦了，好像准备好了做更有趣的事情的时候。这时，他们交给孩子们同样的任务，孩子们做起来毫无问题。但是，必须先要有自由玩耍这一阶段。在孩子们把这些东西看成它们在成年人眼里那样的数学抽象概念之前，他们必须让它们变成真实的东西，成为他们自己的现实世界的一部分。这就是他们的幻想的内容和幻想的目的。

在接下来的几年里，我经常想到这件事，从这件事中，我还开始更好地理解了幻想在我自己生活中的用途和重要性。在那些年里，我曾受邀在一个蒙台梭利教育法会议上演讲，为了作好准备，我阅读了一些关于蒙台梭利理论和实践的书。从那些书中，我了解到玛丽亚·蒙台梭利和她的追随者们并不赞成孩子的幻想。他们觉得孩子们应该探索“真实的世界”，而孩子们的幻想完全是对现实世界的逃避。当然，也有一些蒙台梭利教育法采用者并不同意这一点。但是，即使现在，很多或者说大多数传统的采用蒙台梭利教育法的学校可能都不赞成孩子的幻想。

例如，在采用蒙台梭利教育法的学校里，到处都在用的两种特别的材料叫做“粉红色的塔”和“棕色楼梯”。“粉红色的塔”是一套木头立方体，大小从边长一英寸到边长四英寸不等。孩子应该用这些立方体搭成一座塔，最大的立方体放在最下面，然后是次大的，依此类推，一直到最上面是最小的立方体。计划是通过这样做，孩子会对相对大小，对“大一点”、“小一点”的顺序有个更清晰的概念。“棕色楼梯”是一套棕色的木棒，所有木棒的横断面大约一英寸左右，但是木棒的长度不一。孩子应该用这些木棒搭一个楼梯，最长的木棒在最下面，每次上一个台阶，最短的木棒在最上面。目的是让孩子从中了解一些有关长度的概念。

看起来，孩子们很愿意花很多时间来建造塔和楼梯，而且毫无疑问，他们也从中学到了一些有用的东西。但是，传统的采用蒙台梭利教育法的学校对此要求非常严格，孩子们不能用这些材料做任何其他的事情，不能用它们做成火车，或者房子，或者人，或者其他东西。如果他们这么做了，老师就会过来对他们说：“我们不是那样用‘塔’的”，或者“不是那样用‘楼梯’的。”然后告诉他们应该怎么做。如果他们坚持用这些材料玩幻想的游戏，老师会对他们说：“你们还没准备好用它们。”在实践中，这好像有效果：很快，所有的孩子都学会了如何“正确地”使用这些材料。他们还知道了他们的幻想是不正当的，必须保密。

不管那些采用蒙台梭利教育法的学校对此有什么看法以及如何做，我都认为他们是非常错误的，因为，孩子试图把这些木块做成火车，或者卡车，或者妈妈，或者爸爸，他们做这些事情绝不是要逃避现实，正相反，他们是在努力尽可能多地把现实融入到那些木块中。是成年人认为这些木块中除了“大小”和“长度”的抽象概念之外没有任何现实的东西；事实上是成年人在说除了能被测量之外，这些木块没什么重要的，而孩子应该做的就是相互比较测量它们。让我们弄清楚这一点：是幻想的孩子要赋予这些木块现实，是成年人要把现实从木块中拿走。

不管怎么说，就像比尔·赫尔的经历阐明的一样，即使从教导大小和长度的角度看，传统的采用蒙台梭利教育法的学校也是错误的。不管他们想让孩子从这些木块中学到什么，如果让孩子自由地摆弄这些木块，他们会学得更快。

孩子们用幻想来检验和理解现实

1981年夏天，在澳大利亚，一个朋友给了我卡罗琳·怀特写的《初学写字的调查报告》。这是一个引人入胜的、令人愉快的报告，显示了孩子学习时的另一种幻想。卡罗琳·怀特对一组八岁孩子的书写进行了为期12周的研究。她描述了这个项目开始时的情况：

早在1980年8月的时候（孩子在6月就已经入学了），我让班里的孩子写一个单子，列出他们最喜欢的食物。在很多咕咕哝哝、哼哼唧唧、乱写乱画、愁眉苦脸之后，我收上了他们的单子，选择了其中八个孩子的。这八个孩子当中，其中六个的拼写基本上接近正确了，还有两个女孩子非常自信地交给我一堆胡乱写成的符号。这两个女孩子定期给她们的同学“写信”，她们好像从自己的乱涂乱画中得到了很多的乐趣。

然后，我跟这八个孩子谈话，向他们解释我必须为大学完成一个任务，我需要他们帮助我。他们同意进行“写作”来帮助我。有些孩子感到有点勉强，因为他们觉得他们不知道怎么写，这个任务太难了。这些孩子正是我认为把第一个任务完成得很好的孩子。而那两个女孩子，即我所谓的“写信者”看不到任何难处，还说服了其他孩子来帮助我！

卡罗琳·怀特的报告中说，就在九月份的假期开始之前，朱莉亚（其中一个写“信”的女孩子）写了她的第一个 Rumplestiltskin 故事，报告中复述了这个故事。这个故事是一堆字母，或者说一堆像字母形状的符号，差不多是按照行排列在纸上的，但不是按单词，也就是说，是一组组字母的集合。这些涂写的记号对我们毫无意义，但对朱莉亚意义重大，当她写这些时，她想要表达某些东西，也以为她在表达某些东西。怀特小姐说自己借了这些“故事”，但在假期中弄丢了，朱莉亚为此非常难过，她说故事还没“完成”呢。她继续这样写东西，不过最后她的符号形状越来越像真正的字母了，她把它们组合得也越来越像单词了，但是，当她写这些时，她总是表示某种意思的，而且总是希望怀特小姐知道她“说”了什么。

像朱莉亚这样的孩子在不用为什么事负责的涂鸦阶段可以写很多很多东西，但是，下个阶段对某些写作者来说，被证明是一个痛苦的阶段，因为他们意识到读者事实上可能看不懂他们的涂鸦。就在我开始研究五个星期后，我意识到朱莉亚可能很快就要经历这个痛苦的阶段了。我想提醒她的母亲。一天上午，我打算跟她谈谈，她进来带给我一个消息：“朱莉亚再也不给祖母写信了，因为祖母看不懂她的信！”

真可惜！在这个短短的研究剩下的日子里，朱莉亚拒绝再进行任何“真正的”写作，也就是说，拒绝写她想要表达的东西。她只是写很多随意的字母，都是从书上抄下来的。她知道她写的这些字母是对的，但她不知道它们是什么意思。可怜的朱莉亚！

在前文中，我描述过一些三岁孩子在幼儿园用我的便携式电动打字机的事情。在我开始这个工作之后不久，我写了一份备忘录，上面写道：

这些孩子通常好像不知道把他们敲击的键和出现在纸上的符号联系起来。事实上，他们好像对纸上的符号不怎么感兴趣。他们知道那儿有符号，但是好像不关心那些符号是什么样子的。

很多孩子已经隐隐约约地想到这个打字机是一个表达事情的装置，但是，他们没有想到让我告诉他们如何表达他们想说的事情。在他们还是用老方法敲击键盘时，他们经常会宣布他们在说这个，在说那个。我用一种低调的方式，想试着读出他们写的东西，告诉他们那就是他们说的，但是他们认为我很愚蠢。对他们来说，打字机是意志力让它工作的，你想要说什么事情，它说的就是什么事情。

一个小男孩知道了我在写他的名字时，敲击的第一个键是J。前几天，当另一个小男孩打字的时候，第一个男孩指着J说："那是我的字母，不要敲它。"还有一个男孩以最快的速度敲出了一连串的字母，他突然说道："哎呀！我犯了个错误。"

这些孩子不是在试图学习打字，不是在试图做任何事情。他们的真正想象是他们在做大人做的事情——使用打字机，很快地敲击键盘，表达什么东西。大人做的事情只要在他们的能力范围之内，他们就会去做。他们最终会"厌倦了无意义的胡说"，开始考虑如何做或者写更真实的事情。他们的幻想让他们离现实——成年人在打字机上打字的现实——更近了一步，他们现在希望学会如何更像大人那样用打字机，换句话说，就是为了让其他人真的能够看懂结果。当朱莉亚最终写了一封她的祖母真的能看懂的信时，对她来说，那是多么开心的一天啊！

在孩子组织和理解周围世界的努力中，他们至少从两个方面利用幻想并在幻想中游戏。首先，他们利用幻想检验现实，去做大人用数学方式和电脑做的事情，也就是问"如果……将会怎样?"的问题。孩子头脑中对现实的理解当然是很粗糙的，他们没有什么经历。但是，在幻想游戏中，他们尽可能地贴近自己所理解的现实规则。当小孩子在沙堆里玩卡车并假装在建一条路、一个坝或者不管什么东西的时候，他们是在给自己设立真实的问题，并且在尽自己所能地合理解决这些问题。也就是说，当他们的卡车在沙地上的这条路上遇到障碍物时，他们不会跳过或者飞过障碍物，而是想办法找另外一条路绕过障碍，就像任何现实的卡车做的那样。他们不会假装成一个能把卡车举起来的超人，而只是假装成真正的卡车司机，在开真正的卡车。简而言之，在他们所有的游戏中，他们试图扩大自己的经历范围。

南希·华莱士写了一本关于家庭教育的书，在第一章“玩偶游戏”中，她描述了一个游戏的一天的部分内容，她的孩子伊丝马里（十岁）和薇丝塔（六岁）每天都玩这个游戏。

玛杰里是一个维多利亚时代的玩偶妈妈，正在菜园里收获土豆。伊丝马里小心地帮着忙以不打扰到她。土豆是他们放进小瓷罐子里的蓝色和绿色弹子。在菜园的边上是以粉红色纸花为生的圈养动物——一只塑料绵羊、一只玻璃猪、一匹白色金属马。这些动物都不超过半英寸高，然而玛杰里却有六英寸那么高，没有人介意这种不协调。维多利亚玩偶家庭剩下的成员在他们木屋的第二层消磨时间，这个木屋放在卧室地板地毯的中间。父亲托马斯正盯着落地式大摆钟看。保育员姑妈正站在一个受了伤的玩具战士身边，战士躺在一张纸巾做成的床上。维多利亚的孩子们正坐在一张桌子边，桌子上铺着一张印有花朵的桌布，那是薇丝塔做的。

穿过蓝丝带做成的河，情景更加栩栩如生了。薇丝塔正在帮她的家人准备野餐，她的家人是用木制的费希尔–普里斯“小人”做的。他们站在舒适的小木屋外面，围着一张桌子在喝酒，桌子上是一块红色的格子桌布，一个绿色的小瓶子中装的是香槟，还有一个稍大一点的杯子，杯子里是起泡的啤酒。至于食物，他们有一大碗烤牛肉。

突然，所有玩偶的眼睛都转到了母亲身上。“看，我有一个孩子了!”薇丝塔帮玩偶母亲喊了出来。果然，在母亲旁边的地板上躺着一个塑料婴儿。薇丝塔帮助每个人羡慕地拥过来，然后她把父亲拿走去给婴儿找一个摇篮和一个瓶子。当孩子被舒适地安置好之后，小人们继续他们的野餐。

“Br-r-r,”一个野餐者说。好像回到现实一样，薇丝塔隔着河流、穿过木制的常绿森林向伊丝马里喊道：“他们在收获哪一季啊?”“秋季。”他回答道。“秋季?”她抱怨说，“但是冬天还没来呢，我以为秋天在冬天之后。不管怎么说，如果玛杰里在挖土豆，那么一定是夏天，因为南希在夏天收获我们的土豆。”伊丝马里一边和玛杰里在土豆地上忙着，一边耐心地向薇丝塔解释，“不，薇丝塔，秋天在夏天和冬天之间，也就是叶子变颜色，有霜冻的时候。我知道南希在夏天收土豆，但是，那是因为我们霜降得早了。我们这里夏天有时候也会有霜冻。不过，大多数人在秋天收获菜园，这就是为什么在万圣节时他们有南瓜灯，在感恩节时可以吃大餐的缘故。在那之后就是圣诞节了，不过那个时候会下很多雪，那就是冬天了。”“哦，”薇丝塔一边喂着婴儿，帮助母亲把一条毯子盖在婴儿身上，以防他冷，一边若有所思地说，“那么，让我们过万圣节吧。”……

回到土豆地上，伊丝马里帮助玛杰里把最后一批土豆装到罐子里，然后把罐子放到诺亚方舟谷仓旁边的石屋里。“好了，”他不确定地对薇丝塔说，“我想如果他们每天只吃一个土豆，那么他们会熬过这个冬天的。”“嗨，我知道了，伊丝马里，”薇丝塔说，“如果你用你绵羊上的羊毛跟我们交换，我们会给你一头猪，因为我们已经有烤牛肉可以吃了。”“唔，好吧。但是，你的猪是活的还是死的?”“是死的，我们会把肉熏一下，不管怎么样它都能保持几个月的，到了春天，玻璃猪会再生小猪，我们不用担心肉的问题。”

游戏在继续。只要我们仔细思考一下，就会发现这两个孩子（还有许多像他们一样的孩子）在游戏中做的事情是多么出色，多么值得注意。他们写剧本、导演、制作，这一切都是同时进行的。这对我们很多成年人来说，做起来也是很难的，何况全由我们自己来做，但这两个孩子却是一起工作，是搭档。不管其中一个孩子把什么事情引入到剧中，另一个一定能应付。就像任何剧本或者小说的认真的作者一样，他们必须光明正大地行事。他们可以自己选择设计舞台，可以发生任何他们想要的事件。但是，他们一旦让事件发生了，就必须让事件按照自然的进程发展。就像南希·华莱士在这一章的后文中指出的那样，这个玩偶游戏的每一个部分都来自真实的生活。玩这个游戏的孩子生活在乡村，他们大多数食物都是自己种植的；他们的木柴是自己砍的；他们必须考虑有没有足够的物品过冬；他们认识那些饲养动物、屠宰动物、熏肉的人；他们的朋友有孩子等等。

孩子还试图利用幻想来理解现实世界，建立一个现实世界的思维模式，一个有效的思维模式。因为他们经历太少，这做起来是很难的。他们就像在用十分之一的拼图拼片试图拼出一幅完整的拼图来一样，不得不发明出假想的拼片来把所有的缺口填满。我们成年人不喜欢这样做。如果我们不确定是否有全部或者接近全部的拼片，我们不会去拼那幅拼图。但是，小孩子不会等到他们有了全部拼片之后才开始，也就是说他们不会等到掌握了需要的全部信息和经验之后才去建立一个连贯的、理智的现实思维模式，他们必须马上就去弄明白它。他们的幻想来自现实，跟现实相关，然后接触到更多的现实。六岁的薇丝塔用她妈妈作废的支票或者通过她用我们办公室打字机打出来的“表格”，来研究神秘的成年人的金钱世界。其他孩子用其他方式接触现实世界。

幻想是孩子的学习方式

亚利桑那州的珍妮特·萨凯特在给《非学校教育的成长》写的一封信中，讲了她四岁半的儿子学习阅读的事情：

> 近来，他迷上了画画，给他最喜欢的东西画精致、注重细节的图画，像救援直升机、深海潜水员、水翼艇、飞行员、警察等。当画完一幅画之后，我让他讲给我听，他会用一句很好的句子向我描绘，例如，“飞行员萨姆有一把剑。”“潜艇上的四个潜水员。”“这艘水翼艇有一百英尺长。”我把他的话写在他的画上（在他的允许之下），或者单独写在一张纸上。他会选择任何他喜欢的笔的颜色。我们把这些句子一起读几次。……接下来是把这些单个的单词写在3×5英寸的卡片上，所用笔的颜色跟他的画的颜色一致。我把卡片混起来，让他把这些卡片和纸上或者图画上相应的单词配上。他用卡片复制出了相同的句子，他把它们当成一列火车的车厢，句号总是守车，大写字母总是火车头……

对这个小男孩来说，把一个句子的大写字母称之为“火车头”，把最后的句号叫做“守车”，这是把他的单词学习放到现实中去，把他的学习和他已经知道和关心的事实结合起来，以此来掌握它。就像西摩尔·佩珀特在《心灵风暴》中说的那样，任何事情，如果我们把它们吸收到我们已知的东西中，那么学起来都很容易。孩子们正是这样做的，他们很擅长这样做，把新的经历、新的想法和他们已经有的知识结合起来。幻想经常是他们这样做的方式，无论我们多么聪明，都无法替他们做这件事。我们没法预测或者计划、控制他们的幻想，或者强行使之为我们所用。我们所能做的就是放好他们精神晚餐的盘子，就像放置他们真实的晚餐盘子一样，然后，奉上我们知道他们喜欢吃的各种食物。

幻想为孩子打开了通向世界的大门

得克萨斯的卡罗尔·肯特给我们写信，讲了她儿子对火车的喜爱：

在他的第二个圣诞节，我们送给他一个装有发条的火车，火车可以在一个小小的圆形轨道上行驶。罗伯特非常开心！在接下来的一个圣诞节，我们坐火车去佛罗里达，回来的时候还是坐火车，我们带了一个有着十节车厢的微型玩具塑料火车，一路上他都在玩。在他三岁那年的春天，我们又给他买了一个装有发条的火车。……它有一个圆形的轨道，一个黑色的蒸汽火车头，有亮闪闪的银色的传动杆，一节运煤车厢，一节露底车厢，还有一节鲜红色的守车。罗伯特非常喜欢这个火车，但是，他很快就把它折了，他学会了自己组装车轨，几个月来，经常看到他趴在地板上，一动不动地凝视着被他拆毁了、装在车轨上的、废了的火车车厢，但是，他的目光早已越过这些废车厢，进入了想象的火车王国中……

1979 年 7 月 4 日，在历史和科技博物馆，我们来到火车展览厅，在一堆其他东西中，最引人注目的是一个巨大的、两侧装有信号灯的蒸汽机火车头。每隔十分钟左右，蒸汽机头的效果音响会响彻整个房间，信号开始闪动，鸣响，就好像火车头在进站，然后又出站一样。罗伯特情愿整天待在那儿，我们也确实在那儿一直待到这种情形重复了好几次。他有一顶铁路帽，那天正好戴着，从那天起，他不管什么时候出门都会戴着它。我们获知这个月下旬有一个真实的蒸汽机车旅行，从亚历山大到夏洛茨维尔，我们签约参加了这次旅行。

这次旅行真的让罗伯特爱上了火车。每个星期我们都必须从图书馆借四五本有关火车的书。罗伯特变成了“铁路工人罗伯特”，他的帽子和花绸巾是必备的装饰。他几乎不停地骑着他的三轮车——他的“蒸汽机”，发出火车头的声音，那么严肃，那么凶，以至于行人经常面带不快地看着他。后来，罗伯特在他的一些唱片中发现了火车歌曲，他会蜷作一团，坐在唱片机旁边，戴着帽子，紧紧地抓着他那可怜的、旧的蒸汽机头，一遍遍地播放歌曲。就在万圣节不久前，我发现一个录有蒸汽火车声音的带子，那真是一个重大的发现。

我想我们要为罗伯特四岁生日再买一个带发条的火车，但是失望地发现已经没有卖这种类型的火车的了。兴趣商店卖火车模型，但是最便宜的那种也要 75 美元。自然，当我们离开商店时，火车让罗伯特满眼放光，这很清楚地告诉我：他想要一个。我向他解释：“罗伯特，这些火车太贵了，是给大一点的孩子玩的。你会把你的火车拆开，但是这些火车是不能拆开的，必须非常小心地对待它们，你必须再长大一点才能玩这样的火车。”他碰了一下我的手，严肃地看着我，说：“妈妈，我已经长大了。”

圣诞节的时候，罗伯特收到了他的祖父母送给他的一顶崭新的铁路帽、两块花绸巾、一幅蒸汽火车的照片，还有一个超大的铁路工人用的手电筒。他立刻戴上新的帽子，拿着手电筒坐下来，开始听火车唱片。第二天，我们收到他的另一个祖母非常慷慨的支票。我们一致同意把这笔钱用在火车上。有这张支票，再加上他的储蓄，罗伯特有钱去买他想要的火车了。在市区一个很大的兴趣商店里，他发现并买了一个蒸汽机车、一个柴油机车、一个运煤车、一个平板车、一个红色守车、一个运畜拖车（上面还有八头微型奶牛）、一个装货月台、一个牲畜运输卡车。

在装好火车，告诉罗伯特如何运行它之后，我们从图书馆把乔治·扎弗的《真实火车大全》多次借回家，圣诞假期期间这本书正好在手边。这本书的特点是所有火车车厢都有双页插图，每个火车都有一段短短的文字说明。有一天，我走进书房，罗伯特正向苏茜讲他的“火车故事”。他把书给我，让我帮他。如果他忘了正文内容，希望我能够给他提示。首先，他把火车头和煤水车放到轨道上，然后他开始讲述：“火车机车从圆形机车库出来，已经清洗过了，也上过油了。火车头后面的煤水车装着煤和水。火车准备好出发了。”讲完火车头这一页后，他小心地把斗车连接到煤水车上，背道：“钢制的斗车装的是煤和沙砾……”他说完了他火车上所有车厢的所有正文，只有几个地方需要纠正。几天后，我们做了一个组装式幻灯，罗伯特学会了做书上给出的所有幻灯信号。他把他所有的火车图片挂在火车桌子旁边的墙上。有时候，他喜欢晚上来到书房，在黑暗中借着手电筒的光看着火车。

上面这些写于“铁路工人罗伯特”四岁生日的时候，现在他差不多六岁了，我要看看他对火车的爱把他带到了哪里。同时，读这个也是很感人并很让人兴奋的。幻想给我们的营养，与食物给我们的营养一样多，它们向我们打开世界的大门。罗伯特的机车把他带进现实，就像这些机车带着那些运货车厢沿着轨道前进一样，或者说就像我的幻想带领我前进一样。在我开始写一本书之前，我必须想象这本书完成了，不仅是完成了，还出版了，成功了。直到这本书在我头脑中成为真实的东西，否则我没法写。

在《心灵风暴》中，西摩尔·佩珀特，麻省理工学院的数学和教育学教授，讲了他进入世界最重要的一条道路：

在我两岁前，我对机动车有强烈的兴趣。车厢部件的名称成为对我来说非常重要的单词。我还特别自豪我知道传输系统的部件：齿轮箱，最特别的是差动齿轮。当然，过了很多年之后我才知道齿轮是如何工作的，但是，一旦我知道了齿轮的工作原理，玩齿轮就成为了我最喜欢的消遣。我喜欢拿圆形的东西在另一个圆形的东西上转动，就像齿轮运转那样，很自然地，我的第一个架设工程就是一套粗略的齿轮系统。

我脑子里对齿轮的转动越来越熟悉，也越来越熟练地解释一系列的因果关系："这个这样转，导致另一个那样转，因此……"差动齿轮系统更是给我带来了特别的欢乐，我发现它并不遵循简单的线性因果关系，因为传动轴可以用很多种不同的方式使两个轮子转动，这取决于轮子相遇时的阻力。我还生动地记得当我发现一个没有严格确定性的系统也可以符合自然规律，而且可以完全理解时我的兴奋。

我相信摆弄差动齿轮对我数学方面的发展产生的作用比我在小学时学到的任何东西都多。齿轮，作为思维模型，把很多不同的抽象概念送入我的脑海。我清楚地记得学校数学课上的两个例子。我把乘法表看成齿轮，我第一次接触二元方程式（例如 3x+4y+10）马上就让我想起了差动齿轮。我脑海里产生了一个关于 x 和 y 之间的精神齿轮模型，计算每个齿轮需要多少齿，这时，这个方程式变成了一个让人感到放心的朋友……

有一天，我惊奇地发现有些成年人——甚至是大多数人成年人——不知道或者不关心齿轮的魔力。我不再思考齿轮的问题了，但是，因此产生的疑问始终困扰着我：在我看来那么简单的问题在别人看来怎么就不可理解了呢？……渐渐地，我开始明确我依然认为的有关学习的基本事实——任何事情，只要你把它吸收进你的模型集合中，那么学起来都是很容易的……

我经常想起在我偶然喜欢上差动齿轮的过程中有几个情况。第一，我记得没有人叫我去学习有关齿轮的知识。第二，我记得在我和齿轮的关系中，有感觉和喜爱。第三，我记得我第一次碰到它们是我两岁的时候。如果任何“科学的”教育心理学家试图“测量”出这次相遇产生的后果，他可能会失败的……

当代信奉蒙台梭利教育法的人，如果信服我的故事，他可能会建议给孩子造一套齿轮，这样每个孩子可能都会有我的经历。但是，这样的愿望就错失了这个故事的精华：我爱上了齿轮。

我们是通过幻想来获得对世界最初的大部分了解的。第一步几乎肯定是在梦想、浪漫、喜爱的层次上。机动车是两岁的西摩尔神奇和喜悦的源泉，那个时候他对机动车里的知识还毫无概念。他看到的第一个机动车，看起来肯定是很漂亮、很奇异的东西，这时他还没有开始想要弄明白它们是如何运作、如何被使用的。我已经说过四岁的“铁路工人罗伯特”是被他的火车带入这个世界的。但是，我们还可以说，罗伯特的火车，不管是真实的还是模型或是想象中的，把越来越多的世界带进他的脑海中。这两个过程最终都是一样的，随着我们越来越深地接触这个世界，我们吸收的内容也就越来越多。随着孩子进入世界，世界也进入了他们的大脑。这个过程是以幻想开始的，幻想又使这个过程继续。罗伯特对火车的喜爱、佩珀特对齿轮的喜爱激励他们想要了解更多真实的火车和真实的齿轮。

这并不是说我们所有的幻想都必须要有某种明显的回报。佩珀特对齿轮的爱使得他爱上了数学，最终成为他终身的事业，但是事情并不需要总是那样。我四五岁的时候，喜欢看游艇、轮船、远洋客轮的图片，喜欢画它们。有一艘特别的游艇，它的形状让我非常喜欢、非常着迷，因此保存着它的图片，我会经常看看这张图片，只是为了让自己高兴。五岁左右的我没有想过要拥有一艘这样的游艇，我甚至想不出那会意味着什么。我只是想看看它的图片。几年后，我……一批流线型火车——一辆太平洋联合铁路公司的黄色火……不锈钢制成的“伯灵顿和风”——

使我浮想联翩。

但是，我从来没有想过要成为一个船只或者火车的设计师或者建造者。我对它们是如何制造出来的或者在哪儿制造的或者它们是如何运作的毫无兴趣，我所有的幻想对我产生的作用——绝不是小事——就是让我保持一个鲜活的感觉，那就是，这个世界在很多方面看来都是一个吸引人的、漂亮的地方。直到今天，我对物体的形状依然有强烈的兴趣，看到那些设计精美的、有用的东西依然会非常感动。

有很多人，他们童年时期的幻想和热情与他们成年之后的生活可能没有丝毫联系。这没关系。这些幻想，如果它们是孩子对某种事物的喜爱而不是厌恶和害怕，那么它们会把孩子带到世界之中，也使世界融入到孩子的思维中。但是，如果是羞耻、痛苦和恐惧的幻想，它们只会迫使孩子逃离外面那个巨大的世界，回到他们自己的世界中，回到他们自己编造的梦想世界中。

不能强迫孩子幻想

幻想对孩子可能很重要，同样重要的是我们不能强迫要求他们这么做。如果我们尝试这样做，那么我们很可能会对他们造成严重的伤害。我现在更清楚地明白了为什么我这么长时间以来如此深刻地讨厌一幕情景，一幕在学龄前、小学初期非常常见的情景。当大人弹奏钢琴或者吉他时，孩子们被邀请，也就是说被告知，假装他们是树，鸟儿，是雪花，是野花等等。孩子们很快就知道，如果有人说：“做一片雪花。”那就是要他们挥舞手臂，在屋子里旋转，跳来跳去 因为他们在学校里很少有活动的机会，因此他们很高兴有这样 会。但是，我们一定不能自己骗自己，以为他们真的在幻想。 只是在做大人要他们做的事情，只是在假装幻想大人让他们 的事情，假装他们一直在享受这一切。有谁看到孩子在他们自己的生活和游戏中假扮过雪花呢？他们假扮的是大人，是国王和王后，是火车司机和医生，是妈妈和爸爸。如果我们强迫孩子幻想，这些虚假的幻想就像电视上那些现成的幻想一样，最终会使孩子们大多数真正的幻想消亡，那些真正的幻想来自他们在世界上的经历，来自他们理解世界、熟悉世界的需要。

第 7 章

大脑如何工作

必须先花时间“鼓捣”

我的五年级班上的拼图中有一幅名为“Hako”的几何拼图。这个拼图是在一个浅浅的盒子里以某种方式排列的扁平的矩形塑料拼片。要求在不把这些拼片从浅盒子里拿出来或者翻转的条件下，仅靠滑动这些拼片而把一个最大的正方形拼片从其最初所在的盒子的一端移到另一端。尽管花了好几个小时，但我始终没有完成。这让我非常恼怒。更让我恼怒的是我似乎能够证明要完成这个拼图是不可能的——尽管我知道这个想法不对。就像大多数人一样，我开始以一种盲目、随意的方式移动拼片。没用多久，我就开始很不明智地对这种方式失去了耐心。有太多可能的移动方式了，可以永无休止地进行下去。应该做的事情是用你的脑子想出办法。于是，我非常小心地移动每一片并分析每一步的走法，我推断出了要想把最大的那一片从最上面移到最下面，必须先做其他一些拼片的移动。在某一个地方，当最大的那一片往下移动时，某一片必须经过最大的那一片往上移动。然后，经过仔细分析，我发现，只有在某一片以某种特定方式移动的时候，上面的情况才可能发生。最后，我证明了我设想的移动方式是不可能的，因此这个问题是不可能解决的。

但麻烦在于，我知道这不是不可能的。那个公司不会卖不可能完成的拼图，否则他们会被起诉或者面临更糟糕的情况。而且，这个拼图曾在《科学的美国人》中被提及过。除此之外，也是最糟糕的，有些学生已经完成了这个拼图。我真是满心希望他们是在撒谎或者作弊了，但连我自己也不信他们会撒谎，因为他们不是那样的孩子。我记得我曾生气地想："我想任何人都能完成这个拼图，只要他愿意像个傻瓜一样坐在它前面，盲目地移动拼片，直到最后出于偶然的运气做到了。我没时间做那种事情。"更确切地说，我感觉我不屑于做那种事情。

我后来又玩了那幅拼图好几次，试图找到新的玩法，但是我总是回到原来的思维中去。我试图让自己忘掉认为这个问题不可能完成的假设。但是没有用。没用多久，我就开始想找出我的推理中的漏洞，但我始终没有找到。就像很多人在很多情况下一样，我的推理把自己弄得走投无路。回头再看这个问题的时候，我想起了霍金斯教授的话，于是发现了自己犯的大错误。我过早地开始了推理，没有给自己足够的"鼓捣"的时间，还没有对移动那些拼片的方法建立足够的感知，没有给自己足够的时间来探索拼片移动方式的各种可能性。有些孩子能够完成这个拼图，不是因为他们盲目地玩，而是因为他们在获得足够的经验发现这些拼片的走法之前，没有想用推理去解决这个问题。因为他们对拼片的感知是完全的，因此他们能完成；因为我的感知是不完全的，因此我完不成。

魔方问世不久，就有人送给我一个。上面只有几个单词的广告词——“数百万种可能性”——对我来说已经足够了。我没碰这个魔方，而是把它束之高阁，放在了我看不见的地方。我有点怕它。就像在流沙旁边行走一样，我想：“我可不想搅和在里面出不来！”我怀疑会有什么人能够很快通过推理找出走法，大概只有一些数学家能够做到。如果魔方那么容易的话，它就不可能那么受欢迎了。由于想起了玩 Hako 拼图的经历，我想在我足够了解魔方的原理以找到它的解法之前，我必须要花很多时间“鼓捣”它，随意地这样试试那样试试，慢慢地了解它的语言。我没有那么多时间，我还有其他事情需要或者更愿意去做。于是，我就把魔方放了起来。

在去澳大利亚演讲的途中，我在火奴鲁鲁一个朋友的家中待了几天。父母都不在家，只有一个 13 岁的男孩和一个 9 岁的女孩在家，还有一个照看房子和孩子的大人在家。两个孩子都在玩魔方。那个男孩已经会玩了。我不知道是他自己想出来的，还是别人教给他的。我看到他在一天晚上给一个客人演示，几分钟就完成了。我经常看到这两个孩子玩魔方。即使那个男孩知道怎么玩了，但他还是喜欢在它上面花时间，只是为了玩。看着他们玩魔方是一件让人很愉快的事情。他们处于那种被某件事情真正吸引的孩子所处的梦一般的状态中。对处于这种状态的孩子来说，时间毫无意义。他们舒适、放松地坐在大椅子中，慢慢地、翻来覆去地转着手中的魔方，看着它，不时地走一步，然后又慢慢转几下，看看会出现什么结果。我没有问他们在做什么。我不想打断他们的专心和出神。我怀疑，如果我问的话，他们可能会说：“没什么。”或者可能会说：“只是瞎玩而已。”因为他们的年龄已经足够大了，知道你不会瞎玩，你的问话可能会让他们感到有点惭愧或者不安。所以我没有问，而是用眼角的余光悄悄地看着他们。

我们总是说，时间就是金钱，时间永远不够用。我羡慕这些孩子，在他们的感觉中，时间已经停止了或者根本不存在、或者不重要。那是在暑假期间，孩子们有的是时间。他们看上去好像是在和魔方进行某种对话。他们不是像律师盘问证人那样在向魔方提出寻根究底的问题。他们更像是在让魔方说话，他们只是倾听魔方在说什么。如果拿科学家来比的话，他们更像是慢慢地穿过田野想看看能发现什么植物或者花朵的自然学家、生物学家；或者说他们更像观鸟人一样，耐心地观察和聆听鸟儿，而不是想让什么事情发生，只是对可能会发生的事情保持着警觉。自始至终，他们能够把焦虑、急躁、虚荣放在一边（我真希望我能做到!）。据我所知，他们可能只是把魔方当成了一个有着漂亮的颜色的会变动的图形，解开它能够享受到很多乐趣。

魔方让我感到如此丧气和不满的是，在我目前的无知状态下，我不知道如何判断我每走的一步是让我离完成更近了还是更远了。我无法从我的失败中学习，我甚至无法判断我什么时候犯错误了。这跟音乐完全不一样，在音乐中，如果我犯错了，我总是有办法知道我错了，知道错误是什么，知道如何去纠正它。我不喜欢在黑暗中跌跌撞撞地转圈。我发现，魔方不像 Soma 拼图(见下文)，我的手指在上面转动时没有得到很多乐趣。

如果我真的能够最终完成魔方，那么我要做的就是模仿夏威夷的那些孩子——不要管时间，只是瞎摆弄魔方，不要试图撬开它的秘密，而是等待我头脑无意识的、沉默的、直觉的程序慢慢来告诉我这个魔方的语言和规则是什么。但是我不会这么去做，我可能会解决耐心的问题，但是我没有时间，而且我厌恶承认失败（至少目前是这样的)，还有很多其他我宁愿去做的事情，例如大提琴。于是魔方回到了盒子里。也许有一天我会再把它拿出来看看。

在我以前和比尔·赫尔共同教的一个班上，我们经常玩一种叫做 Soma 的三维立体拼图，这种拼图在《科学的美国人》中也

有过描述和讨论。这套拼图是用粘在一起的二十七块木块形成六个大块和一个小块，大块由四个小立方体组成，小块由三个立方体组成。目标是用这七个木块组成各种不同的形状，开始的时候是组成一个立方体以及其他简单的形状，到后来就是越来越复杂、越来越难的形状，比如隧道、浴缸、城堡等等。这是一个极妙的拼图，是我见过的最好的拼图，因为孩子可以以各种难度来玩儿。

我第一次玩这个拼图时很让人尴尬。熟悉它的人可以用几种不同方法中的任何一种在不超过半分钟之内完成。到我开始尝试拼立方体时，已经有很多孩子差不多在十五秒内就完成了。我第一次玩时花了差不多五十分钟。我尽量不让学生看到我在费劲，但还是有一些明显的问题。幸运的是，我已经能够避免掉进过早进行分析的陷阱中，可能也是因为我还看不出该如何分析。我想不出任何“明智的”方法继续下去，我就胡乱地摆弄那些木块，试着把它们放这儿放那儿，不停地犯错误，把自己逼进死胡同，然后又重新开始。这个特别的拼图让你沮丧的事情之一，就是如果你几乎拼对了，你就知道你完全拼错了。当你发现自己在说：“如果这块像那块就好了，我就能完成了。”这时，你几乎必须从头开始了。在经过很多次这样的尝试，失败，再尝试，纠正之后，我最终能够像很多孩子那样对这些木块组合的方式建立了一个很好的心智模式。有了这个心智模式，我不用试就能够分辨某个特定的木块甚至几个木块的组合不能放入某个特定的地方，而当我做错时，我能提前好几块木块就知道自己错了。没有多久，我就成为了班上的专家之一。

这样的经历，使我明白了为什么在我看来在儿童心理学的著作中有那么多无关紧要、误导读者甚至完全错误的东西。总的来说，心理学家们没有足够多地做霍金斯教授所说的“鼓捣”。他们没有充分地观察孩子在自然的生活环境中的样子——家里、学

校里、操场上、街上、商店里以及任何地方。他们没有花足够的时间和孩子谈话、玩耍或者帮助他们、安慰他们、强迫他们，让他们高兴、兴奋、反抗或者生气。一个年轻的心理学家，除非他非常幸运，否则他很可能在还没有机会观察任何孩子之前，脑子里就已经被填满了各种关于孩子的理论。当他真正开始观察孩子时，很可能是在一个非常特殊的实验室或者测试的场合。就像很多教师一样，他可能认不出来孩子们以各种方式表现出来的焦虑，因为他从来没有见过孩子不焦虑是什么样。而且，就像我试图玩拼图一样，他可能也是他的理论的囚徒，以至于看不到任何不符合他的理论的东西。

正因如此，我想再次强调我在这本书一开始时就说过的观点。我写这本书的目的主要不是为了说服教育者和心理学家用新的教条代替旧的教条，而是想劝他们注视着孩子，要耐心地、一遍遍地、尊重地观察孩子，不要急着创立学说，不要急着作出评价，要等到自己的头脑中有了关于孩子们的相当准确的模型之后，才可以做这些事。

我还要再说一点，我不是想否定精密的、演绎的、分析的、逻辑的推理的重要性，如果用对了地方，这种推理是一种有用的、有效的，而且经常是很重要的工具。我只是想说，如果用错了地方，这种方法不仅没有好处，还会带来危害，而这种方法并不是到处都适用。当我们手中的证据极少时，这种方法是行得通的，我们所要做的就是利用这些有限的证据，用推理的方法重建过去：找出谁是罪犯或者为什么某个事件会发生、它是如何发生的，或者找出某个人或者某台机器的病因。当我们对要处理的变数能够进行控制，能够一个一个地把它们区别开时，这种方法是行得通的。因而，熟练的修理工在试图找出为什么一台机器运转不灵时，只需要一个个地检查它各部分的零件，直到找到那个导致问题的零件。因而，在实验室里发现了一种新现象的科学家，

会逐个地改变试验的条件，直至找到那个似乎是改变现象的条件。我们利用这种推理来检验我们对“事情为什么如此”的假设、理论或者直觉。我们说：“如果这个理论是正确的，那么应该有其他特定的事情发生。”然后我们看在实际中那些事情是否真的会发生，如果确实发生了，那么这个理论就得到了证实，至少暂时得到了证实。有一个关于爱因斯坦的故事，故事是这样的，一些天文学家的观察似乎证实了爱因斯坦的相对论，于是一位女士向他表示祝贺，祝贺他的理论被证明是正确的。他说：“女士，一千个试验绝对无法证明我是正确的；而一个试验就能证明我是错误的。”即使当事实看上去支持我们的推理时，我们也一定要像爱因斯坦那样，不能断然地肯定我们发现了终极真理。

在合适的时间、合适的地方、合适的条件下，某些推论是有用的；但是，在其他时间、其他地方、其他条件下，它可能根本不起作用。如果我们面前的体验是全新的、陌生的；如果有很多新的材料需要观察，而这些材料似乎不能归入任何一种可辨识的模式或者秩序中；如果我们分辨不出影响状况的变数，更不用说把它们分开，那么如果我们依然想像一个侦探或者实验室的科学家那样去思考，就是很不明智的。

像孩子一样思考

几年前，有些社会学家试图把气体分子的运动方式与社会中人类的行为方式进行类比，想根据描述或者解释气体分子运动方式的规则，得出可以描述或者解释社会中的人类的行为方式的类似规则。这是一个非常好的例子，显示了我们在怎样的情况下不能运用科学方法。在这样的情形下，我们必须以非常不同的方式运用我们的大脑。我们必须把先入为主的概念清除出去，必须暂

缓作出判断，必须以开放的态度面对，必须尽可能花足够长的时间，耐心地等待某种秩序从混乱中显现出来。简而言之，我们必须像一个孩子一样思考。

描述几个这样的情形可能对读者比较有帮助，在这些情形中，我不得不让自己这样思考，也能够这样思考。一个阳光灿烂的夏日，几个朋友带我去缅因州的黑斯德克工艺学院。在那儿，我第一次看到一个手织机。其中一个老师把它拿到外面阳光底下，外面有很多宽阔的、木制的平台，可以俯视一座小山，可以眺望大海，手织机就放在这样的一个平台上。她把它设置好，准备做一些编织工作，我的东道主们都围过来，讨论着她在做什么、准备做什么。

看了机器一会儿并听了他们见识广博的谈话之后，我开始感到有点焦虑。手织机是一个敞开式机器，所有的部件都能清楚地看到。我觉得仔细地看一会儿、推理一会儿之后，我就应该能够弄明白这台机器是如何工作的。但是，我不能。它看起来就像一堆杂乱的小零件，金属线和木料乱七八糟地堆在一起。没有任何东西看起来有意义。我也想不出如何让它有意义，也不知道应该从哪儿入手。

在这样的情形之下，我们很容易产生一种防御性的反应，我自己就开始感觉到了这种反应。面对无法理解的东西，大脑容易调转方向，把无法理解的东西关在外面。我们对自己说："噢，算了吧，不管怎么说，谁关心织机和编织呢?"对于我们无法掌握和理解的事情，我们试图解除我们思考的痛苦。我已经学会辨认这种防御性的、怯懦的策略，因此，我不允许自己采用这种策略。我想："得啦，别再像个受惊的小孩子一样。"于是，我更加仔细地研究织机，开始问自己一些需要动脑筋的问题。这是干什么用的？这通到哪儿？但是没有用。织机对我依然是一个神秘难解的事物。我越来越焦虑，还有点不好意思。一方面是因为我无

法弄明白织机，另一方面是因为我觉得作为一个相当聪明的人，我应该能够看懂织机。就像学校里的孩子一样，我害怕自己无法做到以为自己能做到的事情，这种害怕让我烦恼。最后，我知道身边的每一个人都明白织机是如何工作的，也都知道我不明白。我几乎能够听到他们的想法，“约翰真有意思，在大多数事情上他通常都很聪明的，但是这个简单的织机，你认为任何人都能理解的织机，对他来说却太难了。”这时，事情变得更糟了，他们开始试着帮助我、向我解释。他们解释的时候，带着那种令人生气的迁就和耐心，专家向外行解释事情时总是这样的。能够理解别人不能理解的东西，总是令人感到满足，感到更满足的是向他解释，让自己成为他的恩人，而更令人感到满足的是——除非你被迫让他理解——即使你解释了，他还是不明白。出于这样的热情，我的朋友开始说：“这真的非常简单，这一块……”

听了一些这样的话之后，我相当苛刻地说道：“请不要再说了，让我自己看就行了。”我心想：“记住你已经知道的关于学习的知识。像一个孩子一样，运用你的眼睛。把那个问各种问题的老师的嘴巴塞在你的脑袋里。不要试图分析这个东西，而要看着它，把它吸收到你的脑子里。”把其他人知晓的谈话关在你的思想之外。我这样做了。不时会听到脑子里的那个声音开始提问，我让它闭嘴，继续观察了一段时间。

还有很多其他的东西要看：制陶工艺，印刷工艺，最让人激动的是玻璃吹制。看完所有的这些东西之后，我们开车回家。就在回家的途中，发生了一件非常特别的事情。我没有再考虑织机，因为其中一个东道主是制陶工人，因此我们多数时间都在谈论陶艺。但是，就在我们谈论陶艺的时候，一台织机慢慢地浮现在我的脑海中。我不知道如何去描述它，没有任何原因，某个零件突然出现在我的意识中，而且我理解了这个零件是干什么用的。当我说“理解”时，我不是指有某种文字的解释伴随着它的出现，而是指我能够看到这个零件是干什么用的、它做了什么，我几乎能够看到它正在做它的工作。如果我要制造一台织机，如果那个零件就在我手中，我会知道该把它放到哪儿。

这个制造织机的过程非常缓慢。如果能够记录下织机部件出现并组装自己的顺序，一定很有趣，但是我没有记录下来。感觉到我头脑中非语言、潜意识的部分正在发生重要的事情，因此我不想太接近地观察这个过程，以免使得它停下来。而且，我也不知道它会进行到哪里。当织机的第一个部件出现在我的惊奇的意识中时，我没有理由相信其他的部件事后也会以同样的方式出现。但是，它们确实出现了，一部分是在我们回家的途中，一部分是在这一天剩下来的时间里，有一些甚至是在第二天出现的。就在那天结束的时候，我大脑里有了一个织机的初步模型。如果我必须制造一台织机，那么至少我大概知道需要哪些部件，这些部件该装到哪儿。关于织机的知识我还有很多不知道的，但是，我现在知道我缺少的知识在哪里，我的无知在哪里，知道需要问什么样的问题。我回忆起人们曾告诉我、试图向我解释织机的一些话，现在我知道他们的话是什么意思了。

对“解释”的错觉

我们教师——也可能是所有的人——被一种惊人的错觉牢牢控制着。我们以为我们能够把经过长期的体验和熟悉的东西，在脑子里形成它的图像、结构以及运转方式，然后转化为语言，就能把它移植到另一个人的脑子里。可能有千分之一的可能性，解释者解释得特别好，聆听者对把语言转化为非语言的现实也非常有经验，非常熟练，而且解释者和聆听者在被讨论的那件事中有很多共同的体验，这时的解释可能会有效果，某些真实的意义可能得以交流。但是，大多数时候，解释并不会增加理解，甚至可能使之减少。

几年前，我在比尔·赫尔的家里待了一夜，当时还有很多人在，他们都对教孩子数学非常感兴趣。那天晚上大多数时间，我们都在谈论我们在班上做的事情，或者正考虑要做的事情。就在聚会快要结束的时候，一个来自海外的著名访问学者坦白地说，尽管他给孩子开发的大多数材料跟数字和数词或者跟代数有关，但是，他真正喜欢的是几何学。不是那种老式的、大多数人上学的时候学过的平面几何，而是更先进、更不同寻常的几何学。我记得他把它叫做“投影几何学”，不过听起来不像我曾读过的投影几何学。我问他为什么这么喜欢这一门数学学科，他回答说是因为定理的美和简洁。“例如?”我问。我的提问是一个错误，他的眼睛闪现着热情的光。例如证明两条四次曲线的内部是一个扭曲的三次曲线。看到我眼里呆滞的神情，他开始画草图证明给我看。我举起一只手，笑着说道：“哇，等一下，我从没听说过这些东西，我不知道什么是四次曲线，不知道什么是三次曲线，更不用说扭曲的三次曲线了。”太晚了。我已经激发了他教学的热情。他开始“解释”。后来，看到我还是不明白，他开始变得不耐烦，就像大多数老师的“解释”不被理解时一样。“这真的非常简单!”他一边说，手一边在空中画着复杂的形状。我感到很好笑，也很吃惊。他是一个相当不错的老师，多年来一直教孩子们，努力想办法让孩子用手、用眼睛去体验和发现数学中的关系。但是，尽管有这么多年的经历，他依然如此强烈地相信解释的魔力，以为他能够使我进入一门高等的、复杂的数学学科中，而我对这门学科完全没有任何了解或者体验，他却以为用几句话、手上的几个动作就可以把整个事情说清楚。

杰罗姆·布鲁奈尔说过，学校里发生的事情之一就是让孩子相信，在他们来学校之前他们不知道或者说做不了某些事情，而事实上他们知道或者做得了。我已经很多次看到这样的例子，但是都没有下面这个例子生动，该例子引自绿峡谷学校的创立计划书，乔治·范·希尔西墨写道：

我们一个教美术的老师曾在她的美术资料教室里进行过一项试验。当孩子走进教室时，他们看到桌子上有彩色美术纸。老师拿起一把纸折叠成的扇子——就像我和你曾多次折过的那种纸扇一样——问："知道这是什么吗？"

"知道！"

"你们能做一个吗？"

"能！能！"

每个孩子都很快地折好了一把小扇子。然后老师开始读一本书上关于如何折纸扇的说明。她读得很慢，重读和语调都很正确。这个说明是针对五年级的孩子写的，写得很清楚。读完之后，老师让学生再做一次扇子。没有一个孩子能够做出来。老师坐在每一张桌子旁，试图让孩子回到他们刚刚折扇子的第一种方法（刚刚折好的扇子还放在桌子上），但是他们还是做不到。

在教育心理学中有很多这样的试验。不幸的是，很少有老师严肃地对待这些证据，学校就更不关注了。我们要关注。

这样的故事让很多人感到愤怒，他们说："但是，人类的知识是通过符号来储存和传播的，我们必须教会孩子使用这些符号。"确实是这样。但是，孩子要想学会理解符号的意义，要想学会把别人的符号转化成一种现实或者一种现实的思维模型，唯一的途径是先学会把他们自己的现实转化为符号。他们必须经历很多次从现实到符号的转化，才能准备好走另外一条路。我们必须从孩子看到的事情、能够做的事情、知道的事情开始，让他们谈论或者写下这些事情，而不是试着跟他们谈论很多他们不知道的事情。例如，假设有孩子知道如何折一把纸扇，那么下面的做法可能是个好主意——让他们告诉其他孩子如何折叠，不使用任何手势，而是像在电话上讨论一样。我曾问过五年级的学生，如何在电话里向某个能说英语，但碰巧不知道“右”和“左”这两个单词的人解释它们的区别。这样的游戏很好玩、也很有用。但是，如果我们像在学校里大多数时候做的那样，一开始就是无意义的符号和陈述，试图用解释这种方法把意义灌输给孩子，结果只能是让孩子相信所有的符号都是无意义的，或者他们太笨了，无法理解符号的意义。

运用大脑的方式

把现实转化为符号并再让符号回到现实，是一件需要技巧的事情。我前面已经提到过我四岁的朋友汤米发明的、一大早在床上和我玩的一种很好玩的游戏“换挡”。差不多就在同时，我们还发明或者说逐渐发展出了一种新的游戏，我们把它叫做“机器”。汤米骑在我的肩膀上，是司机。拉一下我的右耳表示开始向右转弯；拉左耳，表示向左转弯；第三个信号表示“停止转弯”，或者用航海上可爱的术语说就是：“保持航向！”有一个信号表示向前，有一个表示后退，还有一个表示停止。机器听不懂任何单词，汤米的任务是利用调节装置指导机器穿过房子，到不同的房间去，在家具附近走动等等。

这是一个非常好玩的游戏，通常用不了几分钟，我们就会笑得如此厉害，以至于不得不停止游戏。汤米一直认为我代表的机器依然是一个有一些常识和判断的真正的人。而另一方面，我明白一个重要的事实：机器是蠢笨的。它们只会做人们告诉它们的事情，如果有人告诉它，它就会去做，并且一直做下去，不管发生什么事情。于是，当汤米希望我穿过一道门时，他会给我一个信号，让我向右转，以为我理解他希望我做的事情并且会去做，但是我会装作什么也不懂，我只做他叫我做的事情。在给我往前走的信号前，除非他很小心地使用他的转弯信号，使我能够朝着正确的方向，否则我不会穿过那道门，而是撞到旁边的墙上，就像一个装发条的玩具一样，不停地朝墙上撞。这时，汤米就开始大笑，一边笑，一边对我说："不！不！不是那边！"并告诉我该怎么做，当然没有用。然后，他会给我其他的信号，可能是后退或者向左转。但是他经常会很兴奋，忘了什么时候说"够了"，或者"停下"，他会用太多调节装置，就像飞行员刚开始学飞行那样，很快我就会在原地转圈，或者向后退，撞到其他墙上。这个游戏除了很好玩、很好笑、对任何人都不会造成伤害之外，也很像某个人刚开始学开汽车一样。就像很多驾车新手一样，如果事情变得一团糟，汤米很可能会对他的机器大叫大嚷："停！停！"（如果他叫得足够大声，我会停下来的。）

后来我想，如果我把眼睛蒙起来，这个游戏可能会更现实些，不过可能就没那么好玩了，因为让这个游戏好玩的原因之一就是我完全能够清楚地看到我撞到的东西。后来，我想到让四年级或者五年级的孩子玩机器人游戏可能会很有趣，让一个孩子试图抓住另一个孩子，可以把他的眼睛蒙起来，给他指示，让他完成某个任务。困难可能在于扮演机器人的孩子，作为一个真实的孩子，让他不要像一个孩子那样思考，这可能很难，也就是说，他会运用他的智力，想明白任务是什么，要去做什么，而不是像一个真正的机器那样行动。

现在，把复杂的指令传达给快得不可思议但是依然愚笨的机器的技术或者说科学已经成为计算机程序设计中一个巨大的领域。西摩尔·佩珀特在他的书《心灵风暴》中（见"孩子的幻想"一章），根据他和其他计算机专家对孩子进行的研究，已经非常有说服力地向我们表明，对孩子来说，要想熟悉真正基础的数学概念（远比加法等等的"基础知识"更基础、更重要），一个很好甚至可能是最好的方法就是让他们接触到特别设计的计算机（程序叫做 Logo，至少有两个大型的计算机公司提供该程序），给他们很有限的指令，然后让他们运用这些有限的指令（就像汤米在玩“机器”游戏时那样）教计算机或者说为计算机设计程序，让它们在屏幕上画出设计来。他们很快就能看到他们的指令和程序有没有给他们带来想要的结果。如果没有，那么他们要学着寻找他们程序中的缺陷——指令中的错误步骤，是这个缺陷导致了计算机没有做他们希望它做的事情。

就在他描述孩子以及孩子们在玩计算机时说的、做的、学到的各种各样的事情时——几段引用绝不能充分说明这个引人入胜的故事——佩珀特对孩子和数学以及总体上的学习作了很重要的观察，下面这些引用就是一个很好的例子：

孩子们好像是天生的学习者，在他们去学校很久之前就已经掌握了大量的知识，他们掌握这些知识的过程我称之为“皮亚杰式的学习”，或者“不教而学”……他们必须学会跟总体的学习纠缠，特别是数学。……

我们的教育文化给学习数学的人很少的资料让他们去理解他们正在学的东西，结果是我们的孩子被迫遵循非常糟糕的方式来学习数学，这就是死记硬背的学习方式，在这种学习方式中，材料被当成没有意义的东西，这是一种分离的模式。……孩子先入为主的想法是正确的：这种强加在学校里的孩子身上的数学是没有意义的，没有趣味，甚至没有用处。……

在学龄前，每个孩子都已经建立了一个或者多个关于世界的成年前的推理，然后越来越向成年化的观点靠近。……孩子们不会沿着从一个“正确位置”到另一个更高级的“正确位置”这样一条学习的道路前进。他们自然的学习道路中包括“虚假的理论”，它对于理论的建立起到的作用和真实的理论一样多。

我们在孩子学习说话时或者如格伦达·比赛克斯指出的在学习写作时，会看到这种过程。她的儿子保罗不会一直重复错误的、自己发明的拼写，而是随着他对英语拼写法的基本概念的不断修正，越来越正确，他也不断改变着他错误的拼写。我们在孩子学习数学的过程中也能看到这一点，如果我们不再错误地把孩子的所有错误当成愚蠢或者粗心，而是把它当成孩子对一个不理解的问题或者设计不完善的理论的符合逻辑的理解。

太关注符号，太执著于符号——如果允许我使用这个说法——的最大危险可能是当它们对我们没有用时，我们不知道如何放弃它们，如何摆脱它们。我们对符号上了瘾。有时候，语言、符号只会成为我们和现实之间的障碍。在这样的时候，我们必须准备放弃它们，用更合适的方式——更像孩子似的方式运用我们的大脑。

不久前就发生了这样的一件事，那时我正在拜访英格兰夏山学校的 A. S. 尼尔。天气很糟糕，学校的公共休息室里没有人，学生们都在自己的教室里，因此学校里没有多少东西可看。尼尔自己也在他的房间里休息，他正遭受坐骨神经痛的折磨，很希望有人来陪他。于是，我们进行了一番有趣的长谈。我不止一次地想到我占用了他太多时间，于是起身要走，但是他总是示意我重新坐回椅子上，而我也很乐意继续待下去。

大概三点钟的时候，他的姐夫进来了，问能否用尼尔的电视观看英格兰和苏格兰的英式橄榄球比赛。尼尔问我是否了解英式橄榄球，我说不了解，他说他也不懂，于是我们决定看比赛。比赛开始还没两分钟，我就发现自己陷入了和看织机时同样惊慌失措的混乱中。对一个生手来说，英式橄榄球是一项很难看明白的比赛，它就像把英式足球和美式橄榄球疯狂地结合在一起，既像这种又像那种，令人误解、迷惑。在我看比赛的时候，我脑袋里老师的声音又开始问：“为什么他这么做？他为什么把球放到那儿？他为什么朝那边跑？”诸如此类的问题。但是没有答案。

在徒劳无功地想了几分钟后，我看到这是织机那一幕重演了。我对比赛的了解还不足以让我能够对此进行推理。问问题是没有用的，尼尔也无法回答它们。他的姐夫——一个沉默寡言的人——不愿意回答。而且，我知道得太少，不知道该问什么问题。唯一能做的事情就是不要再问问题，看就行了，就像孩子那样。仔仔细细地看，看每一件事情，不要有任何烦恼。我就这样做了。当我脑袋里的声音开始抱怨时，我让它保持安静。看了一半的时候，我似乎没有比我开始时懂得更多一点儿。在那块场地上发生的每一件事都让我惊讶。在中场休息时，播音员（就像任何国家的播音员一样）很有见解地讨论着上半场的比赛。他们说的每一个字对我都没有任何意义。我听着他们说，就像一个孩子倾听大人的谈话一样，所有的话我都听进去了，但是一点儿也不知道它们是什么意思，也不关心。很快，下半场比赛开始了，和上半场一样令人费解。然后突然地，大约下半场开始十分钟后，比赛的方式全都变得清清楚楚，有条不紊了。就像织机一样，比赛自己进入了我的思维中。我突然发现我知道运动员在干什么了，知道他们想要干什么，他们下一步会干什么，播音员叫好的地方为什么真的好，他指出的错误为什么真的是错误。依然有很多东西我不知道——比赛的细节、规则和处罚。但是，我已经了解到足够的知识可以询问这些问题，能够明白答案的意思。

在此之后不久，我有了另一个机会可以让我像孩子一样思考。在一辆从伦敦出发南下的火车上，我和一对斯堪的纳维亚夫妇同在一个包间里，包间很小，四面封闭，可以坐八个乘客。那对夫妇在说话，说得很快，用的是他们本地的语言，我一点也听不懂。开始的时候我没有注意，只是看着车窗外的英格兰，想着我自己的事情。然后，过了一会儿，我突然想到这是一个很有意思的机会，可以像婴儿一样聆听一门语言。我依然看着窗外，但是开始留意他们在说什么。听起来非常像是在听一曲复杂的现代音乐。在听了很多的音乐会和唱片之后，我发现听陌生的、不熟悉的音乐的最好方法就是要高度集中你的注意力，试着在你的头脑中重现音乐，也就是即时模仿。同样地，在他们说话时，我一听到他们发出的声音，就立刻试着在头脑里重复。我没有捕捉到所有的声音，但也获得了不少。而且，尽管我没有寻找句型——没有时间这么做——但是我很留意，因此当我先前听到过的声音或者单词出现时，会给我留下特别深刻的印象。这是个很有趣、很吸引人的练习。45 分钟过去了，我已经到站了，这时，我开始对他们谈话中的几个声音和单词有所感觉，几乎能够辨认出来了。这种自然状态的聆听可能对孩子学习外语很有用。我们可以用唱片或者磁带录一段声音，阅读某一段落，开始时以快速的、谈话的速度阅读，然后慢一点，最后慢到每个单词都能分别听清。通过听这样的带子，学生可能会对一门语言中单个语音和整个语言语流之间的关系变得敏感。

几年之后，我在挪威拜访我的朋友摩西·乔根森，多年来，她一直是选择性教育的先锋人物。想到我可能会对与她有关系的几个小组感兴趣，她就带我去参加了几个会议。因为是业务会议，因此人人都说挪威语。会议时不时中断一下，好让摩西快速地给我概括一下他们说了什么，然后他们就会继续他们的工作。这是一个极佳的机会，我可以再次像在那列火车上一样像小孩子那样思考。就像在火车上一样，我只是让他们的话流入我的脑子里，听他们说，就像我听音乐时一样，挪威语是一门非常美妙、非常动听的语言，这使得我那样做更容易、更愉快了。就像在火车上那样，我听那些语音和句型，特别是那些经常重复的。

有些单词和短语，因为有拉丁词根或者法语词根，所以我很快就明白了它们的意思。“skole demokratie”的意思很明显。“eleve”听起来很像“学生”的法语单词，应该也是同样的意思。

一个经常出现的、令我不解的单词是“ikke”，不过摩西很快就告诉了我它的意思是“没有”或者“不”。还有一个经常出现的单词是“barn”。因为这是一群父母在讨论他们孩子的学校，也就是摩西所在的学校，我想“barn”可能是“孩子”的意思，我听得越多，看起来就越像是这个意思。当苏格兰语中孩子的单词“bairn”突然跳进我的记忆时，我肯定“barn”就是孩子的意思。在下一次停顿时，我问摩西“barn”是否是指“孩子”，当我发现的确如此时，我就像一个孩子学会了一个新单词一样高兴。

就在我听所有的语音和句型并想着它们可能是什么意思时，我还做了一件另外的事情，也是小孩子在听大人谈话时会做的事情。我问自己：“这里在发生什么事情?”我想知道的不仅仅是某些单词的意思，还想知道更大、更重要的意思。“这个会议是关于什么的？这些人在这儿干什么？他们互相有什么看法，对摩西、对学校有什么看法？他们在争论吗？在询问吗？取得一致意见了吗？他们彼此喜欢吗?”就像小孩子一样，我竭尽所能地试着弄明白，不仅要弄明白单词的意思，还要弄明白整个状况。

当婴儿听到我们谈话时，这一定是他们做的最初的事情。他们从自己看到的、听到的东西中，慢慢地凭直觉知道，我们发出的声音与我们的感觉和我们做的事情有着某种重要的关系。在他们开始领会语言的结构语法，或者再后来开始理解单词的意思之前很久，他们就已经学会了我们可以称之为“情绪语法”的东西。谈话的潜在内容、所有的谈话是为了什么、它想要让什么事情发生，对这些内容的感觉是婴儿学习语言时最初学会的东西，也是必须最先学习的。这是基础，是他们以后对语言的所有学习的基础。

还有其他方式可以玩孩子这种“这里在发生什么事情”的游戏。我们办公室附近有个杂货店，杂货店的橱窗里有两台电视机，只要店铺开着，电视就开着。但是，听不见声音，不知是声音被关掉了，还是有其他原因。我经过的时候，时不时会停下一会儿，观看画面，试着想出电视上在放什么节目。通常节目都很明显，新闻、体育、智力竞赛节目、广告等。但也有时候不是那么明显的。那些在屏幕上彼此说话的人都是谁？他们彼此之间是什么关系？他们有什么感觉？他们想要干什么？在我驻足观看的短短时间里，我可能会有一两个直觉，也可能没有。

有时，我会透过我办公室的窗户看着外面波尔斯顿街上的人，或者从公共汽车上看着窗外聚在车站的人，看着这些人，我会做同样的游戏。他们是谁？他们在说什么？在做什么？当然了，我从来没能弄清楚我的直觉（如果我有直觉的话）是否正确。没关系，反正游戏本身很有意思。

那些需要自己对所有的问题都必须有快速、肯定的答案的人，不会玩这样的游戏，对于那些得不到如此答案的所有问题，他们倾向于不再管它们。但是，小孩子不会那样做，也做不到。对于他们的大多数问题，他们得不到任何答案，当然更不会马上得到答案。他们生活在连续的不确定和困惑中，但是大多数都能从中健康成长，除非大人总是问他们愚蠢的问题以测试他们的知识。这个没有答案的游戏，这个我时不时为了好玩而玩的“这里在发生什么事情”的游戏，对孩子来说是一件非常认真的事情，这是他们始终都在玩的游戏，他们对世界的认识大多数都来自玩这些游戏的过程中。

孩子的学习方式

现在，我总结一下我对小孩子自然学习方式的看法。孩子是充满求知欲的，他想理解事物，发现事物是如何运作的，想要获得能力，能够掌握他自己和周围的环境，能够做他看到其他人做的事情。他是开放的、善于接受的、非常敏锐的。他不会把自己关在陌生、混乱、复杂的世界之外，他近距离地、机灵地观察这个世界，努力把它全部吸收进来。他是试验性的，他不仅仅是观察周围的世界，还品尝它、触摸它、掂量它、弯曲它、打破它。为了发现现实是如何运转的，他不断努力。他很勇敢，不怕犯错误，也很有耐心，能忍受大量的不确定、混乱、无知和悬而未决。在任何新状况中，他没有必要马上就获得意义。他愿意也能够等到意义自动跑到他面前，哪怕它来得很慢，而通常来得都很慢。

对此，我要再增加更重要的一点。即使两岁的孩子，他们不仅想要了解我们大人的世界，还想成为其中的一部分。他们想要变得有技巧、谨慎，能够像我们一样做事情，制造出东西。他们希望能够像我们一样说话，也就是交流想法和感觉，从这个意义上来说，他们确实能说话，甚至在他们学会任何“真正的”单词之前就已经能够说话了，他们学习这些单词不是为了获得足够的单词，然后可以开始说话，而是为了能够马上就说得更好。同样，当稍微大一点之后，在还没学会如何写字母或者拼单词前，他们就经常希望能够写东西给别人看，他们学习真正的字母形状和拼写法不是为了后来能够开始书写，而是为了让其他人能够马上看懂他写的东西。

有一种极其错误的说法，说孩子为了学习，必须要先能够忍受“延迟回报”，也就是说，必须愿意学习无用、无意义的东西，只因为有那么一点微弱的可能性——以后他们或许会利用到这些东西。孩子们想要学习现实的东西是他们自己的愿望和决心，不是将来去学，而是现在就要学，这给了他们求知欲、精力、决心和耐心去学习所有他们想要学习的东西。

而且，孩子大多数的学习都出于突然的激情和热心。孩子们很少按照学校给他们制定的那种缓慢、稳定的学习计划来学习，除了那些无法通过其他方法学习的身体技能。他们更可能是对某个特别的兴趣保持一段时间的、渴求的好奇心，阅读、写作、讨论、提问有关内容，一天几小时，或者一连好多天。然后，他们可能会突然失去兴趣，转向完全不同的事情，或者有那么一段时间看起来好像根本没有任何兴趣。这通常表明对于那个主题，他们已经获得了所有他们能够吸收的信息，需要从另一个不同的角度探索世界，或者可能只是把已经知道的知识巩固得更牢一些。

在说话、阅读、写作以及其他很多事情中，孩子完全能够注意到他们犯的大多数错误，并且纠正它们，只要没有人催促他们或者没有被迫感到羞愧或者害怕。开始的时候，他们容易把这些错误看成事情是以不同的方式完成的，而不会认为事情做错了，或者做得不好。我六岁的小朋友现在书写字母的技能提高了，但是数词又退步了。就像她一样，孩子们可能觉得这些区别没有影响，如果你知道“3”代表“三”，那么它面朝哪边有什么关系呢？但是，就如她已经自学学会了像我们一样书写字母一样，她很快就会决定像我们一样书写数词，那个时候她就会那么做，没什么好大惊小怪的。

孩子对理解世界的需要，对在世界中应付自如的需要，就如他们对食物或者休息或者睡眠的需要一样深刻和强烈，有时候甚至更强烈。米莉森特·辛写的她的侄女鲁思还是婴儿时，哪怕饿得在那儿狼吞虎咽时，也经常会停止吃东西，让人把她抱起来看她感兴趣的东西。我们都知道，如果婴儿甚至小孩子感觉到他们周围有很好玩的东西时，不管我们怎么努力，想让他们去睡觉还是很困难的。

学校不能给这一类的思考和学习提供很多时间或者机会或者回报。我们能做到吗？我想我们能，也必须这样做。在这本书中，我已经试着很简略地建议我们如何去做。要详细讨论这个话题，可以写成一本书了。

我们必须意识到孩子是独立地学习的，而不是被聚在一起学习的；他们学习是出于兴趣和好奇心，而不是为了取悦或者满足掌控局面的成年人；他们应该掌控自己的学习，自己决定想要学什么，想要怎么学。对于这样的看法，人们有很多种反应，不过有两种反应经常出现，因此似乎值得讨论一下。

第一种反应经常是这样表达的："你是不是要孩子完全自主地发现和重新创造人类的整个历史?"认为这个问题很愚蠢、拒绝理睬它，这样做很容易，只是有这么多聪明、认真的人在问这个问题，我必须说几句。使他们犯错误的是单词"发现"，他们的反应好像这个词是"发明"——第一次发现——一样。但这不是我的意思，也不是任何教育者在讨论让孩子自己发现事情时指的意思。我们并不要求或者期望孩子从零开始发明轮子。他没有必要这么做，轮子已经被发明了，它就在那儿，就在他面前。我所说的是为了让孩子知道轮子，我们没有必要告诉他轮子是什么，轮子是干什么用的。他能够用他自己的方式、在他自己的时间里自己想出来。同样，他也没有必要发明电灯泡、飞机、内燃机，或者法律、政府、艺术、音乐等。这些东西也都已经被发明出来了，就在那里。整个文明都已经在那里。我主张的是孩子应该用他自己的方式自由地探索和理解这个文明。这就是我希望他做到的"发现"，一个他完全能够做到的发现。

第二种反应经常这样表达："不是有些事情每个人都应该知道的吗?确保让孩子知道这些事情不是我们的工作吗?"这个论点可以从多方面来进行反驳。懂得如何阅读在任何情况下都是一门技术，除了这个可能是个例外之外，没有任何证据能证明任何知识对每个人来说都是必需的。可能很有用，可能很方便，但是必需吗?不。而且，认为某种知识是必需的那些人，他们自己也无法在哪门知识是必需的这个问题上取得一致意见。历史学家会说是历史，语言学家会说是语言，数学家会说是数学等等。用吉米·杜兰蒂的话来说就是："每个人都想参与演出。"而且，知识也会变化，变得无用、过时或者完全错误。知识必要的信奉者规定我上学的时候必须学习物理学和化学。在学物理时，我们使用的声誉很好的最新课本的第一页就写着："物质不能被创造，也无法被摧毁。"在化学中，我只记得两三个公式和一个叫做"化合价"的概念。前几天，我跟一个化学家提起了化合价，他大笑。我问他什么东西这么好笑，他说："现在没有人再谈论化合价了，这是一个过时的概念。"根据知识的发展速度，孩子们现在学习的东西在20年后很可能就会过时了，这种可能性比起我学生时代学习的东西现在已经过时的可能性还要大。

不过，我相信不管是年幼还是年长，学习者本人是他下一步应该学习什么的最好法官，对于这个信念，我真正的理由是很不同的。我反对试图把知识灌输到孩子脑袋里，即使对灌输什么知识我们能取得一致看法，即使我们能确定这种知识不会过时，即使我们能确定这种知识一旦被灌输到孩子脑袋里就会永远留在那儿。即使是那样，我也依然相信孩子应该指导自己的学习。因为在我看来，有一个事实很清楚，在我们努力理解生活时，我们最需要学习的东西正是我们最想学习的东西。换句话说，好奇心永远不会闲着。我们想知道什么，那是有一个想知道的理由的。理由就是在我们对事物的理解当中，在我们对世界认识的思维模式中，有一个洞、一个缺口、一个空白的地方。我们觉得那个缺口就像牙齿里的一个洞，希望能把这个洞补好。这让我们问自己如何？什么时候？为什么？当有缺口存在的时候，我们感到紧张，觉得不安。当一个人说"这没有道理！"时，听听他声音中的焦虑吧。当我们理解中的缺口补好时，我们感到喜悦、满足、放松。一切又都有意义了，或者反正它们比原先更有意义了。

当我们出于这种理由，用这种方式学习时，我们学得很快，学得的知识也很长久。真的想要知道什么事情的人不需要被告诉很多次，不需要被反复测试、检验，一次就够了。新的知识正好装在为它准备好的缺口中，就像拼图中不见了的一块拼片，一旦放入，它就会在那儿，不会再掉出来。有些知识让世界在我们眼里变成一个更合理或者更有趣的地方，让我们的思维更完整、更精确，对于这样的知识我们不会忘记。现在，如果有可能让我们看看孩子的思维，看他们的思维中有哪些缺口最需要填补，那么我们就可能给他们提供需要的知识去填补那些缺口，但是，这是不可能的，我们看不到孩子的思维模式是什么样子的、它们哪里变形了、哪里是不完整的。我们没有办法跟孩子对世界的理解直接接触。为什么不能？首先，因为从很大程度上，他对自己的理解大多数都意识不到。第二，他还没有这个技巧，能把自己的理解用语言表达出来，尤其是，有些语言对他来说是这个意思，但他不能确定对我们是不是也是同样的意思。第三，我们没有时间。语言不仅仅是笨拙、含糊的交流方式，而且还特别的迟钝。要想描述他对世界的理解中很小的一部分，一个大人也要写一本书，而我们读起来要花好几天。

我想起了我的一些好朋友。我们都很了解对方，知道彼此的兴趣，说着同样的语言。我们会花一整个晚上来聊天，每个人都想更好地理解别人的想法。在谈话结束的时候，如果运气好，我们可能就某个特别的话题对其他人的想法了解得更多一些。但是，一个晚上聊下来，尽管很愉快、很有趣，却经常只是让我们意识到我们对彼此的了解多么少，我们之间的隔阂和不解是多么巨大。

大脑是个神秘的东西

人类的大脑是个神秘的东西，而且在很大程度上来说，它很可能会永远如此。除非我们认识到这一点，放弃我们能够了解、测量、控制孩子思想的幻想；否则，我们在教育中永远不会取得很大进展。要想了解自己的思想就非常困难了。在很大程度上来讲，我是一个内省的人，很长一段时间以来，我对我自己的思想、感觉和动机很感兴趣，渴望尽可能了解我自己的真相。很多年以后，我认为我最多只能了解自己头脑里的一小部分东西。想象我能够了解别人思想中的东西，多么荒谬啊！

我的脑海里经常回荡着几百个老师焦急的声音，他们在问我："你如何判断，如何确定孩子在学习什么东西呢？甚至他们是不是在学习呢？"答案很简单，我们无法判断，我们不能确定。我对教育的看法建立在一个信念之上，尽管有很多证据可以支持这个信念，但是我无法证明，可能永远也证明不了。这可以称之为"信仰"，这个信仰就是人天生是学习的动物。鸟儿会飞翔，鱼儿会游泳，人类会思考和学习。因此，我们不需要通过哄骗、贿赂或者恐吓去"推动"孩子学习。我们不需要不断地刨开他们的头脑以弄清楚他们是不是在学习。我们需要做的——唯一需要做的——就是尽我们所能地把这个世界带到学校和教室，给孩子们需要的及他们要求的帮助和指导，然后就走开。我们要相信他们能做好余下的事情。

后　记

学习和爱

在这本书第一版的前言中，我说如果我们足够仔细地观察年幼的孩子，我们可能会了解到有关他们的一些重要事情。从那时起的 15 年来，我们做了很多观察和学习的工作。我自己在私人和公众的场合看到过很多小孩子，在他们很多人身上花了很多时间，并且和其中一些孩子很熟悉了。数以百计的父母在《非学校教育的成长》上给我们写信，经常不止写一封，而且信都很长，告诉我们他们的婴儿或者孩子思考和学习的情况。从所有这些事情当中我学到了什么？孩子们喜欢学习，也非常擅长学习。对这一点，我不再怀疑。

这本书并没有像我希望的那样改变学校对待孩子的方式。我说，要相信孩子们自己会学习。学校不信任孩子，即使他们想要信任孩子，绝大多数公众也不会让他们这么做。他们的理由可以归结为：（1）孩子们不好，除非你逼他们，否则他们不会学习。（2）这个世界不好，孩子们会受到挫败。（3）我以前不得不忍受这种方法，他们为什么就不应该忍受？对于这样想问题的人，我不知道该说些什么。告诉他们孩子真实的学习情况只会让他们更固执、更生气地坚持他们的理论，认为孩子很恶劣、很愚蠢。他们为什么会这样？因为这给了他们一种特权，使得他们可以像一个暴君一样行事，却自我感觉如圣人。“我叫你做什么，你就做什么！”暴君咆哮道。“这是为你好，总有一天你会感激我的！”圣人如此说道。那些在一个完全颠倒的世界里感到自己无能为力的人，很少能够抵抗扮演乐善好施的专制者的诱惑，他们甚至不愿意去抵抗。

从另一方面，这本书似乎鼓励了一些人——父母和老师——更认真地对待孩子，更近地观察孩子，更仔细地思考孩子们行为的意义，要更喜欢、更信任、更尊重、更欣赏他们。这本书还可能使得一些成年人相信，他们从自己和孩子在一起的经验中已经了解到的关于孩子的事情是真的，例如孩子很聪明、渴望学习、渴望成为我们的世界中有用的一部分。

但是，同时我也担心这本书可能会有一些害处。在美国以及很多其他的国家，人们都在为周密的智力训练设计方法、制定课程。委内瑞拉政府还曾专门为此成立了一个部门，有人告诉我，负责这个部门的人觉得我对他的想法有一定影响。听到这个我确实很遗憾，这完全不是我想要的事情。

有些人会说：“但是如果我们能够让孩子更聪明，那么为什么不这样去做呢？”的确，为什么不呢？但是，几乎所有糟糕的主意刚出现的时候都是好的，我担心，用不了多久，这个看上去似乎不错的好主意最终会变成最糟糕的主意之一，而有关智力发展的部门很可能比教育部门造成的伤害更严重。我们已经被训练得相信知识、技术、智慧是学校教育的产物，因此，应该根据能够接受多少学校教育来给人们打分、评等级。很快就会有人告诉我们，智力是智力训练的产物，应该根据人们能够多大程度地利用那个程序，来给他们打分、评等级，那个程序就像所有人造程序一样，一定既吓人又昂贵。事实上，强制性的智力训练——训练者当然是持有资格证书的——可能只是整个过程中的一两个步骤。

这些人的用意当然是好的（“先生，通往地狱的道路是以好意铺成的。”——塞谬尔·约翰逊）。一个致力于这个领域的发起人（玛丽·米科尔博士）写道：

> 多重刺激必须在入学前开始，在入学后还必须继续。……人类大脑功能的进一步发展是一个螺旋形的运动，学校必须在课程中平等地包括象征的、符号的、语义的智力教导。……我们必须从认识开始，到记忆，到评价，到发散思维。……首先，我们需要识别并培养大脑思维过程的基本功能。

喔！这就是所有了吗？

我想到三件事。第一，芝加哥市教育局颁布的283种独立的阅读技能，上文中曾提到过。我们是不是很快就要看到300种独立的思考技能？第二，伊凡·伊里奇关于当代社会相信创造价值的无穷的能力程序的评论。最后，是詹姆斯·艾吉在二十世纪三十年代的书《现在让我们称赞名人》中写的，说到乡村的亚拉巴马学校以及不同的教育学校发明出来的“先进”概念，只有初等文化的乡村学校老师正努力地把这些概念应用在孩子身上，詹姆斯说：“如果指导的手不合格，那么设备造成伤害的程度和它的锐利程度成正比。”我们还要把艰难的任务交给我们学校里那些连简单任务都完成不了的人吗？

米科尔博士继续写道：

> 如果一个婴儿从他唯一的交流方式——哭泣——中没有得到回应，那么他的整个感觉运动，包括大脑里前庭结构和网状结构中的视觉、听觉、平衡感、运动冲动和触觉都不会得到发展，所

有这些都是必要的基础，是大脑里连接脑半球和调停外部环境模式的许多通道发展的必要基础。

再次引用莱恩的话说，这是地狱的语言，是无情的知识分子的语言。是不是说回应婴儿的哭声的理由就是促进大脑里的前庭结构和网状结构的发育呢？有没有任何人会头脑简单地认为那些不会出自爱和同情来回应婴儿哭声的父母却能够被这个理由说服？或者说，如果他们确实被说服了，那么对婴儿的影响也一样吗？婴儿只是让我们来刺激的神经通路的集合吗？

现在需要再次回到米莉森特·辛的观点，回到她的妙书《婴儿小传》中的最后一章，她以她的侄女鲁思一周岁生日作为结尾，她这样写道：

于是，这美妙的一年很快就结束了，我们柔弱、无助的小婴儿也已经变成了一个可人儿，开始蹒跚学步，开始咿呀学语，充满清醒的婴儿智力，为她的思想和身体感到喜悦，用一种生动、有效的语言和我们交流，充满着孩子气的哄骗和感激的甜美的自私。在一岁生日时，感觉到这一年很快就要接近尾声，我们的喜悦毫无掩饰。到两岁生日时，我们会说："啊，我们很快就要告别我们的婴儿了！"但是，首先我们像婴儿一样，渴望继续向前，渴望新的进展，这是婴儿时代的旺季，一个理想的、令人满足的、美好时期。

正是出于这样的精神，也只有出于这样的精神，我们才能真正了解孩子，帮助孩子学习。

本·巴克尔，结婚五年，离异五年，他在《纽约时报》（1981年4月18日）上写了一篇优美的短文，描述他和他两个孩子每年三个月的相聚时光。在这篇短文中，他引用了一封短笺，那是他女儿一天早晨在他起床前写给他的：

你什么时候起床。没有牛奶，我饿了。

所以不要让我挨饿，饿，饿，饿，饿……

请，请，请请

不要让我挨饿。

你会让我挨饿吗？

你的答案是什么。

请在点上签字…………

爱你的克劳德

读了这封短笺之后，很多天来，它一直萦绕在我心头，我的脑海中始终回响着一个微弱的声音："所以不要让我挨饿，饿，饿，你会让我挨饿吗？"这个声音让我既想笑又想哭，让我想把这些话谱成曲子，让我想要拥抱住这个小人儿说："不，不，不，我们永远，永远不会让你挨饿。"

这个短笺述说了孩子很多事情，它里面包含了那么多爱和需要，混合着痛苦的戏剧性，混合着现实的幻想（在点上签字）。它让我想起了我们小时候通向成人世界的奇异路径。我小时候，有一段时间非常喜欢画一长串点，只是为了把我的名字写在上面。那看起来那么正式，这都是那些点的魔力！

孩子可爱的地方在于他们能够把任何事情甚至没什么事情都当成一件大事。透过我办公室的窗户，我可以看到很多家庭带着他们的孩子走过波尔斯顿街。大人拖着沉重的步伐走着，而孩子却在一边转着圈儿，蹦蹦跳跳，一会儿跑到这边，一会儿跑到那边，寻找可以跨过、跳过、走过、绕过的东西，爬到任何他们能爬的东西上。

我永远不想失去这一幕。所有那些精力和愚笨，所有那些求知欲、问题和谈话，所有那些热烈的激情，悲痛不已的哀伤，无节制的喜悦，对很多人来说，即使不是需要治疗的疾病，也是需要忍耐的讨厌的事情。但是，对我来说，它们是国家的财富，是无价的珍宝，对我们的健康和生存来说，是比石油或者铀或者任何你能命名的东西更为重要的必需品。

有一天，在公园里我看到一个父亲带着一个两岁大的女儿在树下的一小片草地上玩耍。父亲躺在草地上，小女孩到处跑来跑去。她跑得好开心啊！突然，她停了下来，紧张地看着地面，弯下腰，捡起什么东西。一根小树枝！一颗小圆石！她站起来，继续跑，看到一只鸽子，开始追逐鸽子，突然她又停下来，抬头看着阳光照耀下的树，她看到了什么？可能是一只松鼠，可能是一只小鸟，可能只是树叶在阳光下的形状和颜色。然后她弯下腰又捡起了什么东西，仔细观察它。一片树叶！又是一个奇迹。

齿轮、小树枝、树叶，孩子热爱这个世界。这就是他们为什么那么擅长了解世界的原因。因为所有真正学习的精神都是爱，而不是思考的窍门和技术。我们能让孩子通过那种爱来学习和成长吗？

“所以不要让我挨饿。
你会让我挨饿吗？”

我们的答案是什么？

[美]海姆·G·吉诺特　著
京华出版社出版
定价:24.00 元

《孩子，把你的手给我》

与孩子实现真正有效沟通的方法

畅销美国 500 多万册的教子经典，以 31 种语言畅销全世界
彻底改变父母与孩子沟通方式的巨著

本书自 2004 年 9 月由京华出版社自美国引进以来，仅依靠父母和老师的口口相传，就一直高居当当网、卓越网的排行榜。

吉诺特先生是心理学博士、临床心理学家、儿童心理学家、儿科医生；纽约大学研究生院兼职心理学教授、艾德尔菲大学博士后。吉诺特博士的一生并不长，他将其短短的一生致力于儿童心理的研究以及对父母和教师的教育。

父母和孩子之间充满了无休止的小麻烦、阶段性的冲突，以及突如其来的危机……我们相信，只有心理不正常的父母才会做出伤害孩子的反应。但是，不幸的是，即使是那些爱孩子的、为了孩子好的父母也会责备、羞辱、谴责、嘲笑、威胁、收买、惩罚孩子，给孩子定性，或者对孩子唠叨说教……当父母遇到需要具体方法解决具体问题时，那些陈词滥调，像“给孩子更多的爱”、“给她更多关注”或者“给他更多时间”是毫无帮助的。
多年来，我们一直在与父母和孩子打交道，有时是以个人的形式，有时是以指导小组的形式，有时以养育讲习班的形式。这本书就是这些经验的结晶。这是一个实用的指南，给所有面临日常状况和精神难题的父母提供具体的建议和可取的解决方法。

——摘自《孩子，把你的手给我》一书的“引言”

[美]海姆·G·吉诺特　著
张雪兰　译
京华出版社　中央编译出版社
定价:21.00 元

《孩子，把你的手给我(II)》

与十几岁孩子实现真正有效沟通的方法

《孩子，把你的手给我》作者的又一部巨著
彻底改变父母与十几岁孩子的沟通方式

本书是海姆·G·吉诺特博士的又一部经典著作，连续高踞《纽约时报》畅销书排行榜 25 周，并被翻译成 31 种语言畅销全球，是父母与十几岁孩子实现真正有效沟通的圣经。

十几岁是一个骚动而混乱、充满压力和风暴的时期，孩子注定会反抗权威和习俗——父母的帮助会被怨恨，指导会被拒绝，关注会被当做攻击。海姆·G·吉诺特博士就如何对十几岁的孩子提供帮助、指导、与孩子沟通提供了详细、有效、具体、可行的方法。

[美]海姆·G·吉诺特　著

张雪兰　译

京华出版社　中央编译出版社

定价:27.00 元

《孩子,把你的手给我(Ⅲ)》

老师与学生实现真正有效沟通的方法

《孩子,把你的手给我》作者最后一部经典巨著
以 31 种语言畅销全球
彻底改变老师与学生的沟通方式
美国父母和教师协会推荐读物

本书是海姆·G·吉诺特博士的最后一部经典著作,彻底改变了老师与学生的沟通方式,是美国父母和教师协会推荐给全美教师和父母的读物。

老师如何与学生沟通,具有决定性的重要意义。老师们需要具体的技巧,以便有效而人性化地处理教学中随时都会出现的事情——令人烦恼的小事、日常的冲突和突然的危机。在出现问题时,理论是没有用的,有用的只有技巧,如何获得这些技巧来改善教学状况和课堂生活就是本书的主要内容。

书中所讲述的沟通技巧,不仅适用于老师与学生、家长与孩子之间的交流,而且也可以灵活运用于所有的人际交往中,是一种普遍适用的沟通技巧。

[美]伯顿·L·怀特　著

宋苗　译

北京联合出版公司

定价:39.00 元

《从出生到 3 岁》

婴幼儿能力发展与早期教育权威指南

畅销全球数百万册,被翻译成 11 种语言

没有任何问题比人的素质问题更加重要,而一个孩子出生后头 3 年的经历对于其基本人格的形成有着无可替代的影响……本书是唯一一本完全基于对家庭环境中的婴幼儿及其父母的直接研究而写成的,也是惟一一本经过大量实践检验的经典。本书将 0~3 岁分为 7 个阶段,对婴幼儿在每一个阶段的发展特点和父母应该怎样做以及不应该做什么进行了详细的介绍。

本书第一版问世于 1975 年,一经出版,就立即成为了一部经典之作。伯顿·L·怀特基于自己 37 年的观察和研究,在这本详细的指导手册中描述了 0~3 岁婴幼儿在每个月的心理、生理、社会能力和情感发展,为数千万名家长提供了支持和指导。现在,这本经过了全面修订和更新的著作包含了关于养育的最准确的信息与建议。

伯顿·L·怀特,哈佛大学“哈佛学前项目”总负责人,“父母教育中心”(位于美国马萨诸塞州牛顿市)主管,“密苏里‘父母是孩子的老师’项目”的设计人。

[美]简·尼尔森　谢丽尔·欧文
罗丝琳·安·达菲　著
花莹莹　译
北京联合出版公司
定价:42.00 元

《0~3 岁孩子的正面管教》

养育 0~3 岁孩子的"黄金准则"

家庭教育畅销书《正面管教》作者简·尼尔森力作

从出生到 3 岁,是对孩子的一生具有极其重要影响的 3 年,是孩子的身体、大脑、情感发育和发展的一个至关重要的阶段,也是会让父母们感到疑惑、劳神费力、充满挑战,甚至艰难的一段时期。

正面管教是一种有效而充满关爱、支持的养育方式,自 1981 年问世以来,已经成为了养育孩子的"黄金准则",其理论、理念和方法在全世界各地都被越来越多的父母和老师们接受,受到了越来越多父母和老师们的欢迎。

本书全面、详细地介绍了 0 ~ 3 岁孩子的身体、大脑、情感发育和发展的特点,以及如何将正面管教的理念和工具应用于 0 ~ 3 岁孩子的养育中。它将给你提供一种有效而充满关爱、支持的方式,指导你和孩子一起度过这忙碌而令人兴奋的三年。

无论你是一位父母、幼儿园老师,还是一位照料孩子的人,本书都会使你和孩子受益终生。

[美]特蕾西·霍格
梅林达·布劳　著
北京联合出版公司
定价:42.00 元

《实用程序育儿法》

宝宝耳语专家教你解决宝宝喂养、睡眠、情感、教育难题

《妈妈宝宝》、《年轻妈妈之友》、《父母必读》、"北京汇智源教育"联合推荐

本书倡导从宝宝的角度考虑问题,要观察、尊重宝宝,和宝宝沟通——即使宝宝还不会说话。在本书中,她集自己近 30 年的经验,详细解释了 0 ~ 3 岁宝宝的喂养、睡眠、情感、教育等各方面问题的有效解决方法。

特蕾西·霍格(Tracy Hogg)世界闻名的实战型育儿专家,被称为"宝宝耳语专家"——她能"听懂"婴儿说话,理解婴儿的感受,看懂婴儿的真正需要。她致力于从婴幼儿的角度考虑问题,在帮助不计其数的新父母和婴幼儿解决问题的过程中,发展了一套独特而有效的育儿和护理方法。

梅林达·布劳,美国《孩子》杂志"新家庭(New Family)专栏"的专栏作家,记者。

[美] 大卫·普莫特 博士 著
林欣颐 译
京华出版社出版
定价:28.00 元

《让你的孩子更聪明》

5 岁前,将孩子的智商再提高 30 分

做正确的游戏和活动
吃正确的食物
避免环境毒素和不当用药
让孩子感受到关爱、安全、快乐和放松

人的大脑在出生时尚未完成发育,但很多父母错过了增进孩子智力和情感幸福的关键时期,不是因为他们疏于自己的责任，而是因为不了解。你只要让孩子在感受到关爱、安全、快乐和放松的同时,和孩子做正确的游戏和活动、吃正确的食物、避免环境毒素和不当用药,就很容易将孩子的智商在 5 岁前再提高 30 分,开启孩子的聪明基因,帮助孩子成为一个聪明、能干、成功的成年人。

[美]默娜·B·舒尔 特里萨·弗伊·迪吉若尼莫 著
张雪兰 译
京华出版社出版
定价:22.00 元

《如何培养孩子的社会能力》

教孩子学会解决冲突和与人相处的技巧

简单小游戏 成就一生大能力
美国全国畅销书(The National Bestseller)
荣获四项美国国家级大奖的经典之作
美国"家长的选择(Parents'Choice Award)"图书奖

社会能力就是孩子解决冲突和与人相处的能力，人是社会动物,没有社会能力的孩子很难取得成功。舒尔博士提出的"我能解决问题"法,以教给孩子解决冲突和与人相处的思考技巧为核心,在长达 30 多年的时间里,在全美各地以及许多其他国家,让家长和孩子们获益匪浅。与其他的养育办法不同,"我能解决问题"法不是由家长或老师告诉孩子怎么想或者怎么做,而是通过对话、游戏和活动等独特的方式教给孩子自己学会怎样解决问题，如何处理与朋友、老师和家人之间的日常冲突,以及寻找各种解决办法并考虑后果,并且能够理解别人的感受。让孩子学会与人和谐相处,成长为一个社会能力强、充满自信的人。

默娜·B·舒尔博士,儿童发展心理学家,美国亚拉尼大学心理学教授。她为家长和老师们设计的一套"我能解决问题"训练计划,以及她和乔治·斯派维克(George Spivack)一起所做出的开创性研究,荣获了一项美国心理健康协会大奖、三项美国心理学协会大奖。

《如何培养孩子的社会能力(II)》

教 8～12 岁孩子学会解决冲突和与人相处的技巧

全美畅销书《如何培养孩子的社会能力》作者的又一部力作！
让怯懦、内向的孩子变得勇敢、开朗！
让脾气大、攻击性强的孩子变得平和、可亲！
培养一个快乐、自信、社会适应能力强、情商高的孩子

[美]默娜·B·舒尔　著
刘荣杰　译
北京联合出版公司出版
定价：28.00 元

8～12 岁，是孩子进入青春期反叛之前的一个重要时期，是孩子身体、行为、情感和社会能力发展的一个重要分水岭。同时，这也是父母的一个极好的契机——教会孩子自己做出正确决定，自己解决与同龄人、老师、父母的冲突，培养一个快乐、自信、社会适应能力强、情商高的孩子——以便孩子把精力更多地集中在学习上，为他们期待而又担心的中学生活做好准备。

本书详细、具体地介绍了将“我能解决问题”法运用于 8～12 岁孩子的方法和效果。

《莫扎特效应》

用音乐唤醒孩子的头脑、健康和创造力

从胎儿到 10 岁，用音乐的力量帮助孩子成长！
享誉全球的权威指导，被翻译成 13 种语言！

[美]唐·坎贝尔　著
高慧雯　王玲月　娟子　译
北京联合出版公司出版
定价：32.00 元

在本书中，作者全面介绍了音乐对于从胎儿至 10 岁左右儿童的大脑、身体、情感、社会交往等各方面能力的影响。

本书详细介绍了如何用古典音乐，特别是莫扎特的音乐，以及儿歌的节奏和韵律来促进孩子从出生前到童年中期乃至更大年龄阶段的发展，提高他们的各种学习能力、情感能力和社会交往能力。对于孩子在每个年龄段（出生前到出生，从出生到 6 个月，从 6 个月到 18 个月，从 18 个月到 3 岁，从 4 岁到 6 岁，从 6 岁到 8 岁，从 8 岁到 10 岁）的发展适合哪些音乐以及这些音乐的作用都进行了详细的说明。

唐·坎贝尔，古典音乐家、教育家、作家、教师，数十年来致力于研究音乐及其在教育和健康方面的作用，用音乐帮助全世界 30 多个国家的孩子提高了学习能力和创造性，并体验到了音乐给生活带来的快乐。他是该领域闻名全球、首屈一指的权威。

[英]安吉拉·克利福德–波斯顿　著
王俊兰　译
北京联合出版公司出版
定价:32.00 元

《如何读懂孩子的行为》

理解并解决孩子各种行为问题的方法

孩子为什么不好好吃、不好好睡?为什么尿床、随地大便?为什么说脏话?为什么撒谎、偷东西、欺负人?为什么不学习?……这些行为,都是孩子在以一种特殊的方式与父母沟通。

当孩子遇到问题时,他们的表达方式十分有限,往往用行为作为与大人沟通的一种方式……如何读懂孩子这些看似异常行为背后真实的感受和需求,如何解决孩子的这些问题,以及何时应该寻求专业帮助,就是本书的主要内容。

安吉拉·克利福德–波斯顿(Andrea Clifford–Poston),教育心理治疗师、儿童和家庭心理健康专家,在学校、医院和心理诊所与孩子和父母们打交道30多年;她曾在查林十字医院(Charing Cross Hospital,建立于1818年)的儿童发展中心担任过16年的主任教师,在罗汉普顿学院(Roehampton Institute)担任过多年音乐疗法的客座讲师,她还是《泰晤士报》"父母论坛"的长期客座专家,为众多儿童养育畅销杂志撰写专栏和文章,包括为"幼儿园世界(Nursery World)"撰写了4年专栏。

[美]简·尼尔森　著
玉冰　译
北京联合出版公司
定价:36.00 元

《正面管教》

如何不惩罚、不娇纵地有效管教孩子

畅销美国400多万册　被翻译为16种语言畅销全球

自1981年本书第一版出版以来,《正面管教》已经成为管教孩子的"黄金准则"。正面管教是一种既不惩罚也不娇纵的管教方法……孩子只有在一种和善而坚定的气氛中,才能培养出自律、责任感、合作以及自己解决问题的能力,才能学会使他们受益终生的社会技能和生活技能,才能取得良好的学业成绩……如何运用正面管教方法使孩子获得这种能力,就是这本书的主要内容。

简·尼尔森,教育学博士,杰出的心理学家、教育家,加利福尼亚婚姻和家庭执业心理治疗师,美国"正面管教协会"的创始人。曾经担任过10年的有关儿童发展的小学、大学心理咨询教师,是众多育儿及养育杂志的顾问。

本书根据英文原版的第三次修订版翻译,该版首印数为70多万册。

[美]简·尼尔森　琳·洛特
斯蒂芬·格伦　著
花莹莹　译
北京联合出版公司
定价:45.00 元

《正面管教 A–Z》

日常养育难题的 1001 个解决方案

养育畅销书《正面管教》作者力作

以实例讲解不惩罚、不娇纵管教孩子的“黄金准则”

无论你多么爱自己的孩子,在日常养育中,都会有一些让你愤怒、沮丧的时刻,也会有让你绝望的时候。

你是怎么做的?

本书译自英文原版的第 3 版(2007 年出版),包括了最新的信息。你会从中找到不惩罚、不娇纵地解决各种日常养育挑战的实用办法。主题目录,按照 A–Z 的汉语拼音顺序排列,方便查找。你可以迅速找到自己面临的问题,挑出来阅读;也可以通读整本书,为将来可能遇到的问题及其预防做好准备。每个养育难题,都包括 6 步详细的指导:理解你的孩子、你自己和情形,建议,预防问题的出现,孩子们能够学到的生活技能,养育要点,开阔思路。

[美]简·尼尔森
琳·洛特　著
尹莉莉　译
北京联合出版公司出版
定价:35.00 元

《十几岁孩子的正面管教》

教给十几岁的孩子人生技能

养育畅销书《正面管教》作者力作

养育十几岁孩子的“黄金准则”

度过十几岁的阶段,对你和自己青春期的孩子来说,可能会像经过一个 " 战区 "。青春期是成长中的一个重要过程。在这个阶段,十几岁的孩子会努力探究自己是谁,并要独立于父母。

你的责任,是让自己十几岁的孩子为人生做好准备。

问题是, 大多数父母在这个阶段对孩子采用的养育方法,使得情况不是更好,而是更糟了……

本书将帮助你在一种肯定你自己的价值、肯定孩子价值的相互尊重的环境中,教育、支持你的十几岁的孩了,并接受这个过程中的挑战,帮助你的十几岁的孩子最大限度地成为具有高度适应能力的成年人。

[美]简·尼尔森　琳·洛特
斯蒂芬·格伦　著
梁帅　译
北京联合出版公司出版
定价:30.00 元

《教室里的正面管教》

培养孩子们学习的勇气、激情和人生技能

家庭教育畅销书《正面管教》作者力作

造就理想班级氛围的"黄金准则"

本书入选中国教育新闻网、中国教师报联合推荐

2014 年度"影响教师 100 本书"TOP10

很多人认为学校的目的就是学习功课,而各种纪律规定应该以学生取得优异的学习成绩为目的。因此,老师们普遍实行的是以奖励和惩罚为基础的管教方法,其目的是为了控制学生。然而,研究表明,除非教给孩子们社会和情感技能,否则他们学习起来会很艰难,并且纪律问题会越来越多。

正面管教是一种不同的方式,它把重点放在创建一个相互尊重和支持的班集体,激发学生们的内在动力去追求学业和社会的成功,使教室成为一个培育人、愉悦和快乐的学习和成长的场所。

这是一种经过数十年实践检验,使全世界数以百万计的教师和学生受益的黄金准则。

[美]　奥黛丽·里克尔
卡洛琳·克劳德　著
张悦　译
北京联合出版公司
定价:20.00 元

《孩子顶嘴,父母怎么办?》

简单 4 步法,终结孩子的顶嘴行为

全美畅销书

顶嘴是一种不尊重人的行为，它会毁掉孩子拥有成功、幸福的一生的机会,会使孩子失去父母、朋友、老师等的尊重。

本书是一本专门针对孩子顶嘴问题的畅销家教经典。作者里克尔博士和克劳德博士以著名心理学家阿尔弗雷德·阿德勒的行为学理论为基础,结合自己在家庭教育领域数十年的心理咨询经验,总结出了一套简单、对各个年龄段孩子都能产生最佳效果,而且不会对孩子造成伤害的"四步法",可以让家长在消耗最少精力的情况下,轻松终结孩子粗鲁的顶嘴行为,为孩子学会正确地与人交流和交往的方式——不仅仅是和家长,也包括他的朋友、老师和未来的上级——奠定良好的基础。

本书包含大量真实案例,可以让读者在最直观而贴近生活的情境中学习如何使用四步法。

奥黛丽·里克尔博士,美国著名心理学家,既是一名经验丰富的教师,也是一名母亲,终生与孩子打交道。卡洛琳·克劳德博士,管理咨询专家,美国白宫儿童与父母会议主席,全国志愿者中心理事。

[美] 杰拉尔德·纽马克 著
叶红婷 译
北京联合出版公司
定价:20.00 元

《如何培养情感健康的孩子》

孩子必须被满足的5大情感需求

畅销美国250000多册的家教经典

孩子的情感健康,取决于情感需求是否得到满足。每个孩子都有贯穿一生的5大情感需求，满足了这些需求，会为把孩子培养成为自信、理智、有同情心和有公德心的人提供一个良好的基础,让他们更有可能在学业、职场、婚姻和生活中取得成功。

杰拉尔德·纽马克博士既是一位父亲，又是一位教育家、研究员，从事与学校和孩子相关的咨询已经超过30年，他在教育领域所取得的卓越成就曾得到美国总统嘉奖。

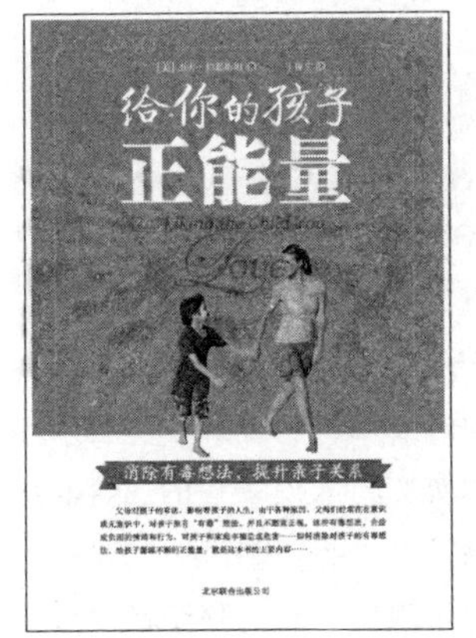

[美]杰夫·伯恩斯坦 著
王俊兰 译
北京联合出版公司
定价:28.00 元

《给你的孩子正能量》

消除有毒想法,提升亲子关系

父母对孩子的看法影响着孩子的人生。由于各种原因,父母们经常在有意识或无意识中,对孩子抱有“有毒”想法,并且不愿意正视。这些有毒想法会造成负面的情绪和行为，对孩子和家庭幸福造成危害……如何消除对孩子的有毒想法,给孩子源源不断的正能量,就是这本书的主要内容……

[美]琳达·艾尔　理查德·艾尔　著
叶红婷　译
北京联合出版公司　出版
定价:25.00 元

《为了孩子一生的幸福和成功》

教给孩子正确的价值观

全美畅销书第 1 名

本书绝对是一个智慧宝库,是当今的父母们极其需要的。而且,作者的方法真的管用。

——《高效能人士的 7 个习惯》作者
史蒂芬·柯维

价值观是人生的基石,是成功的前提。一个没有良好价值观的人,成功的概率一定是零。

本书详细介绍了将 12 种价值观教给从学龄前儿童到青春期孩子的方法。

张伟　徐宏江　著
京华出版社出版
定价:24.00 元

《4 年级决定孩子的一生》

(修订版)

我国著名诗人艾青说过:人的一生很漫长,但最关键的却只有那么几步……小学 4 年级就是孩子成长中最关键几步中的一步。

孩子的生长和发育存在若干关键时期,4 年级就是一个重要的时期。4 年级是培养学习能力和情感能力的重要时期，是养成良好的学习习惯和改变不良习惯的最后关键时机。4 年级是培养孩子学习恒心的关键时期。4 年级是小学低年级向高年级的过渡期，孩子开始从被动的学习主体向主动的学习主体转变，学校教育的内容和方式发生的一些明显变化、孩子自身心理和能力的发展都会表现为比较明显的学习分化现象，有些孩子甚至开始出现学习偏科的端倪。

孩子的成长要求父母对孩子教育的内容和方式也要随之改变，正确的教育将会起到事半功倍的作用,为孩子一生的成功打下坚实的基础。

本书自 2005 年 5 月出版以来,受到了广大学生家长和教师的热烈欢迎,深圳市将其列为“第六届深圳读书月推荐书目”。

[美]道格拉斯·莱利博士　著
王旭　译
北京联合出版公司
定价:28.00 元

《孩子爱发脾气，父母怎么办》

孩子发脾气的 11 种潜在原因及解决办法

美国“妈妈的选择”图书金奖

没有哪个孩子会无缘无故地发脾气，也没有哪个孩子在每一件事情上都发脾气。孩子的每一次脾气爆发，都是有原因的，是孩子在试图告诉父母或其他成年人一些什么……有时候，孩子无法用口头方式表达自己的烦恼或不快，而情绪和行为才是他们的语言，为了倾听他们，你必须学会破解这种语言……孩子在小时候改掉发脾气的毛病，在青春期和成年后才能快乐、平和，并有所成就。

道格拉斯·莱利博士，临床心理治疗师，擅长于治疗 3~19 的孩子。他还投入大量精力对父母们进行培训，教给他们改正自己孩子行为的方法和技巧。

[美]梅格·米克博士　著
胡燕娟　译
北京联合出版公司
定价:28.00 元

《快乐妈妈的 10 个习惯》

找回我们的激情、目标和理智

尽管家教书籍众多，但真正关注妈妈们的幸福的著作却很少。

本书从理解自己作为一个妈妈的价值、维持重要的友谊、重视并实践信任和信仰、对竞争说“不”、培养健康的金钱理念、抽时间独处、以健康的方式给予和得到爱、追寻简单的生活方式、放下恐惧、下定决心怀抱希望等十个方面介绍了怎样才能做一个快乐的妈妈。

本书作者梅格·米克是医学博士、儿科医生、畅销书作者，著名家庭教育和儿童及青少年健康专家。具有 20 多年从事儿童临床治疗和青少年咨询经验，美国儿童医学会成员、美国医学所全国顾问委员会成员。她还是一位青少年问题方面的著名演讲家，经常在电视和电台节目中做访谈节目。

张伟　著

京华出版社出版

定价:18.00 元

《8 年级决定孩子的未来》

八年级的学生无论是从生理和心理发育,还是从道德情操、知识能力的形成来看,都处于一个"特别"的时期。

这一时期,孩子们处于由儿童期向青年期过渡的身心急速发展阶段,身心发展的不平衡导致情感和意志的相对脆弱。八年级的孩子很可能会形成诸如打架、恶作剧、逃课、偷窃等不良品德和行为, 心理学家把这一时期称为 "急风暴雨"时期,有专家则称八年级为"事故多发阶段"。对于八年级的孩子身心所发生的各种变化和带来的各种社会影响,有些教育工作者或者专家形象地称之为"八年级现象"。

八年级的孩子在学习上处于突变期,要求孩子的学习方法也要随之变化,否则就会出现学习上的落伍;在发育上处于青春期,缺乏生活的体验,其道德认识等有待培养;在心理上处于关键期,在关键期引导不当容易造成教育失误。

所有这些都要求家长对孩子的教育及时作出有针对性的调整,帮助孩子度过这一危险而美好的时期,帮助孩子形成良好的道德品质,并取得学业的成功。

[美]斯蒂文·W·范诺伊　　著

邓茜　王晓红　译

京华出版社出版

定价:24.00 元

《给孩子的 10 个最伟大礼物》

用 5 个养育工具培养孩子的 10 大成功品质

5 大养育工具:向前看、传达爱的信息、用"提问"代替告诉、真诚的倾听、树立榜样。

10 个最伟大礼物:充分感受、自尊、同情、平衡、幽默、沟通、富足感、诚实、责任心、明智的选择。

斯蒂文·W·范诺伊是一位美国著名的作家,演说家和培训师。"10 个最伟大礼物" 项目及 "Pathways to Leadership?"的创始人和 CEO。他倡导的"10 个最伟大礼物"的养育理念深受父母们的欢迎, 解决了父母们在养育孩子中的很多具体问题。在本书出版并取得巨大的成功之后,他开始在全美及世界各地推广"10 个最伟大礼物"的养育和教育理念, 为无数父母提供了最有效地养育和引导孩子的方法和技巧。

以上图书各大书店、书城、网上书店有售。

团购请垂询:010-65868687

Email: tianluebook@263.net

更多畅销经典家教图书,请关注新浪微博"家教经典"(http://weibo.com/jiajiaojingdian)及淘宝网"天略图书"(http://shop33970567.taobao.com/shop/view_shop.htm?tracelog=twddp)